爱国主义教育读本

青春筑梦新时代

《青春筑梦新时代》编写组 编

北京师范大学出版集团
BEIJING NORMAL UNIVERSITY PUBLISHING GROUP
安徽大学出版社

图书在版编目(CIP)数据

青春筑梦新时代/《青春筑梦新时代》编写组编. —合肥：安徽大学出版社，2019.8

ISBN 978-7-5664-1868-5

Ⅰ.①青… Ⅱ.①青… Ⅲ.①思想政治教育－高等学校－教材 Ⅳ.①G641

中国版本图书馆 CIP 数据核字(2019)第 112038 号

青春筑梦新时代

《青春筑梦新时代》编写组　编

出版发行：	北京师范大学出版集团 安　徽　大　学　出　版　社 (安徽省合肥市肥西路3号 邮编230039) www.bnupg.com.cn www.ahupress.com.cn
印　　刷：	合肥创新印务有限公司
经　　销：	全国新华书店
开　　本：	170mm×240mm
印　　张：	15.75
字　　数：	249千字
版　　次：	2019年8月第1版
印　　次：	2019年8月第1次印刷
定　　价：	36.00元

ISBN 978-7-5664-1868-5

策划编辑：邱　昱　方　青　李雪梅		装帧设计：金伶智	
责任编辑：邱　昱　方　青　姚　宁		美术编辑：李　军	
责任印制：陈　如　孟献辉			

版权所有　侵权必究

反盗版、侵权举报电话：0551－65106311
外埠邮购电话：0551－65107716
本书如有印装质量问题，请与印制管理部联系调换。
印制管理部电话：0551－65106311

目 录

前 言 ····· 1

第一章 迈入新时代,开创新征程 ····· 1

第一节 党的十八大以来的历史性成就 ····· 1
第二节 中国特色社会主义进入了新时代 ····· 12
第三节 中国特色社会主义道路的光辉前景 ····· 22
第四节 开启社会主义建设新征程 ····· 32

第二章 开创新时代,担当新使命 ····· 41

第一节 实现伟大梦想 ····· 41
第二节 进行伟大斗争 ····· 53
第三节 建设伟大工程 ····· 71
第四节 推进伟大事业 ····· 93

第三章 创立新思想,践行新方略 ····· 113

第一节 新思想的丰富内涵 ····· 114
第二节 新思想的基本方略 ····· 138
第三节 新思想的历史贡献 ····· 173

第四章　贯彻新战略,引领新征程 …………………………………… 185

第一节　贯彻新发展理念,建设现代化经济体系 ……………… 186
第二节　健全人民当家作主制度体系,发展社会主义民主政治 …… 192
第三节　坚定文化自信,推动社会主义文化繁荣兴盛 ………… 199
第四节　提高保障和改善民生水平,加强和创新社会治理 …… 206
第五节　加快生态文明体制改革步伐,建设美丽中国 ………… 213
第六节　坚持走中国特色强军之路,全面推进国防和军队现代化 …… 216
第七节　坚持"一国两制",推进祖国统一 …………………… 221

第五章　青年兴则国家兴,青年强则国家强 ……………………… 231

第一节　当代青年是新征程的主力军 …………………………… 231
第二节　新时代青年的历史使命 ………………………………… 235
第三节　积极投身实践,放飞青春梦想 ………………………… 240

后　记 ……………………………………………………………………… 242

前　言

党的十八大以来,在以习近平同志为核心的党中央的坚强领导下,党和国家各项事业取得了全方位、开创性成就,发生了深层次、根本性变革,推动中国特色社会主义进入了新时代、中国社会的发展站上了历史新起点、中华民族的发展达到了历史新高度。新时代,中国共产党以不忘初心、牢记使命的政治追求和政治担当,领导中国人民坚定不移地走中国特色社会主义道路,永远把人民对美好生活的向往作为奋斗目标。我们比历史上任何时期都更接近、更有信心和能力实现中华民族伟大复兴的目标,展示了中国特色社会主义的道路自信、理论自信、制度自信、文化自信。党的十九大给人们有力的指引、道义的感召和必胜的信心,必将极大激发中国共产党、中国人民、中华民族的凝聚力和向心力,必将极大推动当代中国的发展和人类事业的进步。

新时代呼唤新的理论指导。我们党不断推动理论建设和理论创新,把马克思主义基本原理同中国具体实际相结合,用发展着的马克思主义指导新的实践,是我们党的鲜明特征和根本优势,也是党和人民事业不断从一个胜利走向另一个胜利的关键。面对新的历史实践,习近平新时代中国特色社会主义思想以一系列具有战略性、前瞻性、创造性的观点,理论和实践相结合,系统地回答了新时代坚持和发展什么样的中国特色社会主义、怎样坚持和发展中国特色社会主义等基本问题,包括新时代坚持和发展中国特色社会主义的总目标、总任务、总体布局、战略布局和发展方向、发展方式、发展动力、战略步骤、外部条件、政治保证等,并且根据新的实践,对经济、政治、法治、科技、文化、教育、民生、民族、宗教、社会、生态文明、国家安全、国防和军队、"一国两制"和祖国统一、统一战线、外交、党的建设等各方面作出理论分析和政策指导,以更好地坚持和发展中国特色社会主义。习近平新时代中国特色社会主义思想实现了我们党对共产党执政规律、社会主义建设规律、人类社会发展规律认识的新飞跃,为推进党和国家事业的发展提供了新的行动指南。

新时代担当新使命。2020年决胜全面建成小康社会后,党和国家事业发展的新目标是"分两步走",全面建成社会主义现代化强国。这科学规划了实现中华民族伟大复兴的时间表、路线图、任务书,为我们党在新时代开启新征程、创造新辉煌提供了行动纲领。放眼新时代,到21世纪中叶,中国这个有着13亿多人口的大国将基本实现社会主义现代化,中国将成为综合国力和国际影响力领先世界的国家,全体人民共同富裕基本实现,中华民族将以更加昂扬的姿态屹立于世界民族之林。这不仅是中国历史上也是人类历史上亘古未有的伟业,这不仅是对中华文明也是对人类文明作出的巨大贡献。

新时代标明新方位,新征程提出新任务。不忘初心,方得始终。我们要坚持以习近平新时代中国特色社会主义思想为指引,紧密团结在以习近平同志为核心的党中央周围,在新时代展现党的新气象、新作为,在新征程谱写新篇章、夺取新胜利,不断开创中华民族伟大复兴的新局面。

编 者

第一章 迈入新时代,开创新征程

中华民族的昨天,可以说是"雄关漫道真如铁";中华民族的今天,正可谓"人间正道是沧桑";中华民族的明天,可以说是"长风破浪会有时"。现在,我们比历史上任何时期都更接近中华民族伟大复兴的目标,比历史上任何时期都更有信心、有能力实现这个目标。

——2012年11月29日,习近平在参观《复兴之路》展览时的讲话

实现中华民族的伟大复兴一直是近代以来所有中华儿女的夙愿。回首往事,我们更加能够感受到这一梦想承载的厚度,中国共产党领导人民经过九十多年艰苦奋斗,特别是经过四十多年的改革开放,坚持走科学发展的道路,不断出台惠民、富民的政策,人民群众越来越富裕,国家经济实力越来越强大,终于把中国从一个贫穷落后的国家变成日益走向繁荣富强的国家。随着改革开放步入第四十个年头,中国特色社会主义的道路越走越宽阔。

第一节 党的十八大以来的历史性成就

2012年11月15日,在新当选的党的十八届中央政治局常委与中外记者见面会上,习近平总书记庄严承诺:"我们一定要始终与人民心心相印、与人民同甘共苦、与人民团结奋斗,夙夜在公,勤勉工作,努力向历史、向人民交出一份合格的答卷。"

面对极其复杂的国际局势和极其艰巨的改革重任,以习近平同志为核心的党中央,以巨大的政治勇气和强烈的担当意识,励精图治、力挽狂澜,革故

鼎新、开拓进取,解决了许多长期想解决而没有解决的难题,办成了许多过去想办而没有办成的大事,在各领域各方面取得了举世瞩目的辉煌成就,实现了之前许下的庄严承诺。

一、经济飞速发展

党的十八大以来,我国经济快速发展,经济实力和综合国力大幅提升,总体经济实力跃上新台阶。国内生产总值从54万亿元增长到90万亿元,稳居世界第二,在世界主要国家中名列前茅,对世界经济增长的贡献率超过美国、欧元区和日本贡献率的总和,成为世界经济增长的动力之源、稳定之锚。财政收入从11.7万亿元增加到18.3万亿元。居民消费价格年均上涨1.9%,保持较低水平。新增就业连续6年保持在1300万以上,13多亿人口的大国实现了比较充分就业。中国的高铁、移动支付、共享单车、网购"新四大发明"耀眼全球……神州大地正在发生空前巨大的变化。

经济结构不断优化。消费贡献率由54.9%提高到58.8%;服务业比重从45.3%上升到51.6%,成为经济增长主动力。高技术制造业比重年均增长11.7%。粮食生产能力达到1.2万亿斤。城镇化率从52.6%提高到58.5%,超过8000万农业转移人口成为城镇居民。

中国高速公路、高速铁路里程位居世界第一,科技创新硕果累累、重大工程建设捷报频传。全社会科技研发投入年均增长11%,规模跃居世界第二位,科技人员数量位居世界第一位。科技进步贡献率由52.2%提高到57.5%。载人航天、深海探测、量子通信、大型飞机等重大创新成果不断涌现。高铁网络、电子商务、移动支付、共享经济等引领世界潮流。"互联网+"广泛融入各行各业。大众创业、万众创新蓬勃发展,日均新设企业由5000多户增加到16000多户。快速崛起的新动能,正在重塑经济增长格局、深刻改变生产生活方式,成为中国创新发展的新标志。

创新驱动牵引"中国号列车"全速前进

在无人超市"淘咖啡",消费者无需掏出钱包、手机,仅靠"刷脸"就能轻松完成支付;哈啰单车、摩拜单车等共享单车的出现,解决了

"最后一公里"的出行难题;中国标准动车组"复兴号"在京沪高铁上跑出 350 公里的时速,北京和上海的往来时长又缩短了半个小时……这些发生在你我身边日新月异的变化,正生动诠释着"创新让生活更美好"的意义。

随着"双创"生态环境的逐步构建,更大范围、更高层次、更深程度的创业和创新正在蓄势,创新的"一池春水"已被激活。创业主体更加多元,创业模式更加多样,创业热情更加高涨。"创业服务正由政府为主转为市场发力,创业者已由小众走向大众,企业员工、海归人才和年轻大学生等,各类人群齐心协力使经济发展焕发新的生机。"科技部高新技术及产业化司副司长曹国英说。数据显示,我国发明专利申请量从 2012 年的 53.5 万件增长到 2016 年的 120.5 万件。

党的十八大以来,我国以简政放权为突破口,瞄准制度上的"痛点",打通难点,在全社会营造大胆创新、勇于创新、包容创新的良好氛围,推动经济转型、释放社会活力。社会投资和创业创新热情迸发。2017 年,全国全年新登记企业增长 24.5%,平均每天新增 1.5 万户,各类市场主体每天新增 4.5 万户。

大学生积极投身创业创新。在国家创新创业政策的引导下,在校大学生的创业意愿日趋增强,创业能力不断提高,自觉、自愿、自发参与创新创业的氛围正在形成。"各个专业都有同学在创业。"毕业于中国地质大学、自主创办了一家果业公司的翁新强说,校园内学生创业氛围浓厚,暑假期间也可以看到创业者们为跑项目积极奔走。2016 年,全国新登记注册大学生创业者已达 61.5 万人,行业遍及通信、零售、金融和农业等领域。

科研人员创业创新更加活跃。一直以来,科研人员创办企业普遍面临"落地难"问题,科技成果很难快速转化为产品走完"最后一公里"。要打破"成果转化"这堵墙,唯有靠改革的"利斧"。新修订的《促进科技成果转化法》,明确了科研机构、高校的科技成果处置权,将完成、转化职务科技成果的现金和股权奖励最低比例从 20% 提高到 50%,让一批"躺着睡大觉"的科研成果加速转化为现实生产力。

创新因子充分活跃起来。"股权激励是公司创业创新的内生动力。"北京理工雷科电子公司董事长戴斌说。北京理工雷科电子公司是一家致力于电子信息高科技产品研究和开发的科技公司,不到6年时间,公司就靠着2000万元资金实现了销售收入数亿元。漂亮业绩的背后是股权激励的功效:6名核心科技人员拿到180万元股权,创新的潜能被释放出来,先后开发出北斗卫星导航基带芯片等产品。

点评:从"跟跑者"到"并行者",再向"领跑者"转变,从被形势所迫而创新,到人人崇尚创新、人人渴望创新、人人皆可创新,当下,创新已在全社会蔚然成风,创新驱动的"火车头"正牵引着"中国号"列车全速前进。

二、民主政治进步

党的十八大以来,中国的民主法治建设迈出重大步伐。中国特色社会主义民主政治建设持续推进,有效保证了人民当家作主的权利。十二届全国人大代表首次按城乡相同人口比例选举产生,一线工人和农民代表比重比上届上升5.18%。行政体制改革取得明显成效,"放管服"改革深入推进,国务院各部门取消多项行政审批事项。国家监察体制改革全面推开,逐步实现对公权力和公职人员的监督全覆盖。依法治国全面推进,中国特色社会主义法治体系不断完善,全社会法治观念明显增强,司法体制改革破冰前行,法治国家、法治政府、法治社会建设活力迸发、生机无限。

1989年,美国政治学者弗朗西斯·福山在《历史的终结》中预言,西式民主制度是"人类政府的最后形式",历史将终结在这里。苏联解体、东欧剧变似乎印证了这一预言。然而历史并没有在此终结,相反,西式民主乱象丛生,制度危机凸显。与此形成鲜明对比,中国特色社会主义民主政治"风景这边独好",中国特色社会主义制度焕发出强大生命力。面对事实,福山也不得不改口:"随着中国的崛起,所谓'历史终结论'有待进一步推敲和完善。人类思想宝库需为中国传统留出一席之地。"

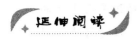

我国将首次实行城乡按相同人口比例选举全国人大代表

第十二届全国人民代表大会代表名额和选举问题的决定草案于2012年3月8日提请十一届全国人大五次会议审议。根据草案有关表述,中国首次实行城乡按相同人口比例选举全国人大代表。

根据宪法和有关法律的规定,第十一届全国人民代表大会到2013年3月任期届满,届满之前需选举产生第十二届全国人民代表大会代表。

这次全国人大代表选举是选举法修改后首次实行的城乡按相同人口比例进行的选举。做好这次选举工作,对于发展社会主义民主政治,保障人民当家作主,加强国家政权建设,充分发挥中国特色社会主义制度的优越性,广泛凝聚各方面的智慧和力量,推动科学发展,促进社会和谐,具有十分重要的意义。

据全国人大常委会法工委介绍,十二届全国人大代表选举更好地体现了"三个平等"的要求。

一是保障公民都享有平等的选举权,实行城乡按相同人口比例选举代表,每一名代表所代表的城乡人口数相同,体现人人平等。

决定草案规定:"省、自治区、直辖市根据人口数计算的名额数,按城乡约每67万人分配1名。"

二是保障各地方在国家权力机关有平等的参与权,各省(区、市)不论人口多少,都有相同的基本名额数,都能选举一定数量的代表,体现地区平等。

决定草案规定:"省、自治区、直辖市各分配相同的地区基本名额数为8名。"

三是保障各民族都有适当数量的代表,人口再少的民族,也要选举全国人大代表1名,以体现民族平等。

决定草案规定:"少数民族代表的名额应占代表总名额的12%左右。人口特少的民族至少应有一名代表。"这与十一届相同。

法学专家认为,实行城乡按相同人口比例选举人大代表是中国经济社会发展的必然要求,有利于更好地保障城乡居民享有平等的选举权,扩大人民民主,统筹城乡发展,促进社会和谐,更好地体现人大代表的广泛性和代表性。

中华人民共和国首部选举法制定于1953年,当时规定全国人大代表的选举,各省按每80万人选代表1人,直辖市和人口在50万以上的省辖市按每10万人选代表1人。该规定符合中国的政治制度和当时的实际情况。

1979年,中国对选举法进行重新修订。此后,根据经济、政治、文化、社会的发展变化,中国又四次修改选举法,并于1995年将全国和省、自治区农村与城市每一名代表所代表的人口数比例确定为4∶1。

2010年,中国修改选举法,实行城乡按相同人口比例选举人大代表,按人口数分配的代表名额,不再区分城市人口和农村人口,每一名代表所代表的城乡人口数相同。

改革开放以来,中国城市化进程不断加快。农村经济也不断发展,义务教育基本普及,农村人口的素质已今非昔比。与此同时,中国还是一个农业大国。多年来,每年的中央"一号文件"都事关"三农",实行城乡按相同比例选举全国人大代表有利于更好地反映农民的诉求,使政策更加符合农村实际和现实国情。

三、文化日益繁荣

党的十八大以来,文化自信成为发展的中国、复兴的民族、奋进的人民最响亮的精神号角。马克思主义中国化最新成果深入人心,思想理论领域主旋律更加响亮、正能量更加强劲。社会主义核心价值观广泛弘扬,成为人们团结奋进的"最大公约数",道德模范、时代楷模、最美人物和身边好人不断涌现,群星闪耀。主流舆论阵地持续发展壮大,媒体融合深入推进,网络空间日益清朗。文化事业和文化产业蓬勃发展,文艺创作由"高原"向"高峰"迈进,一大批有筋骨、有道德、有温度的精品力作温润心灵、激荡人心。

党的十八大以来,党中央、国务院进一步加强顶层设计,制定实施《深化文化体制改革实施方案》《国家"十三五"时期文化发展改革规划纲要》等文件,全面推进文化体制机制改革创新,使文化产业增速始终快于GDP增速,保持强劲发展势头。据统计,截至2017年12月底,全国文化及相关产业企业数量达297.65万户,注册资本14.29万亿元;全国规模以上文化及相关产业法人单位从2012年的3.6万家发展到2016年的5万家,实现营业收入80314亿元。

文化建设呈现出一片繁荣发展的景象,文艺创作由"高原"向"高峰"迈进,文化事业、文化产业蓬勃发展,文化基础设施不断完善,群众文化生活日益丰富多彩,文化软实力和中华文化的影响力大幅提升。截至2016年年底,我国文化产业增加值达到3.08万亿元,占GDP比重提升到4.14%。目前,中国电视剧和图书年产量稳居世界第一,电影产量高居世界第二。文化的繁荣发展,文化的自豪自信,极大丰富了人们的精神世界,增强了人们的精神力量。人民日益增长的美好生活需要,对文化享受层次和质量提出了更高要求,迫切需要文化进一步繁荣发展。

文艺创作出精品。从《草房子》到《三体》,从《琅琊榜》到《大唐荣耀》,从《大圣归来》到《湄公河行动》,从《中国诗词大会》到《朗读者》……我国文艺作品精彩纷呈,文化饕餮盛宴让人们大饱眼福、大快朵颐。文艺是时代前进的号角,文艺创作大有可为。推动文艺繁荣发展,最根本的是要创作出更多无愧于时代、无愧于民族的优秀作品。广大文艺工作者要坚持以人民为中心的创作导向,深耕生活沃土,书写蓬勃实践,不断推出思想精深、艺术精湛、制作精良的精品力作。

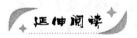

美国汉语教学事业蓬勃发展

语言是沟通的桥梁,也是一个文明最重要的载体。随着中国经济地位的不断增强,中国文化的吸引力也在不断上升。学习汉语已经成为世界各国的普遍现象。

据了解,目前全世界已有多个国家将汉语教学纳入国民教育体系,而美国是所有国家中最早提出希望获得汉语教学资源支持的国家之一,且需求量最大。尽管目前美国多个州和地方开展了沉浸式汉语教学，但依然无法满足学生和家长的需求。

比如犹他州，一个人口不到美国总人口百分之一的州，却拥有全美1/5的汉语学习者。因为学校的师资力量有限，能开设沉浸式汉语教学的学校不多，而要求入学的学生名额远超课堂所能容纳的人数限制，所以学校只能采取抽签的方式招生。

据犹他州州长加里·赫伯特介绍，犹他州是全美学习汉语人数比例最高的州，大约有20%的学生学习汉语。犹他州近年在发展沉浸式汉语教学方面也取得了长足的发展，目前共有55所学校开设汉语沉浸式课堂，参与学生超过1万人。

犹他州参议员霍华德·斯蒂芬森说："汉语教育帮助美国学生拥抱未来。美国家长为了不让孩子错过足球班，会搭起帐篷彻夜排队。现在类似的情况也出现在了汉语学习上，家长们会抢着给孩子报名汉语课程，甚至有人专门把家从别的州搬到犹他州，只为让孩子加入我们的沉浸式汉语教学项目。"

其实，犹他州汉语教学项目的成功开展只是美国汉语教学事业蓬勃发展的一个缩影。据美国非营利组织中美强基金会统计，目前美国约有40万学生在学习汉语。

四、环境逐步改善

"生态兴则文明兴，生态衰则文明衰。"党的十八大以来，以习近平同志为核心的党中央，积极推进生态文明建设，坚决向污染宣战，相继实施大气、水、土壤污染防治三大行动计划，取得了巨大成效。解决了一批重大环境问题，重大生态保护和修复工程进展顺利，生态环境治理明显加强，环境状况得到改善，国家"颜值"越来越高，绿色发展按下"快进键"，美丽中国建设驶入"快车道"。当前中国树立"绿水青山就是金山银山"理念，以前所未有的决心和力度加强生态环境保护。出重拳整治大气污染，重点地区细颗粒物（PM2.5）平均浓度下降30%以上。加强散煤治理，推进重点行业节能减排，71%的煤电机组实现超低排放。优化能源结构，煤炭消费比重下降8.1%，清洁能源消费比重提高6.3%。提高燃油品质，淘汰黄标车和老旧车2000多万辆。加强重点流域海域水污染防治,化肥农药使用量实现零增长。推进重大生态保护和修复工程,加强荒漠化、石漠化、水土流失综合治理。开展中央环保督察,严肃查处违法案件。积极推动《巴黎协定》签署生效,在应对全球气候变化中发挥了重要作用。进一步转变发展方式,单位国内生产总值能耗、水耗均下降20%以上,主要污染物排放量持续下降,重点城市重污染天数减少一半,沙化土地面积年均缩减近2000平方千米。

续写塞罕坝的绿色传奇

塞罕坝,这个位于内蒙古高原东南缘的高原台地,曾经林海茫茫、水草丰美,却从清代同治年间开围放垦,致使千里松林几乎荡然无存,以致"黄沙遮天日,飞鸟无栖树"。后来,几代塞罕坝人听从党的召唤,艰苦创业、九转功成,从一棵树到百万亩林海,构筑了重要的华北绿色屏障、京津冀生态支撑区,创造了"忠于使命、艰苦奋斗、科学求实、绿色发展"的塞罕坝精神。岂曰无碑,山河为证;岂曰无声,林海即名。塞罕坝的辉煌成就,是推进绿色发展的生动缩影,是建设生态文明的典型范例。

天更蓝、山更绿、水更清、环境更优美,是人民群众的热切期盼。党的十八大以来,以习近平同志为核心的党中央,把生态文明建设纳入"五位一体"总体布局和"四个全面"战略布局,把推动形成绿色发展方式和生活方式融入全面建成小康社会全过程,构筑起社会主义建设总体布局的"绿色谱系"。走向生态文明、建设美丽中国,正需要大力弘扬塞罕坝精神,以忠诚使命为内核、以绿色发展为追求、以艰苦奋斗为底色,持之以恒、久久为功,让百姓切实感受到经济发展带来的实实在在的环境效益。

弘扬塞罕坝精神,需要激发听从召唤、不负使命的担当意识。"那时候人们没有想什么苦啊、累啊,只是想怎么把党交给的工作做好。"视觉上的塞罕坝是绿色的,精神上的塞罕坝是红色的,塞罕坝机械林场的生态变迁,是在党的领导下充分发挥社会主义制度优越性的伟大实践,是干部群众听从党的召唤、响应国家号召赓续奋斗结出的甜美果实。今天,全党上下都要把生态文明建设作为一项重要政治任务,把重视生态环境保护作为检验领导干部"四个意识"的重要标尺,以真抓实干、务求实效的政治品格,把"美丽中国"从蓝图一步步变为现实。

弘扬塞罕坝精神,需要砥砺生态优先、绿色发展的坚定信念。塞罕坝的示范意义,不仅在于将荒山秃岭修复成华北"绿肺",更在于探索出一条生态优先、绿色引领的发展新路。生态文明建设是一场关乎产业结构和生产方式调整的经济变革,也是一次行为模式、生活方式和价值观念的"绿色革命"。"环境就是民生,青山就是美丽,蓝天也是幸福。"坚决摒弃损害生态环境的发展模式和做法,不断强化"绿水青山就是金山银山"的发展理念和意识,以绿色发展引领转型升级,积极践行绿色低碳生活方式,我们就能推动形成人与自然和谐发展的现代化建设新格局。

弘扬塞罕坝精神,需要振奋艰苦奋斗、攻坚克难的精神。"渴饮沟河水,饥食黑莜面。白天忙作业,夜宿草窝间。"没有艰苦奋斗的精神支撑,没有矢志不渝的接续传承,就没有塞罕坝的巨变。我们应当看到,我国生态环境承载力不强,过去几十年的快速发展积累了大量环境问题,保护生态环境、治理环境污染任重而道远。只有咬定生态文明建设目标,以"前人栽树、后人乘凉"的远见,以"功成不必在我"的胸襟,艰苦奋斗、攻坚克难,才能实现经济社会发展与生态环境保护的共赢。

生态兴则文明兴,生态衰则文明衰。走向生态文明、建设美丽中国,历史见证了塞罕坝人的奋斗与传奇,也终将记录下我们这代人的信念与辉煌。

五、社会和谐可期

党和政府紧扣增进民生福祉这一目标,推动社会事业改革发展。在财力紧张的情况下,继续加大保障民生力度。推出新的政策,重点解决高校毕业生和就业困难群体的就业创业问题。稳步推进城镇保障性安居工程与棚户区住房改造工程,农村危房改造取得重大的进展,一大批住房困难家庭圆了安居梦。加快改善贫困地区义务教育薄弱学校办学条件,深化中小学教师职称制度改革,重点高校招收贫困地区农村学生人数不断增长。全面推进县级公立医院综合改革,拓展居民大病保险,建立重特大疾病医疗救助制度、困难残疾人生活补贴和重度残疾人护理补贴制度。低保、优抚、企业退休人员基本养老金等标准得到提高,机关事业单位养老保险制度改革不断推进,工资制度不断完善。基本公共文化服务建设得到加强,广大人民群众有了更多获得感。

党和政府推动依法行政和治理方式创新,进一步促进社会和谐。加快推进政务公开,推广电子政务和网上办事。建立重大政策落实督查问责机制,开展第三方评估。有效应对自然灾害和突发事件。加强安全生产监管,事故总量和重特大事故、重点行业事故数量持续下降。推进食品安全创建示范行动。强化社会治安综合治理,依法打击各类违法犯罪活动,有力维护了公共安全。

《中国:习近平时代》

2017年10月中旬,一部名为《中国:习近平时代》的电视纪录片在海外许多国家火了。这部由英国子午线公司制作、美国"探索"频道出品的纪录片,用国际视角透视小人物的故事,解读了在习近平领导下的中国砥砺奋进这些年。该片一经播出,立即在海外引起广泛热议,激起了无数外国人对中国新时代的探究热情。

该纪录片由探索亚太电视网副总裁魏克然和英国资深电视制作人丽兹·麦克劳德担任监制,通过采访多位国际知名专家学者,深入解读中国的发展道路、发展理念及其对世界的启示。

从精准扶贫、医改、教育、高铁建设等民生领域的故事,到供给侧结构性改革、科技创新、环境治理等领域的案例,再到"一带一路"建设、蒙内铁路、中欧班列……这部三集纪录片讲述的一个个生动故事,让人思考中国为何能取得今日的成就,并对中国的未来充满期待。

魏克然说:"在'探索'频道拍摄的所有纪录片中,跟中国主题相关的最受欢迎。"在他看来,片子的第二集更像是一部中国的奋斗史。从中国南部的水污染治理到西部的荒漠化治理,从中部地区的猕猴桃果农到北京的出租车司机,从中西部偏远的山区到大城市的"城中村",无一不折射出习近平主席深化改革的决心。无人驾驶技术、折叠电子屏等创新成果更展现了巨大的活力。

在魏克然看来,在文化上,放眼世界,几乎没有一个国家的文化像中国文化这样具有适应性;在社会发展上,中国的创新创业正引领新的国际浪潮。中国的"新四大发明"——高铁、移动支付、共享单车、网购,也在深刻影响和重塑着整个国际社会。

第二节 中国特色社会主义进入了新时代

"中国特色社会主义进入了新时代"这一重大政治判断,既精辟地概括了当代中国发展变革的阶段性特征,又科学地把握了我国发展新的历史方位,并准确标定了"中国特色社会主义"这艘巨舰前行的时代坐标。中国特色社会主义进入新时代,不仅是中国人民关心的事情,也成为全世界的关注焦点。那么,新时代到底"新"在何处,它和之前的时期有什么关系呢?

首先,社会主义建设谱写了新的伟大篇章。中国自建立社会主义制度之后,就在中国共产党的领导之下不断谱写着新的建设篇章。中国特色社会主义是中国共产党领导人民群众经过不断奋战取得的巨大成就。特别是改革开放以来,中国以前所未有的速度发展起来,创造了举世瞩目的奇迹。在全世界社会主义处于低潮的环境下,中国特色社会主义展现出强大生命力。现在,中国特色社会主义已经站在了承前启后、继往开来的新起点上。这也意味着,在新的历史条件下,中国共产党人需要领导人民谱写更伟大的新篇章,这是新时代中国共产党人义不容辞的历史责任。

其次,社会主义发展战略有了新的安排。全面建设社会主义现代化强国是近代以来中国人民矢志不渝的不懈追求。从世界发展史看,实现现代化的国家和地区,大多都经历了300年左右的时间,而我国要用100年的时间走完发达国家用几百年走过的现代化路程,其变化之快、规模之广、难度之大可想而知。新时代开启新征程,从决胜全面建成小康社会到基本实现现代化、再到全面建成社会主义现代化强国的新的战略安排,是新时代中国特色社会主义的奋进节律,也是开创全面建设社会主义现代化国家新局面的动员令。

再次,人民生活有了新向往。人民对美好生活的向往,始终是我们党的奋斗目标。我们党领导人民干革命、搞建设、抓改革,就是为了让人民过上好日子。经过长期努力,中国人民的生活如芝麻开花节节高,一年更比一年好。同时,随着人民群众需求层次的不断升级,人民对好日子又有了新向往。党和政府顺应人民群众对美好生活的多元化需求,不断出台一系列惠民利民的重大政策,更加注重增进民生福祉,更加关注社会公平正义,不断提升人民群众的获得感、幸福感和安全感。

最后,我们踏上了追寻梦想的新征程。实现中华民族伟大复兴,是自鸦片战争以来中华儿女最伟大的梦想,需要一代又一代中国人走好长征路,前赴后继、接力前行去奋斗。经过长期特别是党的十八大以来的历史性变革,今天我们比历史上任何一个时期都更接近、更有信心和能力实现这个梦想。在新时代的长征路上,曙光可见、胜利在望,但前方的路也荆棘丛生、沟深壑险,全体中华儿女要团结一心、砥砺前行,汇聚奋进新时代、开启新征程的磅礴伟力。

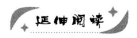

"三个意味着"的重大意义

中国特色社会主义进入新时代,意味着近代以来久经磨难的中华民族迎来了从站起来、富起来到强起来的伟大飞跃,迎来了实现中华民族伟大复兴的光明前景;意味着科学社会主义在21世纪的中国焕发出强大生机活力,在世界上高高举起了中国特色社会主义伟大旗帜;意味着中国特色社会主义道路、理论、制度、文化不断发展,拓展了发展中国家走向现代化的途径,给世界上那些既希望加快发展又希望保持自身独立性的国家和民族提供了全新选择,为解决人类问题贡献了中国智慧和中国方案。

首先,对中华民族来说,这是迎来实现伟大复兴光明前景的新时代。近代以来,西方列强用坚船利炮打开了中国的大门,中国人民遭受了战乱频仍、山河破碎的深重苦难,民不聊生,中华民族陷入了沉沉的黑暗之中。为了改变悲惨命运,中国共产党带领人民浴血奋战、艰辛探索、开拓创新,取得了革命、建设和改革的一个个胜利,使久经磨难的中华民族迎来了从站起来、富起来到强起来的伟大飞跃。身处新时代,中华民族从未像今天这样扬眉吐气、傲立东方,中国人民从未像今天这样自信满满、豪情万丈。

其次,对科学社会主义来说,这是在世界上高高举起中国特色社会主义伟大旗帜的新时代。500年前,世界社会主义的大幕徐徐拉开,从空想到科学、从理论到实践、从一国到多国,在人类文明进步的舞台上演绎了一幕幕社会主义兴衰成败的壮阔史诗。20世纪90年代初,世界社会主义运动陷入低谷,一些人对社会主义的前途产生悲观情绪,质疑"中国的红旗到底还能打多久"。20多年过去了,中国特色社会主义不仅大旗未倒,反而焕发出强大生机活力,奏响了科学社会主义在曲折中奋起的壮丽凯歌。

最后,对整个世界来说,这是中国为解决人类问题贡献智慧和方案的新时代。现代化,是人类社会文明进步的重要标志,是世界各国特别是发展中国家孜孜以求的目标。西方国家曾宣称,欧美模式是走向现代化的唯一途径,除此之外别无他途。然而欧美模式并没有带来现代化的福音,反而使一些国家尝尽了照搬西方模式的苦果。相比之下,中国特色社会主义道路越走越宽广,道路自信、理论自信、制度自信、文化自信"四个自信"不断彰显,开创了一条迥异于西方的现代化之路。事实证明,走向现代化的路径不是唯一的,中国道路为世界上那些既希望加快发展又希望保持自身独立性的国家和民族提供了全新选择。

一、社会主要矛盾发生历史性变化

马克思主义的一个基本原理告诉我们,矛盾是普遍存在的,其中起主导和支配作用的是主要矛盾。一个社会中充满着各种矛盾,其中的主要矛盾对社会发展起着决定性作用。我们只有准确把握社会的主要矛盾,才能抓住社会发展的重点问题,找到促进社会进步的关键所在。也就是说,只要抓住了

第一章 迈入新时代，开创新征程

主要矛盾，其他问题就可以迎刃而解。

中国特色社会主义进入了新时代。这是对我国社会发展新的历史方位作出的重大政治判断。这一重大政治判断不是凭空作出的，而是有着充分的历史、时代、理论和实践的依据。概括说来，这一判断基于我国发展进入新阶段、中国共产党领导人民长期奋斗取得了伟大成就，基于社会主要矛盾发生新变化，基于党的奋斗目标有了新要求，基于我国面临新的国际环境。可以说，这一判断符合实际、顺应潮流，是发展进步、矛盾运动、历史变革的必然结果，也是谋划未来发展、开拓光明前景的战略起点。

我们党在每个发展时期，都会根据当时的历史条件准确判断社会主要矛盾，以此作为制定路线、方针、政策的根本依据。比如，土地革命战争时期，社会主要矛盾是代表中国人民利益的中国共产党和代表大地主大资产阶级的国民党反动派之间的矛盾；抗日战争时期，社会主要矛盾是中华民族同日本帝国主义之间的矛盾；解放战争时期，社会主要矛盾是中国人民同美帝国主义支持的国民党反动派之间的矛盾。正是因为抓住了各个时期的社会主要矛盾，我们党才制定了正确的革命路线，带领人民推翻了"三座大山"，取得了新民主主义革命的胜利。

1956年，社会主义改造任务基本完成，我国进入全面建设社会主义时期，党的八大作出国内的主要矛盾已经是人民对于建立先进的工业国的要求同落后的农业国的现实之间的矛盾、是人民对于经济文化迅速发展的需要同当前经济文化不能满足人民需要的状况之间的矛盾的重大判断。1981年，党的十一届六中全会进一步指出，我国社会的主要矛盾是人民日益增长的物质文化需要同落后的社会生产之间的矛盾。正是基于这样的重大判断，我们党才能沿着正确的轨道前进，开创了今天欣欣向荣、蒸蒸日上的良好局面。

因时制宜，顺势而为。今天，中国特色社会主义进入了新时代，我国社会生产和社会需求发生了新变化。据此作出判断，我国社会主要矛盾已经发生根本性变化，人民日益增长的美好生活需要和不平衡不充分的发展之间的矛盾成为我国社会主要矛盾。为什么会作出这个判断呢？这是由我国现阶段的客观实际决定的，具体可以从两个方面来理解。

先看社会需求方面。今天，我国稳定解决了十几亿人的温饱问题，总体上实现了小康，不久将全面建成小康社会，人民美好生活需要日益广泛。人民不仅追求生活富裕还追求更高质量,期盼更多的获得感、幸福感、安全感,对民主、法治、公平、正义、安全等方面的要求日益增长;人民期盼拥有更好的教育、更稳定的工作、更满意的收入、更可靠的社会保障、更高水平的医疗卫生服务、更舒适的居住条件、更优美的环境、更丰富的精神文化生活。

再看社会生产方面。经过改革开放40多年的快速发展,我国社会生产力水平总体上显著提高,很多方面在世界上已经从"跟跑"变成"并跑",甚至"领跑"。现在,"落后的社会生产"确实不能概括今天中国的社会生产状况,今天中国更突出的问题是发展不平衡不充分。今天的中国,繁华都市和落后乡村并存,东部发达和西部滞后同在,既有高铁、超级计算机、"天眼"望远镜、移动支付等领先世界的高新科技产品,也有"靠天吃饭"、铁犁牛耕等落后生产方式存在,发展不平衡不充分的问题已经成为满足人民日益增长的美好生活需要的主要制约因素。

面对这些显著变化,再讲"我国社会的主要矛盾是人民日益增长的物质文化需要同落后的社会生产之间的矛盾"已经难以准确反映实际了。因此,对社会主要矛盾转化的重大政治判断,适应社会发展新的特点和要求,顺应人民群众新的需求和向往,为推动党和国家各项事业的发展提供了科学准确的逻辑前提。

"四大件"的历史变迁

"四大件"曾经是中国人民描述理想中家庭硬件的通行名称,几乎每个时期都会出现不同的"四大件",这反映了人们的消费热情,也成了衡量社会富裕程度的一个标志。可以说,"四大件"反映的正是中华人民共和国成立之后,我国的商品供应从短缺逐渐走向丰裕的历史。事实上,"四大件"的内涵已经发生了数次变化。

缝纫机、手表、收音机、自行车

——20世纪50—60年代的"三响一转"

中华人民共和国成立后,人们生活得虽然仍不够富裕,但是已经开始把注意力转到一些耐用消费品上。缝纫机、手表、收音机、自行车开始成为人民群众的心头好。

工作时发出"嗒嗒"声的缝纫机,发出"嘀嗒"声的手表、闹钟、座钟,响声不断的收音机,加上运动时前后轮旋转的自行车,便凑成了"三响一转""四大件"。当然,当时的中国人均收入有限,几乎所有的家庭都在为早日凑齐"三响一转"而省吃俭用。

沙发、立柜"36条腿"
——20世纪70年代兴起的家具配置之风

到了20世纪70年代,人们对于家具的要求开始提高,逐渐兴起改善家具配置之风。昔日的两屉桌、小碗柜、小板凳、小圆桌已经无法满足人们的需要,沙发、立柜、组合柜开始进入家庭消费的视野。

一个沙发4条腿,两个就是8条腿,再加上茶几4条腿,这就是第一组12条腿;再有大衣柜4条腿、写字台4条腿、椅子4条腿,又是第二组12条腿;还有五斗柜4条腿、双人床4条腿、书柜4条腿,这就构成了第三组12条腿。三组"12条腿"加起来便凑成了"36条腿"。总之,"36条腿"是一种表现家具数量的计算方法,各地内容不一、标准不同,但有着共同的追求倾向,即用于陈设或嫁娶的家具几乎都是不可缺少的。

电视机、摩托车、电子表、洗衣机
——20世纪80年代的电子化"四大件"

进入20世纪80年代,人们的消费已经开始逐渐脱离对实用性的追求。收音机开始被电视机取代,虽然当时主要还是黑白电视,但是屏幕的尺寸很快便由9英寸、12英寸发展到14英寸、17英寸。

机械表迅速被石英电子表取代。机械表爱好者虽仍有少量,但已开始追求高档机械表。社会涌现出山地自行车一族,同时,轻型摩托车迅速受到城乡青年的青睐。

缝纫机之前在市场上短缺了20余年,但刚刚进入20世纪80年代不久,便因市场迅速饱和而悄然退出市场了。这种退出也是一种无奈,在新组成的小家庭中,谁还非要缝纫机不可呢?缝补衣服已非常少见,即或要添置新衣也多以购买成衣为主。

冰箱、空调、电话、电脑
——20世纪90年代的现代化"四大件"

到了20世纪90年代,人们的消费方式发生了根本性的转变,消费结构逐步优化,整体上已由量的满足阶段转向质的提高阶段。这是20世纪90年代"四大件"发展的显著特征。

先是完成了黑白电视机到彩色电视机的替代过程,接着录放机替代了录音机、影碟机替代了录放像机,随后空调机、家用电脑、排油烟机、热水器进入寻常百姓家。简而言之,家庭用品电器化已经成为一种时尚。这时如果说还有什么能代表当代家庭的"四大件",恐怕当数电冰箱、空调、电话和家用电脑了。

现在,"四大件"这一名词已日渐淡出人们的日常语言,因为人们不必再为买不到自己急需的商品而四处求人,令他们大伤脑筋的反倒是如何在琳琅满目的商品中找到自己的"最爱"。

点评: "四大件"在近半个世纪中发生了数次大的变化,折射出中国人奋进拼搏的历程。这种跃升令人感受到生活的巨变,我国的商品生产与供应从短缺逐渐走向丰裕,社会生产力得到很大的进步。中国当前面对的不再是社会生产落后的问题,而是发展不平衡不充分的问题。

二、正确理解"变"与"不变"的关系

现在,面对社会主要矛盾发生变化,一些人提出这样的疑惑:我国是不是已经跨越社会主义初级阶段,不再是发展中国家了?要回答好这个问题,需要对"变"与"不变"的关系作一番深入分析。

事物总是在不断发展变化的,但是变化之中也蕴含着不变,这就是基本的辩证法。虽然自党的十八大以后,我国社会主要矛盾发生了变化,但我们对我国社会主义所处历史阶段的判断没有变,我国仍处于并将长期处于社会主义初级阶段的基本国情没有变,我国是世界最大发展中国家的国际地位没有变。我们必须清醒认识到这些,牢牢把握社会主义初级阶段这个基本国情和最大实际,坚持"一个中心、两个基本点"党的基本路线不动摇,以永不懈怠

的精神状态夺取新时代中国特色社会主义伟大胜利。

因此,我们必须保持适当的发展速度。目前,尽管我国经济总量已位居世界第二,但人均水平并不算高,只排在世界60多位。只有保持适当的发展速度,很多问题才能得到解决,否则经济提质增效和民生改善就无从谈起。必须坚定不移把发展作为党执政兴国的第一要务,牢牢抓住经济建设这个中心不动摇,通过解放和发展社会生产力,筑牢新时代人民美好生活的强大物质基础。现在,应当更加注重提高发展的质量。一个时期以来,我国经济发展走的是数量规模型道路,主要依靠大投入、高消耗拉动经济增长,长此以往不可持续,最终没有出路。只有建立在高质量、高效益基础上的经济大厦,才是稳固和坚实的。我国经济已由高速增长阶段转向高质量发展阶段,必须深入贯彻新发展理念,坚持质量第一、效益优先,推动经济发展质量变革、效率变革、动力变革,提高全要素生产率,使我国发展之路越走越宽广。只有全国上下一心,促进全面协调可持续发展,才能从根本上解决我国现代化征程中出现的各种问题,才能奏响新时代中国特色社会主义发展的华丽乐章。只有坚持统筹兼顾、综合平衡,补齐短板、缩小差距,促进城乡区域协调发展,才能实现经济社会各领域全面发展,推动我国经济持续健康发展。

世界社会主义饱经几个世纪的风起云涌、沧海桑田,正在中华大地上焕发出强大的生命力。可以预见,新时代中国特色社会主义,勇立人类文明发展进步的历史潮头,必将为世界社会主义运动书写出新的胜利篇章。

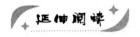

我国仍然是世界上最大的发展中国家

衡量一个国家的真实发展水平,既要看其经济总量的大小,又要看其人均水平的高低。而衡量一个国家的发达程度,更要对其产业机构、科技创新能力和国家均衡发展进行全面的考察。

首先,改革开放以来,我国经济取得了年均增长9.5%的举世瞩目成就,2017年国内生产总值达到12.25万亿美元,稳居世界第二位,在总量上与美国的差距进一步缩小,对世界经济的贡献率连续多年超过30%。但从人均水平上来看,我国发展中国家的特征没有根本改变。根据世界银行数据,2016年我国人均国内生产总值为8123美元,约为世界平均水平(10190美元)的80%,仅为美国(57638美元)的1/7,居世界第68位。从投资水平来看,目前我国基础设施人均资本存量只有发达国家的20%~30%。西部省份和贫困地区交通、通信、水利等重大基础设施仍很薄弱。从消费水平来看,2016年我国人均居民消费为2506美元,不及世界平均水平(5913美元)的1/2,仅为美国(36405美元)的7%。我国人均耐用消费品消费与发达国家相比还有较大差距。2017年底,我国居民每百户拥有汽车29.7辆,而美国每百户拥有汽车超过200辆,欧洲一些发达国家超过150辆。从消费率来看,中国居民的消费率也远低于发达国家。2015年,中国居民消费率为37.1%,美国为68.1%。从消费结构来看,2017年我国居民消费恩格尔系数为29.3%,仍远高于发达国家,这说明我国人民还需要用较大比重的支出来满足吃饭穿衣等基本需要,而用于文化消费、卫生保健消费和休闲旅游消费等方面的支出比重比发达国家小得多。

其次,我国经济结构出现重大变革,但产业结构、就业结构仍需优化升级。在发达国家国内生产总值中,第一产业所占比重一般在2%左右,第二产业所占比重一般在23%左右,且以高端制造业为主,第三产业所占比重在75%左右。改革开放以来,我国产业结构不断优化升级,总体上呈现第一、二产业占比下降,第三产业占比上升的格局,2017年我国三次产业占比为7.9∶40.5∶51.6。与发达国家相比,我国第一产业占比仍较高,制造业大而不强,整体上处于全球产业链的中低端,中高端产品有效供给不足,服务业占比偏低,知识密集型的现代服务业占比更低。这样的产业结构反映了我国产业竞争力仍不强、技术含量仍较低、创新能力仍不足,也反映了我国在国际分工中还处于相对不利地位,美国、日本、欧洲国家在创新、设计和品牌上占优势的格局尚未改变。与此相应,尽管我国的就业结构不断优化,一产就业比重明显下降,三产就业比重明显上升,但2016年我国第一、二、三产业就业人口占比分别为27.7∶28.8∶43.5,就业结构水平与发达国家相比还有相当大的差距。

再次,我国创新驱动发展成果丰硕,但科技创新整体上仍处于

"跟跑"状态。改革开放以来,我国以企业为主体的创新体系基本形成,研发投入不断加大,在基础和前沿领域取得了一批有国际影响力的重大创新成果,一些领域实现了从"跟跑"到"并跑""领跑"的跃升,但整体上我国科技创新仍处于"跟跑"的地位和阶段。企业开发能力弱、自主创新能力不足、核心技术缺乏依然是企业发展面临的突出障碍。80%左右的关键技术、多数高端装备以及核心零部件和元器件依赖进口,拥有自主知识产权的核心技术和在国际上知名的自主品牌屈指可数。由于自主创新能力不足,我国虽已是制造业大国,但还未成为制造业强国。我国工业增加值率由2006年的最高值29.7%持续下降到2016年的21.5%,而美、德、日等发达国家的工业增加值率均长期高于40%。尽管新技术、新产品、新业态和新模式不断涌现,新旧产业融合速度不断加快,但整体规模和贡献还相对有限,创新驱动增长格局尚未真正形成。

最后,我国城乡区域发展协调性显著增强,但发展不平衡问题还比较突出。相对而言,发达国家内部的发展较为平衡,城乡之间、区域之间差距较小。而中国仍处在发展不平衡问题较为突出的阶段,城乡之间、区域之间、社会阶层之间的差距较大,具有发展中国家的典型特征。一是区域发展不平衡。2016年东部地区人均GDP分别是中部、西部、东北地区的1.77倍、1.85倍、1.62倍,省际之间人均GDP差距最高在4倍以上。二是城乡发展不平衡。2017年我国城市化率为58.52%,仍然远低于发达国家80%左右的平均水平。我国城乡居民收入差距仍然较大,城乡基础设施和公共服务的差距仍很明显。2017年,城镇居民可支配收入是农村居民的2.7倍,城镇居民人均消费支出是农村居民的2.2倍。三是收入分配不平衡。2016年我国的基尼系数为0.465,如果考虑到财产存量的差距,则分配不平衡的问题更加突出。四是经济与社会发展不平衡。看病难、择校难、养老难等问题,仍然是人民群众的操心事、烦心事。五是经济与生态发展不平衡。人民群众日益增长的优美生态环境需要与生态环境总体不佳的矛盾仍很突出。

总而言之,我国仍然是世界上最大的发展中国家这一基本的国情并没有改变。为了实现现代化的伟大理想,实现民族复兴的中国梦,我们应当继续努力,砥砺前行,把我国建设成真正的现代化强国。

第三节 中国特色社会主义道路的光辉前景

中国特色社会主义进入新时代,在中华人民共和国发展史上、中华民族发展史上具有重大意义,在世界社会主义发展史上、人类社会发展史上也具有重大意义。全党要坚定信心、奋发有为,让中国特色社会主义展现出更加强大的生命力!

——习近平

20世纪末的苏东剧变猛烈地冲击着世界社会主义事业:社会主义国家由15个减为5个,世界共产党员的数量大幅度减少;西方国家的共产党有的自动解散,有的迫于压力或其他原因改变了党的名称;亚非拉地区的社会主义运动遭受严重挫折,现存的社会主义国家也面临前所未有的困难与挑战。在国际上,马克思主义"失败论"、社会主义"终结论"甚嚣尘上。社会主义国家内部也有许多人动摇了对社会主义的信念,悲观地看待社会主义的前途与命运。

世界的目光不约而同地聚焦中国。人们担心这个世界上最大的社会主义国家无法抵挡苏东剧变的冲击。在世界社会主义事业遭遇严重危机的关键时刻,中国共产党和社会主义中国没有让关心社会主义前途与命运的人们失望,不仅成功抵御了来自外部和内部的巨大威胁和严峻挑战,而且继续稳步推进改革开放事业并取得了巨大成就。尤其在21世纪初,当世界资本主义普遍遭遇危机陷入困境的时刻,中国"风景这边独好",中国特色社会主义乘风破浪,继续前进,中国实现了从站起来到富起来并逐渐强起来的巨大飞跃,彻底改变了一穷二白的落后面貌。中国人民前所未有地靠近世界舞台中心,前所未有地接近实现中华民族伟大复兴的目标,前所未有地具有实现这个目标的能力和信心。中华民族正以崭新姿态屹立于世界的东方。

人们从中国的成就中看到了社会主义强大的生命力和无比的优越性,看到了世界社会主义走出低谷的希望和动力,也看到了社会主义中国对世界的贡献。中国特色社会主义不断取得重大成就并胜利迈进新时代,不仅在关键时刻稳住了世界社会主义的阵脚,而且极大地鼓舞了社会主义国家人民的士气,增强和坚定了世界各国众多人士的社会主义信念。中国特色社会主义道路、理论、制度、文化不断发展,拓展了发展中国家走向现代化的途径,也给世界上那些既希望加快发展又希望保持自身独立性的国家和民族提供了全新选择,树起了一面令人向往的旗帜,扩大了马克思主义和社会主义在世界的影响,这必将深刻地影响世界格局和人类社会发展进程。

一、中国"风景这边独好"

当今世界,风起云涌。在发达国家之中,英国公投"脱欧",法国遭受恐怖袭击,欧洲遭遇难民危机,美国大选使民粹主义、保护主义与孤立主义相互交织;在新兴市场和发展中地区,西亚北非地缘冲突持续、东亚领海争端再现、南美部分国家政局不稳。似乎有一股幽灵般的力量纠缠着整个世界。而中国这个东方古国以其定力、实力与魄力,展现出别样风采,重塑着大国荣光。正如毛泽东同志的一首词中所说:"踏遍青山人未老,风景这边独好。"

首先,中国经济前景光明。2017年,国际货币基金组织(IMF)四次上调对中国GDP的增长预期。与之形成鲜明对比,IMF同时表示全球经济复苏情况可能不会持久,因为不是所有国家都出现经济复苏,比如一些欧元区国家,其中期经济前景依然令人失望。

对中国经济有信心的IMF,能在世界上找到许多共鸣。世界银行、亚洲开发银行、花旗银行、东盟与中日韩(10+3)宏观经济研究室等国际机构,都对中国经济的增长预期持乐观态度。《经济学人》《金融时报》等诸多外媒,也为中国经济不断创新和飞速发展的现状纷纷点赞。

"中国的经营环境正在不断优化,体现出吸引更多外商投资的决心,我们对中国市场非常看好。"在接受记者采访时,通用电气公司(GE)全球高级副总裁段小缨表示。通用电气公司之所以能够仅用两三年时间,就将中国总部、中国研发总部、全球运营亚太中心和上海数字创新坊集中在上海一个超过10万平方米的园区内,正得益于中国不断改善的投资环境。中国已经成为跨国公司投资的首选。

其次,人民获得感、幸福感更高。"中国有多安全?"前不久,这个问题在国外某问答网站火了起来。来自瑞典、巴西、美国等多国的网友纷纷回答:在深夜独自外出、在凌晨遛弯无须担心安全问题;治安管理细致,人文环境和谐……答案形形色色,却又高度一致。

在中国,安居乐业的含义不断深化,中国人民的获得感与幸福感显著提升。连续5年,财政性教育经费占国内生产总值4%以上,上学更舒心了;城镇新增就业人数年均超过1300万,找工作更容易了;全国居民人均可支配收入增速跑赢GDP,钱袋子更鼓了;世界上覆盖人群最多的社会保障制度建成,安全感更高了;全世界最大的全民基本医保网织就,个人卫生支出占比降至20年来最低,看病更省钱了;居民人均住房建筑面积达40.8平方米,住房条件更好了;全国地表水水质优良比例达70%,环境更好了;全国文化事业费年平均增速超过10%,文化生活更丰富了……

最后,发展成果喜人,迈向民族复兴的步伐坚定而稳重。上天,入地,探索浩渺太空,架起如虹长桥,高速列车提速,等等,中国的一系列重大创新成果,竞相闯入人们的视野:国产大飞机C919一飞冲天,世界最大单口径射电望远镜——500米口径球面射电望远镜发现脉冲星,"复兴号"列车以350公里的时速往返于京沪之间,世界最长跨海大桥——港珠澳大桥主体工程全线贯通,"神威·太湖之光"在最新一期全球超级计算机500强榜单中实现三连冠……中国多项科技成就走在世界前列。

这是几代中国人矢志不渝、坚持不懈的结果,也是中国特色社会主义道路成功的写照。

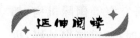

美国《时代》周刊刊文"中国赢了"

2017年11月13日,美国《时代》周刊除美国本土版外在封面上用中文和英文两种语言写着"中国赢了"(China Won)。

这篇关于"中国赢了"的文章的作者是美国政治学者、政治风险咨询公司欧亚集团(Eurasia Group)的创始人兼总裁伊恩·布雷默。据他介绍,这是《时代》周刊封面第一次出现两种语言。在内文《中国经济是如何赢得未来的》一文中,布雷默指出,如今,中国已经成为全球经济领域中最具实力的国家。虽然目前美国仍然是世界第一大经济体,但中国正在利用国企提升国内外影响力,稳步赶超美国。

与之形成鲜明对比,美国正在走下坡路。虽然美元作为全球储备货币的特权很可能还会持续存在多年,但美国实力的支柱——美国的军事同盟、贸易领导地位以及推广西方政治价值的意愿,正在逐渐消失。

布雷默表示,如今俄罗斯、印度、土耳其等国领导人都在追寻中国的脚步。他列举了中国在几个方面的优势。

首先,创造与保障就业。布雷默认为在中国创造和保障就业要比在美国容易得多。2008年美国金融危机之后,时任总统奥巴马与共和党矛盾不断,导致美国创造就业和拯救工业困难重重。而在中国,政府为战略性产业提供了直接的财政和政治支持。政府为战略部门提供直接资金,并专门为帮助这些产业成长而制定法律。在一个技术变革速度极快、规模极大的时代,这种政府保护尤其重要。

自动化已经颠覆了发达国家的劳动力人口结构。根据鲍尔州立大学2015年的一项研究,2000—2010年,87.8%的美国制造业岗位流失是由于自动化和技术改进。在发展中国家,技术变革也正在挤走数以亿计的工人,其中许多人刚刚脱离贫困。但中国政府能较好地管控经济,缓冲技术变革造成的社会影响。

其次,建立"诚信制度",以帮助稳定社会。布雷默认为,保障就业和工业化并不是中国领导人领导国家的唯一途径,中国领导人运用科学的思维方法治国理政是西方政府做不到的。他提到了中国正在发展的"社会信用体系"。该体系允许政府通过个人财务数据、社会关系、消费习惯和尊重法律程度来评估公民的"诚信程度",这有利于防止出现"严重破坏社会管理秩序,或危害国防利益的行为",并使公民遵守社会秩序,让"守信者畅行天下、失信者寸步难行"。而在西方,这些是政府无法做到的。

最后，具有人工智能领域的雄心。人工智能竞赛是21世纪的"太空竞赛"，它对人们的生活将产生更直接的影响。布雷默认为，实现人工智能领域的突破将需要当年美国曼哈顿计划或登月计划那样大的投入。但是，美国政府再也没有当年那种强烈的政治意愿来长期投入人工智能这个新兴领域，而是将科技创新外包给了硅谷。虽然硅谷的公司在多领域创新上具有优势，但从对单一目标的深度追求和财力雄厚程度来看，中国更有可能在人工智能方面获胜。目前可以确定的是，美国政府已经成为这场竞赛的局外人了。

在文章的结论部分，布雷默指出，虽然中国也有不足之处，但是在可预见的未来，中国经济可能仍将保持强劲和稳定。中国的国际影响力将会持续扩大，并且中国将会在世界舞台上占据中心位置。

二、"中国方案"广受称赞

"人类生活在同一个地球村里，越来越成为你中有我、我中有你的命运共同体。"这是习近平总书记在多个重大国际场合深刻阐释的一项重大倡议。"人类命运共同体"这一响亮的话语从莫斯科国际关系学院到联合国日内瓦总部、从博鳌亚洲论坛到达沃斯论坛、从"二十国集团"峰会到中国共产党与世界政党高层对话会都产生了巨大的回响。这正是中国向世界传达的一项全新的理念。

那么，人类命运共同体究竟是一个什么"体"？概括地说，就是"五维一体"。习近平总书记从政治、安全、经济、文化、生态5个维度来描述人类命运共同体的美好愿景：建设一个持久和平、普遍安全、共同繁荣、开放包容、清洁美丽的世界。

持久和平是基石。和平犹如空气和阳光，受益不觉，失之难存。失去和平的环境，人类命运共同体只能是镜花水月、海市蜃楼。要和平不要战争，是各国人民朴素而真实的愿望。各国只有相互尊重、平等协商，摒弃冷战思维和强权政治，坚持走对话而不对抗、结伴而不结盟的国与国交往新路，才能和睦相处、共同发展，营造一个和谐、安定、美好的世界家园。

普遍安全是保障。万事安为先，安全是人类的头等大事。当今世界面临着越来越多传统与非传统的安全威胁,呈现出跨国界、跨种族、跨区域的特征。地球上没有世外桃源,威胁面前任何国家都不能独善其身、置身事外。只有秉持共同、综合、合作、可持续的安全观,携手织密安全网,才能使人们远离危险和恐惧。

共同繁荣是核心。世界经济发展的一个重要特征,就是商品及资金、信息和人才等要素在全球范围内大流动,经济全球化的大势不可逆转。在世界经济的汪洋大海中,各国只有风雨同舟、和衷共济,建设开放型世界经济,才能有效应对金融危机的风暴,避开经济衰退的逆流,躲过市场风险的暗礁,搭乘经济全球化这艘巨轮劈波斩浪,让经济增长的成果惠及全世界人民。

开放包容是特征。在我们生活的这个星球上,有70多亿人口、200多个国家和地区、2500多个民族、5000多种语言,有基督教、伊斯兰教、佛教等多种宗教,形成了多样化的人类文明。不同文明凝聚着不同民族的智慧和贡献,没有高低之别,更无优劣之分。各美其美,美美与共。各种文明只有在和而不同中兼收并蓄,在交流互鉴中取长补短,才能描绘出绚丽多彩的人类文明画卷。

清洁美丽是底色。地球是人类赖以生存的唯一家园,珍爱和呵护地球是人类的不二选择。几百年来,人类工业文明创造了前所未有的物质财富,也造成了难以弥补的生态创伤,环境恶化形势日益严峻,气候变暖、臭氧层破坏、生物多样性锐减、大气污染等时刻威胁人类生存。只有坚持环境友好的理念,构筑尊崇自然、绿色发展的全球生态体系,才能实现人与自然的和谐相处,铺就永续发展的绿色道路。

蒙内铁路成为"一带一路"东非亮点

自2016年5月31日竣工通车以来,2017年蒙内铁路实现安全、顺利运营一周年。一年来,作为"一带一路"倡议的重要早期收获和中非友好合作的重大标志成果,蒙内铁路为肯尼亚经济社会发展和中肯合作注入了强劲动力。截至目前,蒙内铁路已输送旅客135万人次,运送货物4.5万多个集装箱,拉动肯尼亚GDP年增长1.5%,为沿线地区降低物流运输成本40%。

中肯双方在推动蒙内铁路项目之初即根据肯尼亚国情进行了充分、坦诚的政策沟通，确定了最符合肯尼亚实际的设计、融资、建设和运营方案，为后期项目顺利执行奠定了基础。蒙内铁路还注重履行社会责任，积极融入当地社会。蒙内铁路累计为肯尼亚创造近5万个工作岗位，培训了5000多名当地专业技术工人和运营管理人员，资助了100名肯尼亚学生在中国攻读铁路本科专业项目；在沿线共计开展了260多次公益活动，为当地打井供水、捐资助学，参与环保事业，受到当地民众的欢迎，拉近了中肯两国人民的友谊。蒙内铁路也被当地媒体誉为真正的发展之路、繁荣之路和友谊之路。

点评：蒙内铁路项目的实施真正体现了"一带一路"倡议提出的"共商、共建、共享"原则和"政策沟通、设施联通、贸易畅通、资金融通、民心相通"的核心五要素，是习近平总书记倡导的构建人类命运共同体的典范。

三、"中国道路"越发宽阔

2016年11月，习近平总书记在纪念孙中山先生诞辰150周年大会上指出："古今中外的历史都告诉我们，世界上没有一个民族能够亦步亦趋走别人的道路实现自己的发展振兴，也没有一种一成不变的道路可以引导所有民族实现发展振兴；一切成功发展振兴的民族，都是找到了适合自己实际的道路的民族。"中国特色社会主义道路就是中国人民在中国共产党的领导下，经过艰苦卓绝的革命斗争和开拓创新的伟大实践，在新的历史时期找到的适合自身实际的唯一正确的发展道路。这一道路来之不易，凝聚了几代中国共产党领导人的智慧与心血，经历一个不断探索、逐步完善的伟大过程。

中国特色社会主义道路，肇端于对资本主义道路的扬弃，批判和超越了资本主义道路的利己性，聚焦中国，关照世界，既是民族的，又是世界的，蕴含着深切的人类终极关怀。中国发展，不忘与世界同行。中国特色社会主义对人类整体命运有着明确的责任意识、贡献意识和科学的制度安排。习近平总书记提出的"构建人类命运共同体"理念，反映了改革开放富起来的中国人民对人类前途和命运的深切关怀,因此也获得了国际社会的赞誉和积极响应。中国的"一带一路"倡议和一系列破解全球性难题的积极参与举措,无不反映了中国的世界责任意识和大国担当精神。

中国特色社会主义道路一定是坚持马克思主义、坚持社会主义的道路,"马克思主义必须是同中国实际相结合的马克思主义,社会主义必须是切合中国实际的有中国特色的社会主义",这是中国特色社会主义道路的根本立场、根本方向所在,是扎根中国土壤、吸收中国营养、带有中国气派、蕴含中国气质、保持旺盛生命力的根本力量所在,是中国特色社会主义道路永葆青春、永葆活力的方法和秘诀所在,是中国特色社会主义道路的前途和远景所在。

中国特色社会主义道路有着光辉的发展历程和美好的远大前途,这条道路必将越走越宽广。随着党执政能力建设和先进性建设的逐步推进,随着国家治理体系和治理能力的现代化,随着一系列治国理政新理念、新思想、新战略的提出,我们实现目标的方法将会越来越多,制度将会越来越完善,理论将会越来越科学。

这条道路必将越走越成功。中国特色社会主义虽然"还不是尽善尽美,成熟定型的",但历史与现实已经证明这条路子选对了。早期中国特色社会主义的成功实践,已经积累和奠定了深厚的理论基础、实践基础和物质基础。未来的道路,将在攻坚克难、开拓创新中不断走向完善和成熟。困难越多,成就越大;空白越多,描绘的画卷就越美。总之,中国特色社会主义道路将会越走越宽广,越走越成功。

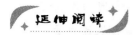

中国的成功显示出其社会制度和发展道路的巨大优越性

习总书记指出:"道路问题是关系党的事业兴衰成败第一位的问题,道路就是党的生命。"从开辟"农村包围城市"革命道路到中国特色社会主义进入新的发展阶段,中国共产党在领导中国革命、建设和改革的实践进程中,始终坚持把马克思主义基本原理同中国具体实际相结合,为实现中华民族伟大复兴中国梦,不懈地探索与创新。

寻梦的道路艰难而曲折。"十月革命一声炮响,给我们送来了马克思列宁主义。"中国共产党自诞生之日起就肩负着挽救民族危亡、实现民族复兴的伟大历史使命。我们不仅实现了从新民主主义革命到社会主义革命和建设的历史性转变,还开始了建设中国特色社会主义的艰辛探索。党的十八大以来,以习近平同志为核心的党中央团结带领全国各族人民砥砺奋进、攻坚克难、强基固本、锐意进取,围绕改革发展稳定、内政外交国防、治党治国治军等方面的问题,提出了一系列重大战略举措,出台了一系列重大方针政策,推进了一系列重大工作进展,解决了许多长期想解决而没有解决的难题,办成了许多过去想办而没有办成的大事,不断开辟中国特色社会主义发展新境界。

从现代化道路上的"跟跑者"到"领跑者",中国创造了发展的奇迹。这个奇迹就是习近平总书记所说的"我们党团结带领中国人民进行改革开放新的伟大革命,极大激发广大人民群众的创造性,极大解放和发展社会生产力,极大增强社会发展活力,人民生活显著改善,综合国力显著增强,国际地位显著提高"。从经济增长的角度来看,中国在过去短短30多年里取得了惊人的发展成绩,不仅成为世界第二大经济体,而且经济总量占世界经济总量的比重由改革开放之初的不到4%提高到接近14%,对全球经济增长的贡献率更是达到惊人的1/3。国内有7亿多人脱离了贫困,对世界减贫事业的贡献率达到70%。在走向现代化的进程中,中国用几十年的时间走过了西方发达国家用一二百年所走过的路。而且中国的发展完全立足自己的国土空间来谋划,中国的问题完全依靠自己的力量来解决,不但给本国百姓带来了实惠利益,这个有着13亿多人口的国家更成为世界经济增长的重要引擎。

中国的成功显示出其社会制度和发展道路的巨大优越性。社会主义基本制度的建立,为当代中国一切发展进步奠定了根本政治前提和制度基础;中国特色社会主义道路的开辟,创造了中国从"站起来"到"富起来""强起来"的伟大奇迹。中国道路是中国自主开辟的现代化道路,是具有"自主知识产权"的中国创造。中国共产党带领中国人民果敢地走出一条不同于西方发展模式的现代化之路,通过自主的选择、自己的力量、和平的方式阔步向前。一种本来就优越的社会制度，不仅在实践中建构出切合实际的"现实形态"，还能博采众长，吸纳人类社会制度文明中的一切有益成果；一条在艰苦探索中走出的发展道路，不仅造福13亿多中国人民，而且惠及全世界人民。这样的奇迹只有在中国共产党的领导下才能创造出来，这样的制度和道路让中国人民由衷自信、倍加珍惜。

习近平总书记指出："当今世界，要说哪个政党、哪个国家、哪个民族能够自信的话，那中国共产党、中华人民共和国、中华民族是最有理由自信的。"这一重要论述彰显了以习近平同志为核心的党中央团结带领全党全国各族人民实现"两个一百年"奋斗目标和中华民族伟大复兴中国梦的底气和决心。道路决定命运，道路开辟未来。坚定道路自信，坚持走中国特色社会主义道路，就必须坚持党的领导，发挥党总揽全局、协调各方的领导核心作用；就必须坚持独立自主的原则，把国家和民族发展放在自己力量的基点上；就必须坚持改革开放，用改革的思路和办法破解发展难题、推动事业发展；就必须坚持创新发展，与时俱进、勇于创新，使中国特色社会主义永远充满生机活力；就必须坚持走和平发展道路，积极推动打造以实现共赢和共享为价值支撑的人类"命运共同体"，既为广大发展中国家实现现代化提供借鉴，也为解决人类面临的共同问题贡献中国智慧和中国方案。

"黄河落天走东海，万里写入胸怀间。"站立在960多万平方公里的广袤土地上，吸吮着中华民族经过漫长奋斗而积累下来的文化养分，拥有13亿多中国人民聚合的磅礴力量，我们走自己的路，具有无比宽广的舞台，具有无比深厚的历史底蕴，具有无比强大的前进定力。坚定"四个自信"，既是共产党人的信仰，更是激励我们砥砺奋进的力量；走自己的发展道路，既是历史和人民的选择，更是我们为之奋斗的伟大事业。习近平总书记要求全党同志"以新的精神状态和奋斗姿态把中国特色社会主义推向前进"，我们一定要闻令而动、看齐追随。"两个一百年"奋斗目标和中国梦能不能如期实现，说一千道一万，需要我们迸发艰苦奋斗的实干激情，弘扬求真务实的创业作风,勇于爬坡过坎,敢于啃硬骨头,不断把中国特色社会主义事业推向前进。

"人间正道是沧桑。"中国命运自己主宰,这是历史得出的结论;中国道路越走越宽广,这是现实给出的昭示。尽管前进道路上还有许多艰难险阻和严峻挑战,但方向已经明确,道路已经开通。紧密团结在以习近平同志为核心的党中央周围,锐意进取、艰苦奋斗,我们就一定能战胜前进道路上的任何困难,创造更加美好的未来。

第四节　开启社会主义建设新征程

中国人民要过上美好生活,还要继续付出艰苦努力。发展依然是当代中国的第一要务,中国执政者的首要使命就是集中力量提高人民生活水平,逐步实现共同富裕。为此,我们提出了"两个一百年"奋斗目标,就是到2020年实现国内生产总值和城乡居民人均收入比2010年翻一番,全面建成小康社会;到本世纪中叶建成富强民主文明和谐的社会主义现代化国家,实现中华民族伟大复兴。我们现在所做的一切,都是为了实现这个既定目标。实现全面建成小康社会,必须全面深化改革、全面依法治国、全面从严治党。这就是我们提出的"四个全面"战略布局。

——习近平

1840年,鸦片战争的炮火粉碎了清王朝"天朝上国"的美梦,中国也由此开始了一段异常屈辱的经历,同时也开启了艰苦追寻现代化的进程。面对日益严峻的形势,各种救亡图强的方案相继出现。无论是洋务运动追求的"中体西用",还是维新派短命的"百日维新",无论是清政府苟延残喘的"预备立宪",还是革命派功亏一篑的"辛亥革命",都没能将中国从半殖民地半封建的深渊中拯救出来,也没能开启现代化大门,最终遭到历史无情地淘汰。

1921年中国共产党的诞生,是中国历史上开天辟地的大事,也照亮了在

黑暗中苦苦追求救国道路的中国人民,中国从此走上了通往现代化的正确道路。在28年的浴血奋战中,无数中国共产党抛头颅、洒热血,用鲜血和生命铸就了新中国的基石。正是在中国共产党的领导下,我们才取得了新民主主义革命的胜利,推翻了"三座大山",建立了新中国,这是中国现代化的基本保障。这还只是万里长征的第一步。在漫漫的现代化道路上,中国人民在中国共产党的领导下,一直前赴后继,不断努力,中国逐渐从站起来到富起来再到强起来,可以隐约看到现代化完成的曙光。

回首往事,在不同发展时期,我们党总能因时而变、随事而制,确立一个又一个新目标,激励人们团结一致、携手奋进。新中国成立初期,我们党明确提出实现"四个现代化",把我国建设成为社会主义强国的任务和目标。改革开放后,我们党对我国社会主义现代化建设作出战略安排。1987年,党的十三大提出"三步走",引领从温饱到小康的历史性跨越。1997年,党的十五大谋划新的"三步走",确定到2010年、建党100年和新中国成立100年的发展目标,锚定21世纪中叶基本实现现代化。经过新中国成立以来特别是改革开放40多年来的不断积累,我们迈上了一个更高的发展台阶,迎来了现代化的光明前景。

百年征途谋新篇,雄心壮志启新程。党的十九大高瞻远瞩地擘画了到21世纪中叶之前中国发展的战略安排,为今后30多年全面建设社会主义现代化国家规划了路线图。从现在到2020年,是全面建成小康社会的决胜期。在此基础上,分两个阶段来实现第二个百年奋斗目标。从2020年开始再奋斗15年,到2035年基本实现社会主义现代化;从2035年到21世纪中叶,在基本实现现代化的基础上,再奋斗15年,把我国建成富强民主文明和谐美丽的社会主义现代化强国。这个宏伟的战略安排,吹响了决胜全面建成小康社会、夺取新时代中国特色社会主义伟大胜利的冲锋号,激励全体人民朝着伟大目标奋勇前进。

一、决胜全面建成小康社会

现在中国已经进入了中国特色社会主义的新时代,中国的现代化成功完成了"前半程"的任务,站在了一个新的历史起点之上。党的十九大对未来30多年现代化的"后半程"进行了战略安排,我们首先要做的就是全面建成小康社会。

实现小康,既是千百年来中国人民梦寐以求的社会理想,也是中国共产党向历史和人民作出的庄严承诺。到2020年全面建成小康社会,是我们党不懈追求的奋斗目标,是实现中华民族伟大复兴征程中一座重要的里程碑。现在,胜利在望,成功在即。在这一百年目标、千年夙愿的决胜时期,中国人民既为之振奋,也为之自豪。

"行百里者半九十。"决胜阶段最关键,冲锋时刻最奋勇。全面建成小康社会已到了一鼓作气、决战决胜的历史节点。党的十九大对全面建成小康社会的各项工作作出安排部署,提出了一系列明确的任务和要求。夺取全面建成小康社会的最后胜利,时间紧迫、任务繁重,需要以时不我待、只争朝夕的精神状态不懈奋斗。必须举全党全国之力,紧扣我国社会主要矛盾变化,综合施策、精准发力,突出抓重点、补短板、强弱项,特别是要坚决打好防范化解重大风险、精准脱贫、污染防治三大攻坚战,推动经济社会持续健康发展,确保全面建成小康社会完美收官。

一是防范化解重大风险。"安而不忘危,存而不忘亡,治而不忘乱。"从现在到全面建成小康社会,可能是我国发展面临的各方面风险不断积累甚至集中显露的时期。必须增强风险防控意识,提高风险防控能力,有效防范各种风险的冲击,防止外部风险演化为内部风险,防止经济金融风险演化为政治社会风险,防止个体风险演化为系统性风险。增强忧患意识、防范风险挑战要一以贯之。

二是精准脱贫。截至2017年年底,全国贫困人口还有约3000万人,其中相当一部分居住在艰苦边远地区,处于深度贫困状态,属于脱贫攻坚要啃的"硬骨头"。剩余的脱贫任务量虽变小,但难度增大。必须集中力量攻关,调动各方力量,采取多种措施,以解决突出制约问题为重点,以重大扶贫工程和到村到户帮扶措施为抓手,以补短板为突破口,强化支撑保障体系,加大政策倾斜力度,确保贫困地区和贫困群众同全国人民一道进入全面小康社会。

三是污染防治。目前,我国环境形势依然严峻,大气、水、土壤等污染问题仍较突出,垃圾"围城"、垃圾"围村"现象仍较普遍,人民日益增长的优美生态环境需要还不能得到有效满足。必须牢固树立绿色发展理念,坚持节约优先、保护优先、自然恢复为主,加快产业结构优化升级,优化国土空间开发格局,着力解决损害群众健康、社会反映强烈的突出环境问题,创造宁静、和谐、美丽的绿色家园。

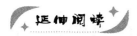

党的十三大提出中国经济建设"三步走"的战略部署

1987年10月,党的十三大提出中国经济建设"三步走"的战略部署:第一步目标,1981年到1990年实现国民生产总值比1980年翻一番,解决人民的温饱问题,这在20世纪80年代末已基本实现;第二步目标,1991年到20世纪末国民生产总值再增长1倍,人民生活达到小康水平;第三步目标,到21世纪中叶人均国民生产总值达到中等发达国家水平,人民生活比较富裕,基本实现现代化。

党的十五大提出"新三步走"战略

党的十五大提出"新三步走"战略:展望21世纪,我们的目标是,第一个十年实现国民生产总值比2000年翻一番,使人民的小康生活更加宽裕,形成比较完善的社会主义市场经济体制;再经过十年的努力,到建党100周年时,使国民经济更加发展,各项制度更加完善;到21世纪中叶中华人民共和国成立100周年时,基本实现现代化,建成富强民主文明的社会主义国家。

二、基本建成社会主义强国

1987年,党的十三大提出了到21世纪中叶基本实现社会主义现代化的战略目标。党的十九大提出,到2035年基本实现社会主义现代化,比原定时间足足提前了十五年。这一重大战略调整,是适应我国发展实际和趋势作出的必然选择,彰显了新时代中国特色社会主义的充足底气和强大自信。

那么,基本实现社会主义现代化具体指什么?概而言之,就是经济建设、政治建设、文化建设、社会建设和生态文明建设"五位一体"都要达到基本实现现代化的目标。

现代化经济体系基本建成。到那时,我国经济实力、科技实力将大幅跃升。发展空间格局得到优化,经济将保持中高速增长、产业迈向中高端水平,经济发展实现由数量和规模扩张向质量和效益提升的根本转变,经济活力明显增强,形成若干世界级先进制造业集群,全要素生产率明显提升。在2020年建成创新型国家之后,到2035年跻身创新型国家前列。

国家治理体系和治理能力现代化基本实现。到那时,人民平等参与、平等发展权利得到充分保障,法治国家、法治政府、法治社会基本建成。一方面,党的领导、人民当家作主、依法治国达到高度有机统一,人民代表大会和协商民主制度更加完善,人民民主更加充分发展;另一方面,依法治国得到全面落实,科学立法、严格执法、公正司法、全民守法的局面基本形成。

社会文明程度达到新的高度。到那时,全体人民的文化自信、文化自觉和文化凝聚力不断提高,国家文化软实力显著增强。中国梦和社会主义核心价值观深入人心,爱国主义、集体主义、社会主义思想广泛弘扬,公共文化服务体系、现代文化产业体系和市场体系基本建成,人民思想道德素质、科学文化素质、健康素质明显提高。中外文化交流更加广泛,中华文化"走出去"达到新水平。

全体人民共同富裕迈出坚实步伐。到那时,我国进入高收入国家行列,人民生活更为宽裕,现代社会治理格局基本形成。基本实现基本公共服务均等化,实现幼有所育、学有所教、劳有所得、病有所医、老有所养、住有所居、弱有所扶的美好愿景,人均预期寿命和国民受教育程度达到世界先进水平。实现政府治理和社会调节、居民自治良性互动,人民获得感、幸福感、安全感更加充实、更有保障、更可持续,社会充满活力又和谐有序。

美丽中国目标基本实现。到那时,生态文明制度更加健全,生态环境根本好转。基本建立清洁低碳、安全高效的能源体系和绿色低碳循环发展的经济体系,基本形成绿色发展的生产方式和绿色低碳的生活方式,基本建立生态安全屏障体系,大气、水、土壤等环境状况明显改观。我国碳排放总量将在2030年左右达到峰值后呈现下降态势,在应对全球气候变化和促进绿色发展中发挥重要作用。

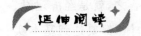

为什么可以提前十五年实现基本现代化的目标?

改革开放之后,我们党对我国社会主义现代化建设作出战略安排,提出"三步走"战略目标。解决人民温饱问题、人民生活总体上达到小康水平这两个目标已提前实现。在这个基础上，我们党提出，到建党一百年时建成经济更加发展、民主更加健全、科教更加进步、文化更加繁荣、社会更加和谐、人民生活更加殷实的小康社会，再奋斗三十年，到新中国成立一百年时，基本实现现代化，把我国建成社会主义现代化国家。那么，我们不禁要问：基本实现社会主义现代化为什么能提前十五年？

首先，习近平新时代中国特色社会主义思想为提前十五年基本实现社会主义现代化提供了强大的理论支撑。伟大目标的实现离不开伟大思想的指引。明确发展中国特色社会主义的总任务，明确新时代我国社会主要矛盾，明确"五位一体"总体布局和"四个全面"战略布局，明确全面深化改革的总目标，明确全面推进依法治国总目标，明确党在新时代的强军目标，明确中国特色大国外交要推动构建新型国际关系，明确中国特色社会主义最本质特征和中国特色社会主义制度的最大优势。习近平新时代中国特色社会主义思想昭示着中国未来的前进方向，它不仅是政治宣言，也是行动指南，为我国社会主义现代化建设指明方向，更指导着我国现代化建设继续向前发展。正是因为有了强大的理论支撑，有了习近平新时代中国特色社会主义思想的领航，中国才能在迅速变化的时代中赢得主动，提前十五年基本实现社会主义现代化才能成为现实。全面准确贯彻落实习近平新时代中国特色社会主义思想，是提前十五年基本实现社会主义现代化的根本要求。

其次，极不平凡的五年取得的辉煌成就为提前十五年基本实现社会主义现代化提供了充足的基础和自信。党的十八大以来的五年，成就是全方位的、开创性的，变革是深层次的、根本性的，是党和国家发展进程中极不平凡的五年。以习近平同志为核心的党中央不忘初心、砥砺奋进，有效应对国际国内诸多风险和挑战，解决了许多长期想解决而没有解决的难题，办成了许多过去想办而没有办成的大事。宏观经济年均增速7.3%、稳居世界第二大经济体、脱贫人口年均超过1000万、国产航母下水、"天宫"飞天、"嫦娥"奔月、"一带一路"越高岭渡远洋、国家治理体系和治理能力迈向现代化、群众身边的"四风"和腐败问题减少……蒸蒸日上的发展态势是最牛的背景。这五年的发展是提前十五年基本实现社会主义现代化最牢固的础石。

再次，我们党坚持实事求是为提前十五年基本实现社会主义现代化提供了足够的发展动力。现代化是一个动态发展的过程，现代化的目标也是不断发展的。在不同的历史时期，现代化建设目标的提法和表述会随着生产力的发展和时代的不同而发生变化。我国社会主义现代化建设目标经历了一个复杂的演变过程。中华人民共和国成立以来，以毛泽东同志、邓小平同志、江泽民同志为核心的党的三代中央领导集体，以胡锦涛同志为总书记的党中央，以习近平同志为核心的新一代中央领导集体，团结带领全党全国各族人民，经过长期探索，根据生产力的发展状况和时代发展要求，不断发展和完善我国的社会主义现代化建设目标，将"四个现代化"的社会主义现代化建设目标，发展为"富强、民主、文明"的社会主义现代化建设目标，再发展为"富强、民主、文明、和谐"的社会主义现代化建设目标，时至今日，已发展为"富强、民主、文明、和谐、美丽"的社会主义现代化建设目标。这体现了我们党在追求现代化的过程中实事求是，对我国所处国际国内形势和我国发展条件的认识越来越全面，对现代化目标的认识越来越理性、越来越务实，从而能够找到解决问题的办法，提供合理的解决方案，达成最终目标。

最后，我们党实现了改革发展稳定有机统一，为提前十五年基本实现社会主义现代化提供了肥沃土壤，创造了良好的客观环境。社会主义现代化建设的本质，就是实现民族的复兴、人民的富裕、国家的强盛。而这一切，最终要依靠发展才能变为现实。发展是解决经济社会一切问题的关键，改革是经济社会发展的主要动力，稳定是改革发展的前提和保证，只有三者有机统一，社会才会在稳定、和谐中进步。回顾中国故事，改革开放的航船之所以能够乘风破浪，中国现代化的事业之所以能够顺利推进，正是由于我们正确把握了改革发展稳定的关系。保持社会稳定，改革发展才能不断推进；改革发展不断推进，社会稳定才能获得现实基础。这是历史与实践带给我们的深刻结论。坚持以人民为中心的发展思想,把握好改革发展稳定的有机统一,不断促进人的全面发展、全体人民共同富裕,中国特色社会主义现代化建设这艘大船定能驶向胜利的彼岸。

"长风破浪会有时,直挂云帆济沧海。"勤劳智慧的中国人民,在习近平新时代中国特色社会主义思想的指引下,既有充足的底气和自信,又有足够的动力和肥沃的土壤,提前十五年基本实现社会主义现代化一定能够实现。对于2035年的中国,习近平在十九大报告中作了如下描绘:"我国经济实力、科技实力将大幅跃升,跻身创新型国家前列;人民平等参与、平等发展权利得到充分保障,法治国家、法治政府、法治社会基本建成,各方面制度更加完善,国家治理体系和治理能力现代化基本实现;社会文明程度达到新的高度,国家文化软实力显著增强,中华文化影响更加广泛深入;人民生活更为宽裕,中等收入群体比例明显提高,城乡区域发展差距和居民生活水平差距显著缩小,基本公共服务均等化基本实现,全体人民共同富裕迈出坚实步伐;现代社会治理格局基本形成,社会充满活力又和谐有序;生态环境根本好转,美丽中国目标基本实现。"让我们在以习近平同志为核心的党中央的坚强领导下,为把中国建设成为富强民主文明和谐美丽的社会主义现代化强国而努力奋斗吧!

三、全面建成社会主义现代化强国

1954年,毛泽东同志说:"我们有充分的信心,克服一切艰难困苦,将我国建设成为一个伟大的社会主义共和国。我们正在前进。我们正在做我们的前人从来没有做过的极其光荣伟大的事业。"60多年后的今天,伟大的憧憬已经看得见曙光,当我们重温这段话时,由衷地受到鼓舞、感到振奋,生发"唤起工农千百万,同心干"的豪情壮志。

到21世纪中叶,我国将全面建成富强民主文明和谐美丽的社会主义现代化强国,物质文明、政治文明、精神文明、社会文明和生态文明将协调发展。到那时,中国将会呈现出一幅什么样的美丽图景?

(一)国力鼎盛

我国社会生产力水平大幅提高,核心竞争力名列世界前茅,经济总量和市场规模超越其他国家,全面建成社会主义现代化强国,成为综合国力和国际影响力领先的国家。国民素质显著提高,中国精神、中国价值、中国力量成为中国发展的重要影响力和推动力。

(二)制度定型

实现国家治理体系和治理能力现代化,是社会主义现代化强国的制度基础。未来30多年我国深化改革开放的目标,就是进一步革除体制机制弊端,在各领域、各方面加强制度建设,最终形成一套比较成熟、完整、定型的制度体系。坚持依法治国和以德治国有机结合,形成又有集中又有民主、又有纪律又有自由、又有统一意志又有个人心情舒畅生动活泼的政治局面。

(三)人民幸福

我国城乡居民将普遍拥有较高的收入、富裕的生活、健全的基本公共服务,享有更加幸福安康的生活,全体人民共同富裕基本实现,公平正义普遍彰显,社会充满活力而又规范有序。天蓝、地绿、水清的优美生态环境成为普遍常态,开创人与自然和谐共生新境界。

(四)世界强国

我国是具有悠久历史的文明古国,将焕发出前所未有的生机活力,为构建人类命运共同体、推动世界和平与发展将作出更大贡献,中华民族将以更加昂扬的姿态屹立于世界民族之林。

"千红万紫安排著,只待新雷第一声。"拥有960多万平方公里土地、5000多年灿烂文明、13亿多人口的泱泱大国,将夺取新时代中国特色社会主义伟大胜利、全面建成社会主义现代化强国,具有无比广阔的时代舞台,具有无比深厚的历史底蕴,具有无比强大的前进定力。我们完全有信心、有理由相信,伟大目标一定要实现、一定能够实现。

第二章　开创新时代,担当新使命

第一节　实现伟大梦想

我坚信,到中国共产党成立100年时全面建成小康社会的目标一定能实现,到新中国成立100年时建成富强民主文明和谐的社会主义现代化国家的目标一定能实现,中华民族伟大复兴的梦想一定能实现。

——习近平

一、国家富强

改革开放以来,在中国特色社会主义道路上,我国经济实力、综合国力大大增强,人民生活显著提高,实现了从温饱不足到迈进总体小康的跨越。国际地位和国际影响力空前提升,中国崛起被国际媒体称为"近年来最重要的全球变革"。中国梦是国家富强梦。国家富强是实现中华民族伟大复兴的中心任务。国家富强是指国家经济实力和综合国力强,国际地位和国际影响力强,人民生活富裕、生活幸福。国家富强意味着物质文明和精神文明得到极大丰富,经济实力和人均水平赶上发达国家水平,在世界上占据领先地位,给亚洲和世界带来发展机遇,拥有较高的国际影响力;国家富强意味着国防和军队建设与国家综合实力更加匹配,国家安全更有保障,人民生活更加幸福。

此外，国家富强意味着中国在自身不断发展的同时，也自觉承担起对世界的责任和贡献，"实现中国梦给世界带来的是和平，不是动荡；是机遇，不是威胁"。

那么，在新时代条件下如何实现国家富强呢？首先，加快完善社会主义市场经济体制。习近平总书记在党的十九大报告中明确提出"坚持社会主义市场经济改革方向""加快完善社会主义经济体制"，提出经济体制改革必须以完善产权制度和要素市场化配置为重点，实现产权有效激励、要素自由流动、价格反应灵活、竞争公平有序、企业优胜劣汰，深化供给侧结构改革，实现统一、开放、竞争有序的社会主义经济市场。这为实现国家富强梦提供了强有力的经济支持。其次，坚持创新驱动发展，不断完善社会主义政治体制。习近平总书记在党的十九大报告中强调，要坚持人民主体地位，健全人民当家作主制度体系，加强人民当家作主制度保障。同时强调"发挥社会主义协商民主重要作用"，并做了重要部署，切实推进社会主义协商民主广泛、多层、制度化发展。再次，"实施健康中国战略"，这是以习近平同志为领导的党中央对发展新时代中国特色社会主义的一项重要制度安排，为全面建设小康社会及建成富强民主文明和谐美丽的社会主义现代化强国打下了坚实基础。另外，还包括加强国防建设、深化教育改革等。

我们强调国家富强梦的最终目的绝对不是西方国家所诬蔑的"称霸世界"。习近平总书记在十九大报告中明确指出："文化是一个国家，一个民族的灵魂。"古代的"大同"思想提倡"大道之行，天下为公""讲信修睦""天下一家""四海之内皆兄弟"，强调人人平等、无贵贱之分，天下人共享安乐幸福。中华民族自古以来就是一个热爱和平的民族。从"中国梦"与世界的关系来看，中国梦也是世界梦，是中国与世界一起取长补短、互利互惠、合作共赢的美好景象；是中国对世界发展建设起到示范和指引作用的美好心愿；是维护世界和平，促进世界安全稳定的美好愿景；也是促进各国文明之间合作交流、兼容并包，促进世界文明健康繁荣的美好追求。"中国梦，不仅造福中国人民，而且造福各国人民"，这说明中国梦不是关起门来做自己的"小梦"，而是一个开放、包容、共享的"大梦"。实现中国梦有利于促进世界和平，构建人类命运共同体。有些学者和政界人士，对于中国的崛起感到不安，对中国梦抱有敌意，认为这对世界将是一个梦魇。但大部分人认为，中国梦对世界的和平与发展将起到积极的推动作用,必将惠及世界。

国家富强梦还有利于丰富世界文化的多样性,共建世界文化之林。实现中华民族伟大复兴的中国梦,不仅包括政治经济方面的振兴,也包括文化方面的振兴。中华民族五千多年的历史长河奔流不息,一路留下无数文化瑰宝。中华传统文化是以孔子为代表的儒家文化为主体,中国五千多年历史中延绵不断的政治、经济、思想、艺术等各类物质和非物质文化的总和。中华传统文化亦称华夏文化、华夏文明,是中国优秀文化的统领。我国是一个历史悠久的文明古国,博大精深的中华传统文化源远流长,传统文化资源和文化元素丰富多彩,是人类文明宝库中不可多得的灿烂瑰宝,为中华民族繁衍和发展做出了不可磨灭的贡献,是每一位炎黄子孙永铭于心的骄傲。中华传统文化是连接古代、现在和未来中国人的时间之流和生命之流,是中国人的精神财富,也是中华民族香火永续的生命活力。追寻中国梦体现在弘扬中华优秀传统文化的过程中,中华优秀传统文化蕴含着实现中国梦的丰富资源,而中国梦也蕴含着中华民族走向伟大复兴的文化力量。实现中国梦,需要文化精神的旗帜,需要文化精神的自信,需要文化精神的激励。因此,在新的历史条件下,大力弘扬中华优秀传统文化也会丰富世界文化。

案例呈现

习近平在会见第四届全国道德模范及提名奖获得者时的讲话中提到:全国道德模范龚全珍同志是将军甘祖昌同志的夫人。甘祖昌同志是江西老红军、新中国的开国将军,但他坚持回农村当农民,龚全珍同志也随甘祖昌同志一起回到农村艰苦奋斗。半个多世纪过去了,龚全珍同志始终保持艰苦奋斗精神,并当选了全国道德模范,出席我们今天的会议,我感到很欣慰。我向龚全珍同志致以崇高的敬意。我们要把艰苦奋斗精神一代一代传承下去。

(来源:新华网,2018年4月17日)

点评:弘扬中华传统美德,培育时代新风。中华大地涌现出一大批道德模范、最美人物,全国道德模范就是其中的优秀代表。他们或艰苦奋斗、不忘初心,或充满爱心、助人为乐,或见义勇为、舍生忘死,或诚实守信、坚守正道。这些都促进了中国梦的实现。

二、民族振兴

党的十八大以来,以习近平同志为核心的党中央基于党的历史使命,提出实现中华民族伟大复兴的中国梦这一新的历史条件下国家发展的奋斗目标,并围绕实现中国梦逐步提出一系列治国理政的重要指导思想。党的十九大明确提出习近平新时代中国特色社会主义思想,并将其确立为党必须长期坚持的指导思想。从"中国梦"到"新时代",思想理论一脉相承,中国特色社会主义拥有了新时代的政治论断,这是对执政党实现中华民族伟大复兴这一历史使命更准确的把握和更深刻的认识,是马克思主义中国化的最新理论成果。

中国梦是民族振兴梦。近代以来,中华民族伟大复兴经历过一次次的失败,但民族复兴之梦从未泯灭。中国共产党自成立以来,带领中国人民不断浴血奋战,实际上就是不断探索中华民族复兴之路的波澜壮阔的伟大篇章。实现中国梦,关键是实现民族振兴。民族振兴是国家富强的根本标志,也是人民幸福的重要保障。

第一,如期全面建成小康社会,是开启全面建设社会主义现代化国家新征程,实现中华民族伟大复兴的中国梦的重要基础、关键一步。实现中华民族伟大复兴是近代以来中华民族最伟大的梦想。实现中国梦的关键一步就是全面建成小康社会。全面建成小康社会是"两个一百年"奋斗目标中的第一个目标。只有如期实现了这个目标,才能为实现第二个百年奋斗目标奠定更为牢靠的基础,进而实现中华民族伟大复兴的中国梦。全面小康、民族复兴,是两个紧密联系、相互交融的目标任务。没有全面小康的实现,民族复兴就无从谈起。我们今天为全面建成小康社会而奋斗,就是在为实现民族复兴而奋斗。

第二,继承中华传统优秀文化。从古至今,中华民族开创了承前启后、继往开来的文化传统。中华优秀传统文化、革命文化和社会主义先进文化是实现中华民族伟大复兴的中国梦的文化支撑,其中的政治德性传统一以贯之。如今我们需要革故鼎新,积极对文化传统进行创造性转化、创新性发展,使古老的文化传统能够在新时代焕发出勃勃生机;继承中国传统"大同"思想的精华部分,为实现中国梦而努力奋斗。

第三,坚持中国共产党的领导,走中国特色社会主义道路。中国共产党是中国经济建设、政治改革和文化重建事业的领导者与决策者,坚持把维护最广大人民群众的根本利益作为工作重心,带领全国各族人民实现中华民族的伟大复兴。实现"中国梦",必须坚持中国共产党的领导核心地位。这不仅是近代以来中国历史的必然选择,也是各族人民奔向美好生活的现实选择。我们党要领导全国人民实现中华民族伟大复兴的目标,必须全面加强党的执政能力建设、先进性和纯洁性建设。要不断提高自我净化、自我完善、自我革新、自我提高能力,增强机遇意识、发展意识、宗旨意识、使命意识和忧患意识,为人民执好政、掌好权。

第四,坚持马克思主义的指导思想。中国梦是中国共产党对于马克思主义中国化的一个创新。实现中国梦,必须坚持中国特色社会主义道路。历史证明,这是一条符合中国国情、富民强国的正确道路,我们将坚定不移地沿着这条道路走下去。实现中国梦,必须弘扬中国精神。用以爱国主义为核心的民族精神和以改革创新为核心的时代精神振奋全民族的"精气神"。实现中国梦,必须凝聚中国力量。空谈误国,实干兴邦。我们要集中13多亿中国人的智慧和力量,通过一代又一代中国人不懈努力,把我们的国家建设好,把我们的民族发展好。

在提出民族振兴的伟大使命的同时,我们坚定不移地走和平发展的道路,始终不渝地奉行互利共赢的开放战略,不仅致力于中国自身发展,也强调对世界的责任和贡献;不仅造福中国人民,而且造福世界人民。实现中国梦给世界带来的是和平,不是动荡;是机遇,不是威胁。中国一再强调并以实际行动向世界表明,不管现在还是将来,中国永远不称霸。中国的复兴,走的不是战争道路而是和平发展道路,不是用中华文明取代其他文明,而是要实现文明的和谐与共生;不是要取代其他国家的地位,而是要实现共同发展、共建和谐。

实现中华民族伟大复兴,是中华民族近代以来最伟大的梦想,也是当代中国人民和中华民族的价值追求,汇聚了每一个华夏子孙对美好生活的热切向往,反映了近代以来一代又一代中国人的美好夙愿,揭示了中华民族的历史命运和当代中国的发展走向,指明了全党全国各族人民共同的奋斗目标。

　　五千多年的文明发展历程中,中华民族长期处于世界文明的领先位置,为人类文明进步作出了不可磨灭的贡献。但是,鸦片战争以后,中华民族蒙受了百年的外族入侵和内部战乱,遭受的苦难之重、付出的牺牲之大,在世界历史上都是罕见的。但是,中国人民从不屈服,不断奋起抗争。为了实现民族复兴,几代人魂牵梦萦,亿万人心结难解。历经上下求索、千辛万苦,在理论上求助过改良主义、无政府主义、资本主义等,在实践上尝试过师夷自强、维新变法、资产阶级革命,但山河破碎,国家依然处于半殖民地半封建的状态,实现国家独立、民族解放的目标仍然遥遥无期,在自己的国土上依然有"华人与狗不得入内"的耻辱。在迷茫中,十月革命的一声炮响给我们送来了马克思主义,先进的中国共产党人在这一全新理论的指导下,找到了中国的出路。在中国共产党的正确领导下,中华民族终于掌握了自己的命运,经过28年的奋斗,建立了中华人民共和国,实现了国家独立、民族解放,中华民族伟大复兴展现出现实的可能,实现了伟大转折。中华人民共和国成立、社会主义制度的建立,彻底扭转了中国自1840年鸦片战争以来任由外强欺凌的局面,结束了半殖民地半封建社会的历史,成为中华民族命运的分水岭,开启了中华民族伟大复兴的新起点。中华人民共和国成立、社会主义制度的建立,实现了中华民族历史上千年未有的大变局,奠定了中华民族伟大复兴的政治基础和制度基础。社会主义作为一种崭新的社会制度,在经济上,消灭了旧的剥削制度,解放了社会生产力;在政治上,消灭了人压迫人的制度,建立了人民当家作主的新制度,唤起了人民群众建设新社会的积极性;在社会上,实现了人人平等,尤其是把妇女从旧社会封建专制政权、神权、族权、夫权的压迫下解放出来,实现了男女平等;在文化上,克服了封建等级文化和殖民主义的奴性文化,确立了充满活力的以平等和为人民服务为核心的社会主义新文化,凝聚起了富有活力的精神力量。

　　点评:社会主义为中华民族伟大复兴贡献了全新的力量,提供了坚实的基础。改革开放以来,我们总结历史经验,不断艰辛探索,终于找到了实现中华民族伟大复兴的正确道路。在中国特色社会主义道路上,中国经济实力、综合国力大大增强,人民生活显著改善,实现了从温饱不足到总体小康再向全面小康迈进的跨越,中国的国际地位和国际影响力空前提升,中华民族伟大复兴展现出前所未有的光明前景。正如习近平总书记指出的:"现在,我们比历史上任何时期都更接近中华民族伟大复兴的目标,比历史上任何时期都更有信心、有能力实现这个目标。"

知识链接

中国共产党是世界上最大的政党,也是当今世界最有影响力的大党。前不久,中国共产党与全球120多个国家近300个政党、政治组织在北京进行高层对话会。习近平在主旨讲话中指出:"中国共产党是为中国人民谋幸福的党,也是为人类进步事业而奋斗的党。""中国共产党所做的一切,就是为中国人民谋幸福、为中华民族谋复兴、为人类谋和平与发展。我们要把自己的事情做好,这本身就是对构建人类命运共同体的贡献。"这一方面展现了中国共产党越来越开放和包容的精神,另一方面也表明中国共产党正在全球治理当中发挥更重要和更大的作用。

自党的十八大以来,以习近平同志为核心的党中央着力推进国家治理体系和治理能力现代化,并在此基础上不断推进国家治理、执政党治理、全球治理。五年来,习近平提出并深刻阐述了实现中华民族伟大复兴的中国梦,指出,中国梦要实现国家富强、民族复兴、人民幸福,是和平、发展、合作、共赢的梦,与世界各国人民的美好梦想相通。为推进全球治理,习近平在中国梦的基础上提出构建"人类命运共同体",倡导为人类做出新的更大的贡献,同时为全球生态和谐、国际和平事业、变革全球治理体系、构建全球公平正义的新秩序贡献中国智慧和中国方案。从此,中国梦与世界各国人民的梦连在一起。

——摘自《人类命运共同体让中国梦与世界梦相融相通》

(来源:新华网,2017年12月20日)

三、人民幸福

中国早在古代就对体现人民幸福的"大同"社会有所描述。《礼记》第九篇《礼运》中有一篇直接描绘了孔子心中的"大同"社会:"大道之行也,天下为公。选贤与能,讲信修睦。故人不独亲其亲,不独子其子。使老有所终,壮有所用,幼有所长。矜寡孤独废疾者,皆有所养。男有分,女有归。货恶其弃于地也,不必藏于己。力恶其不出于身也,不必为己。是故谋闭而不兴,盗窃乱贼而不作。故外户而不闭,是谓大同。"这一段关于"大同"社会的描述体现了儒家对未来社会的一种美好向往。孔子也畅想过这样一个人民幸福的和谐社会:"今大道既隐,天下为家。各亲其亲,各子其子,货力为己,大人世及以为礼。城郭沟池以为固,礼义以为纪。以正君臣,以笃父子,以睦兄弟,以和夫妇,以设制度,以立田里,以贤勇知,以功为己。顾谋用是作,而兵由此起。禹、汤、文、武、成王、周公,由此其选也。此六君子者,未有不谨于礼者也。以著其义,以考其信,著有过,刑仁讲让,示民有常。"

中国古代的民本思想也是人民幸福梦的一个重要文化背景,包含了人民幸福这一重要部分。习近平总书记多次强调,"始终把实现好、维护好、发展好人民群众的利益作为党和国家一切工作的出发点与落脚点""不断实现好、维护好、发展好最广大人民根本利益"。

实现中国梦就是在全体中华儿女的共同奋斗下实现中华民族共同的理想,人民幸福是国家富强、民族振兴的根本目的,是实现中国梦的手段与目的相统一的理论底蕴。人民幸福意味着人民的权利得到保障、利益得到实现、幸福得到满足。为实现这一目标,我国大力发展教育、医疗、社会保障等各项社会事业,全面落实"学有所教、劳有所得、病有所医、老有所养、住有所居"的要求,着力解决人民最直接、最现实的利益问题,在教育、就业、收入、社保、住房、医疗等与人民生产生活息息相关的方面不断改善,为人民享受幸福生活提供良好条件、制度保障、环境空间。只有中国梦成为人民梦,梦想才有生命,梦想才有根基,梦想才有力量。

人民是实现中国梦的主体,是中国梦的创造者和享有者。中国梦不是一部分人的梦,更不是少数人的梦。实现中国梦,不是成就哪个人、哪一部分人,而是造福全体人民。实现中国梦能够保障学有所教、劳有所得、病有所医、老有所养、住有所居,有利于最大限度地调动积极性、增强主动性、激发创造性,实现广大人民群众期盼民族复兴、向往美好生活、渴望人生精彩的愿景。中国梦是国家的梦,是人民的梦,是民族的梦。实现中国梦就是要实现国家富强、民族复兴、人民幸福、社会和谐,为人民的解放和全面自由发展创造更好的条件。

"人民幸福梦"精准地反映了人民的诉求,进一步指明了党和国家事业的前进方向,切实满足了人民对幸福生活的向往。"人民"指的是全体人民,因而要实现人民幸福梦,必须要坚决打赢脱贫攻坚战,实现区域协调发展战略。统筹协调政策资源,按照精准扶贫的要求,加大对集中连片特困地区、革命老区、民族地区、边疆地区的政策支持力度和财政投入,着力解决建设基础设施、健全公共服务、发展产业等问题,防止出现贫困"死角",促进全体人民共享改革发展成果,实现共同富裕。党的十九大根据我国社会主要矛盾的变化,立足于解决发展不平衡不充分问题,以全方位、系统化视角,提出了今后一个时期实施区域协调发展战略的主要任务。

关于优先发展教育事业,党的十九大报告明确提出"建设教育强国是中华民族伟大复兴的基础工程,必须把教育事业放在优先位置,深化教育改革,加快教育现代化,办好人民满意的教育"。教育是百年大计,实现人民幸福梦必须全面贯彻党的教育方针,落实立德树人根本任务,发展素质教育。坚持社会主义核心价值观导向,把握好素质教育时代特征。坚持以人民为中心,持续推进教育公平,补齐民生短板。努力让每个孩子都能享有公平而有质量的教育,都能成为有用之才。

关于打造共建共治共享的社会治理格局,习近平总书记在党的十九大报告中高度重视社会治理问题,从统筹推进"五位一体"总体布局和协调推进"四个全面"战略布局的高度,对社会治理问题进行了阐述,明确提出要打造共建共治共享的社会治理格局。首先,必须加强社会治理制度建设;其次,坚持依法治国,加强法治;等等。

实现中国梦不仅有利于实现中国人民的幸福生活,还有利于发展各国经济,实现经济又快又好发展。中国经济已深度融入世界经济,中国既是经济全球化的受益者又是建设者。建设现代化的经济体系,中国将进一步扩大对外开放,坚持对外开放的基本国策,奉行互利共赢的开放战略,发展更高层次的开放型经济,推动形成全面开放新格局,不断提高对外开放的质量和水平,为中国改革发展提供新动力,也为世界经济注入正能量。这将更有利于惠及各国人民,创造和谐的国际环境。中国人民对战争带来的苦难有着刻骨铭心的记忆,对和平有着孜孜不倦的追求,十分珍惜和平安定的生活。中国人民怕的就是动荡,求的就是稳定,盼的就是天下太平。习近平总书记强调,任何外国不要指望我们会拿自己的核心利益做交易,不要指望我们会吞下损害我国主权、安全、发展利益的苦果。中共中央总书记习近平在主持十八届中共中央政治局就坚定不移走和平发展道路进行第三次集体学习时强调,走和平发展道路,是我们党根据时代发展潮流和我国根本利益作出的战略抉择。我们要以邓小平理论、"三个代表"重要思想、科学发展观为指导,加强战略思维,增强战略定力,更好统筹国内国际两个大局,坚持开放的发展、合作的发展、共赢的发展,通过争取和平国际环境发展自己,又以自身发展维护和促进世界和平,不断提高我国综合国力,不断让广大人民群众享受到和平发展带来的利益,不断夯实走和平发展道路的物质基础和社会基础。

高仲村是贵州省一类贫困村,贫困发生率高达25%。蟠龙镇党委副书记朱绍郡在接受采访时说:"高仲村路不好又贫困,外面的姑娘都不太愿意嫁过来。"该村一直没有像样的扶贫产业,脱贫进度相比镇里其他贫困村滞后不少。2017年底,蟠龙镇党委决定将高仲村原村支书和木城村村支书互换,收到立竿见影的效果。2018年,高仲村不仅新增了400余亩烤烟、1600亩刺梨,原来"半死不活"的合作社也恢复了生机,通村路、通组路也将全部修通。

点评:正如贵州省省委常委、组织部长李邑飞所说:"脱贫攻坚已经进入决战决胜的关键阶段,慢不得也等不起,必须把'最能打的人'放在一线,不能打、打不好的要立即调整。"要实现人民幸福,实现全面建成小康社会,实现第一个百年奋斗目标,农村人口全部脱贫是一个标志性指标。党的十八大以来,贫困地区群众收入增长较快,生产生活条件明显改善。

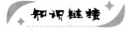

习近平总书记在党的十九大报告中指出:"大道之行,天下为公。站立在九百六十多万平方公里的广袤土地上,吸吮着五千多年中华民族漫长奋斗积累的文化养分,拥有十三亿多中国人民聚合的磅礴之力,我们走中国特色社会主义道路,具有无比广阔的时代舞台,具有无比深厚的历史底蕴,具有无比强大的前进定力。"中国古代传统文化中的"大同"思想,即是中国梦的文化养分和历史底蕴。传统"大同"思想是以孔子为代表的儒家学派对未来社会图景的一种描绘,是对未来国家存在形态的一种美好设想,当然更是全世界人类共同的追求和夙愿。

关于"中国梦"的"阶段说"

关于"中国梦"的提出过程,学术界有几种具有代表性的"阶段说"。

"三阶段说"。如果将中华人民共和国成立作为一个时间点,将党的十八大后"中国梦"概念的提出作为另一个时间点,则"中国梦"大致分为三个阶段:第一阶段,中华民族有历史记载以来至中华人民共和国成立。第二阶段,中华人民共和国成立至党的十八大"中国梦"概念的明确提出。第三阶段,"中国梦"概念的正式提出至"中国梦"的实现。"中国梦"和中国道路的发展历程经过了国家独立和民族解放的"中国梦"、建立工业化和现代化基础的"中国梦"、建设社会主义现代化的"中国梦"三个阶段。

"四阶段说"。"中国梦"以1840年作为起点,经历了四个阶段,有过四次重大历史性飞跃。第一阶段是1840—1919年,此阶段实现了从对封建制度的维护和改良到革命变革的飞跃。第二阶段是1919—1949年,此阶段实现了从旧的资产阶级民主主义革命到新民主主义革命的飞跃。第三阶段是1949—1978年,此阶段实现了从新民主主义革命到社会主义革命的飞跃,建立起社会主义基本制度,并对中国社会主义建设道路进行了艰辛的探索。第四阶段是1978年至今,此阶段实现了从社会主义建设的艰辛探索到中国特色社会主义连续高速发展的飞跃。

"五阶段说"。党对中华民族伟大复兴的探索上升为对"中国梦"意义的探索,确切地说是从党的十八大开始的。第一阶段是"中国梦"的萌芽:2012年11月8日党的十八大会议召开。第二阶段是"中国梦"的确立:2012年11月29日,习近平明确提出实现中华民族伟大复兴的"中国梦"。第三阶段是"中国梦"的体系化:2013年3月17日,习近平在全国人民代表大会第一次会议闭幕会上发表讲话,着重阐释了"中国梦"。第四阶段是"中国梦"的国际化:2013年3月23日,习近平在莫斯科国际关系学院发表演讲,首次在国外公开谈论"中国梦"。第五阶段是"中国梦"的大众化:2013年4月8日,中宣部、教育部、团中央在北京召开深化"中国梦"宣传教育座谈会,着力研究推进"中国梦"的大众化问题。

"八阶段说"。历史赋予了"中国梦"以"恢复中华"与"振兴中华"两个基本任务。具体来看,"恢复中华"大体可以划分为三个阶段:第一阶段,从1840年鸦片战争开始至1895年中日甲午战争结束,该阶段追求的是一条封建主义性质的复兴之路;第二阶段,从1895年中日甲午战争至1919年的"五四"运动,该阶段选择的是资本主义性质的复兴之路;第三阶段,从1919年"五四"运动至1949年中华人民共和国成立,中国人民最终选择了社会主义作为国家的发展方向和民族复兴的道路。"振兴中华"大体可划分为五个阶段:第一阶段,从1949年中华人民共和国成立至1978年党的十一届三中全会召开,该阶段为中华民族伟大复兴打下了基础;第二阶段,从1978年党的十一届三中全会到2002年党的十六大,该阶段主要是建立小康社会;第三阶段,从2002年党的十六大至2012年党的十八大,该阶段主要是全面建设小康社会;第四阶段:从2012年党的十八大至2020年,该阶段主要是全面建成小康社会;第五阶段:从2020年到21世纪中叶,该阶段主要是建成富强民主文明和谐的社会主义现代化国家。

第二节 进行伟大斗争

实现伟大梦想,必须进行伟大斗争。我们党要团结带领人民有效应对重大挑战、抵御重大风险、克服重大阻力、解决重大矛盾,必须进行具有许多新的历史特点的伟大斗争。

——习近平

一、坚持党的领导和社会主义制度

中国共产党的领导地位是历史和人民的选择。历史表明,历史和人民选择中国共产党领导中华民族伟大复兴的事业是正确的,必须长期坚持、毫不动摇。中国特色社会主义制度是当今中国发展进步的根本制度保障,集中体现了中国特色社会主义的特点和优势。在新时代,要继续推进中国特色社会主义制度的自我完善和发展。习近平总书记在党的十九大报告中强调实现伟大梦想,必须进行伟大斗争。

(一)坚持党的领导

党的十九大确立了习近平新时代中国特色社会主义思想,展望了新时代中国特色社会主义的伟大宏图,在"两个一百年"的基础上提出到2020年全面建成小康社会、2020—2035年基本实现现代化、2035—2050年全面建成社会主义现代化强国。习近平总书记指出,伟大的事业必须有一个坚强的党来领导。

历史证明,坚持中国共产党的领导是人民的选择。党的领导地位不是自己加封给自己的,而是由党的性质、宗旨、使命等决定的,也是近代以来中国人民的选择,更是实现民族复兴的必然要求。正是因为有了中国共产党,中国人民才能在党的领导下重新站立起来,自己当家作主,从根本上改变自己的命运。改革开放以后,历经40多个春秋,中华民族终于迎来了伟大复兴的光明前景。特别是党的十八大以来,以习近平同志为核心的党中央深刻把握中国特色社会主义制度建设的时代使命,着力推动中国特色社会主义制度朝着更加成熟的方向发展,不断深挖中国特色社会主义制度的优势和潜力。中国共产党的领导,是党和国家的根本所在、命脉所在,是全国各族人民的利益所系、幸福所系,是中国特色社会主义最本质的特征,更是中国特色社会主义制度的最大优势。

党的十九大报告指出"党是最高政治领导力量""坚持党对一切工作的领导",这明确界定了中国共产党的核心领导地位。中国共产党是领导国家政权、领导人民发展社会主义事业的最高政治领导力量,其他任何政治力量都必须接受中国共产党的领导。这就从根本上回答了国家政权归谁领导、国家领导权由谁掌握这些根本问题。习近平总书记用一句"党政军民学,东西南北中"形象地说明了党领导一切。强调坚持党的核心领导地位,是党在新时代领导人民进行伟大斗争、建设伟大工程、推进伟大事业、实现伟大梦想的必然要求。

(二)坚持中国特色社会主义制度

中国特色社会主义制度是中国共产党领导中国人民在马克思主义的指导下,遵循人类社会发展规律,从中国具体国情出发,经过 90 多年艰难曲折的持续探索形成和发展起来的。基于中国国情,形成了人民代表大会的根本政治制度,以公有制为主体、多种所有制经济共同发展的基本经济制度,包括中国共产党领导的多党合作和政治协商制度、民族区域自治制度、基层群众自治制度在内的基本政治制度。中国特色社会主义制度不仅是历史和人民的选择,更是中国人民自觉遵循历史发展规律的结果。

近代以来的实践证明,中国不能照搬照抄其他国家的发展模式和政治制度,必须结合本国实际。中华人民共和国成立后,我们党立足中国国情,遵从人民意愿,以民主集中制为原则,着眼于最大限度调动各方面的资源和力量,既没有照搬西方的选举制度,也没有采用议会制,而是吸收传统政治参与的优点,顺应人民对民主权利的现实要求,选择了人民代表大会制度;既没有照搬西方的多党竞争制,也没有实行一些国家实行的一党制,而是结合中国社会政治运行与发展的特点和统一战线的历史经验与政治共识,创造性地实行中国共产党领导的多党合作和政治协商制度;既没有照搬民主共和国联邦制度,也没有采用会导致民族分裂的民族自决原则,而是结合中国集中统一多民族国家的历史、民族杂居合作互助的传统,实行体现民族平等、让各民族得到发展进步的民族区域自治制度。以这些制度为保障,我国实现了经济社会快速发展,全体人民共享国家经济社会发展成果。

"鞋子合不合脚,自己穿了才知道。"事实证明,在中国的社会土壤中生长起来的这套制度,能够在中国共产党的领导下,有效保障人民当家作主、行使民主权利,有效凝聚各方、形成安定团结的政治局面,有效促进生产力的解放和发展、增进人民福祉,有效维护了国家主权独立,推进了民族复兴大业。中国开辟的以民族复兴为目标的社会主义现代化道路,超越了西方现代化模式,打破了发展中国家对西方现代化的路径依赖。正如习近平同志指出的:"当代中国的伟大社会变革,不是简单延续我国历史文化的母版,不是简单套用马克思主义经典作家设想的模板,不是其他国家社会主义实践的再版,也不是国外现代化发展的翻版。"今天中国实现的发展奇迹,用最直接、最可信的方式告诉世人:中国特色社会主义制度是植根于中国大地、反映人民意愿、不断为人民造福、适应时代要求的科学社会主义制度,它能够得到全体人民的拥护和支持,具有强大生命力和显著优越性。

中国共产党的领导是中国特色社会主义制度的最大优势,也是中国特色社会主义制度具有旺盛生命力的根本政治保障。治国必先治党,治党务必从严。党的十八大以来,以习近平同志为核心的党中央坚持依法治国与制度治党、依规治党统筹推进、一体建设,充分发挥党内法规制度体系建设在推进国家治理现代化中的关键作用,使党的制度优势更好地转化为治国理政的实际效能。经过努力,我们党在制度建设上取得了一系列重大成就,内容协调、程序严密、配套完备、有效管用的党内法规制度体系逐步形成,制度治党日益成为从严治党的重要方式。在中国特色社会主义新时代,围绕解决新的社会主要矛盾统筹推进"五位一体"总体布局和协调推进"四个全面"战略布局,全面推进党的建设新的伟大工程,必将推动中国特色社会主义制度日益完善和发展、国家治理体系和治理能力现代化水平不断提高,中国特色社会主义制度的优越性将得到更加充分的体现。

中央决策项目落地缓慢 河南问责9名"不担当"干部

为提高河南省伊洛河防护能力,中央下拨补助资金1.5亿元,对其进行治理。作为重大民生工程,该项目本应于2015年完工,但督查发现,截至2015年5月,伊洛河宜阳、偃师、巩义段尚未开工建设。其中宜阳段2015年10月8日才完成招标工作,2015年11月,部分采砂企业还未撤离。

本是为民务实的政策,却硬生生被拖成了"挂在墙上的标语和口号"。对此河南省委高度重视,迅速组成调查组对有关问题进行了核查,并对相关人员进行了问责。2015年10月10日,河南省纪委监察厅通报处理结果:

3个县(市)水利部门对该工程重视不够,协调推进不力,工作效率不高,县(市)政府作为领导机关,在推动工程建设过程中没有完全尽到领导、协调、督查责任,导致该项目工程延误。为此,党中央对负有重要领导责任的宜阳县政府副县长王定泽、偃师市政府副市长赵颜进行诫勉谈话。按照干部管理权限,党中央给予负有直接责任的宜阳县水利局纪委书记李勋党内警告处分,偃师市水利局副局长李效峰行政记过处分,巩义市伊洛河治理工程建设管理局办公室主任马鹏飞记过处分;给予负有主要领导责任的宜阳县水利局原局长张午丙(副县级)、现任局长楚汉章、偃师市水利局局长高子炫行政警告处分,巩义市政府党组成员、副县级干部王竹潭行政记过处分。

"如果认识到位,如果重视到位,如果担当到位,完全可以尽早开工,也完全可以按期完工",一位被问责的干部表示。然而,落实中央决策部署没有"如果",必须不折不扣、坚定不移,决不能有丝毫的含糊和动摇。

执行党的路线方针政策,是党章规定的党员干部的基本职责。但当前,有的地方、部门和单位贯彻党的路线方针政策不坚决、不全面、不到位,以官僚主义、形式主义的错误方式应对。有的以会议贯彻会议、以文件落实文件,更有甚者索性把党中央决策部署变成标语和口号、不贯彻不落实,有的贯彻执行不力,有的在贯彻中走样。

(来源:中央纪委监察部网,2016年7月22日)

点评:党员领导干部要把权力与责任、义务与担当对应起来,充分发挥党的领导核心作用,厚植党执政的政治基础。如果党的理论和路线方针政策在实践中没有得到有效贯彻落实,那么党的领导干部难辞其咎,必须严肃追究其责任。

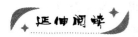

坚持党的领导是一切工作的前提

每个历史时期,党都会带领人民统一思想、集纳智慧、凝聚力量,擘画党和国家事业更加光明的发展方向。这是党和国家的根本所在、命脉所在,也是全国各族人民的利益所系、幸福所系。

习近平新时代中国特色社会主义思想鲜明提出,中国特色社会主义最本质的特征是中国共产党领导,中国特色社会主义制度最大的优势是中国共产党领导,党是最高政治领导力量。将习近平新时代中国特色社会思想载入宪法,进一步明确坚持党对一切工作的领导这一最高政治原则,有利于巩固党的执政地位和执政基础,为国家发展和民族振兴提供坚强政治保证。

"立善法于天下,则天下治;立善法于一国,则一国治。"宪法是我国的根本法。党的十八大以来,习近平总书记鲜明提出,坚持依法治国首先要坚持依宪治国,坚持依法执政首先要坚持依宪执政。我国宪法确认了中国共产党的执政地位和核心地位,这是我们党长期执政的根本法律依据。将习近平新时代中国特色社会主义思想载入宪法,为确保这一思想在国家工作中的指导地位、进一步巩固党的执政地位和执政基础提供了宪法依据。这一重大修改,有助于增强全党全国各族人民的政治意识、大局意识、核心意识、看齐意识,自觉维护习近平总书记在党中央、在全党的核心地位,自觉维护党中央权威和集中统一领导,有助于通过宪法实施对国家各项事业、各方面工作的领导,更好地推进依法治国、依法执政。

宪法具有最高的法律地位、法律权威、法律效力，是国家政治和社会生活的最高行为规范。维护宪法尊严和权威、保证宪法实施，是全国各族人民、一切国家机关和武装力量、各政党和社会团体、各企业事业单位、城乡基层自治组织的职责，也是维护最广大人民根本利益、确保国家长治久安的重要保障。将习近平新时代中国特色社会主义思想载入宪法，赋予其最高法律权威和法律效力，使之成为全体人民的共同意志，成为国家各项事业、各方面工作的根本遵循，有利于强化党的领导意识、把党的领导落实到国家工作全过程和各方面，确保党对国家各项事业、各方面的全面领导。

"党政军民学，东西南北中，党是领导一切的。"坚持中国共产党领导，是一切工作的前提，这是历史的选择，也是人民的重托。我们比历史上任何时期都更接近实现中华民族伟大复兴的目标。而我们党要带领全国各族人民夺取新时代中国特色社会主义的伟大胜利，实现共产主义远大理想和中国特色社会主义共同理想的目标，就必须把党的指导思想转化为国家的指导思想，牢牢掌握对国家各项事业、各方面工作的思想领导权。只有这样才能确保党始终总揽全局、协调各方。

(来源：人民网，2018年2月26日)

二、坚持维护人民利益

唯物史观认为，人民群众是历史的主体，是推动社会发展进步的决定力量。在社会主义制度下，人民是国家和社会的主人，坚持党的领导和坚持以人民为中心具有内在一致性。中国共产党人的初心和使命，就是为中国人民谋幸福，为中华民族谋复兴。我们党自成立之日起，就把坚持人民利益高于一切鲜明地写在自己的旗帜上，把全心全意为人民服务作为根本宗旨，把实现好、维护好、发展好最广大人民根本利益作为一切工作的出发点和落脚点。90多年来，我们党之所以能够从小到大、由弱变强，关键就在于始终坚持以人民为中心，做到权为民所用、情为民所系、利为民所谋。可以说，以人民为中心深刻诠释了党的根本政治立场和价值取向。

习近平总书记在党的十九大报告中把坚持以人民为中心作为新时代坚持和发展中国特色社会主义的重要内容。他强调:人民是历史的创造者,是决定党和国家前途命运的根本力量。必须坚持人民主体地位,坚持立党为公、执政为民,践行全心全意为人民服务的根本宗旨,把党的群众路线贯彻到治国理政全部活动之中,把人民对美好生活的向往作为奋斗目标,依靠人民创造历史伟业。"人民对美好生活的向往,就是我们的奋斗目标"。

进入新时代,我国社会主要矛盾发生了转变,由人民日益增长的物质文化需求同落后的生产之间的矛盾转化为人民日益增长的美好生活需要和不平衡不充分发展之间的矛盾。在当前发展阶段,我国解决民生问题要以保基本为主,突出解决一些焦点问题、热点问题、难点问题,更多要做的不是"锦上添花",而是"雪中送炭"。

保基本主要涉及六大民生领域:在收入和消费方面,要推动实现居民收入增长与经济增长同步,劳动报酬增长与劳动生产率提高同步,努力实现收入分配的公平正义;在教育方面,必须把教育事业放在优先位置,加快推进教育现代化,特别是要推动城乡义务教育一体化发展,大力提高农村青年一代的受教育水平,促进形成新的人口红利,要适应科技创新和就业市场的变化,进行教育体制的改革,提高专业教育和职业教育质量,进一步提高高等教育的毛入学率;在就业方面,要坚持就业优先战略和积极就业政策,实现更高质量和更充分就业,破除妨碍劳动力、人才社会性流动的体制机制弊端,特别是解决好以大学毕业生为主的青年就业、农村劳动力的转移就业和去产能企业的职工安置问题,调控好城镇调查失业率;在社会保障方面,要全面建成覆盖全民、城乡统筹、权责清晰、保障适度、可持续的多层次社会保障体系,全面实施全民参保计划,特别是适应老龄化的快速发展,尽快实现养老保险全国统筹,完善统一的城乡居民基本医疗保险制度和大病保险制度,加快建立多主体供给、多渠道保障、租购并举的住房制度;在人民健康方面,要完善国民健康政策,深化医药卫生体制改革,健全现代医院管理制度,全面取消以药养医,为人民提供更加有效、更加便捷的医疗健康服务;在社会安全方面,要打造共建共治共享的社会治理格局,提高社会治理社会化、法治化、智能化、专业化水平,加强预防和化解社会矛盾机制建设,实现政府治理和社会调节、居民自治良性互动,建设平安中国。

案例呈现

社保卡变一卡通 开启"互联网+"新模式

还以为社保卡＝医保卡？还在为社保卡无法异地使用伤透脑筋？好消息来了！人社部发话：社保卡将基本实现全国一卡通，不仅可以异地看病买药，还能交水电费、网上挂号、申请出国、当公交卡刷、领工资……

在此前人们的广泛认知里，社保卡就是一张医保卡，只在看病就医时才出示。实际上，医疗保险仅仅是社保卡所承载的众多功能中的一项，随着互联网技术的介入，以及向更多公共服务领域的集成应用开放，一张小小的卡片被赋予了越来越多的功能，极大地方便了人们的生活。在许多地方，只要持一张社保卡，就能满足挂号就医、金融支付等多种需求，社保卡还将实现全国一卡通。

根据人社部《关于加快推进社会保障卡应用的意见》，未来社保卡的应用十分广泛，应用目录可分九大类102项，涉及日常生活工作的方方面面。

社保卡的重大变革，在内容上依托于各政府部门之间的协作支持，在技术上受益于互联网的发展，是创新管理手段和服务方式的结果，不仅打通了政府部门间的信息和数据壁垒，同时通过加快电子社保建设的步伐提高了社保经办的规范化、信息化、专业化水平。此次变革既是社会保障事业发展的需要，也是政府惠民、便民的重要举措。

点评：互联网优化了服务，提高了服务效率，让每位居民受益。社保卡变一卡通惠及每位持卡人，为居民提供更便利的服务，改变之前拿着病例、身份证、医院证明等排队等候报销的状况，持卡人可在任何一个城市挂号、刷卡，享受服务。

知识链接

十三届全国人大一次会议胜利闭幕，国家主席习近平在闭幕式上作了重要讲话。在讲话中，习近平多次提及"人民"，通篇讲话洋溢着强烈的人民观。

"人民是历史的创造者,人民是真正的英雄。"在闭幕式讲话的开篇,习近平阐释了他的"人民观"的"总纲"。正是秉承这样的人民观、历史观、价值观,中国这艘承载着13亿多中国人民伟大梦想的巨轮才能在以习近平同志为核心的党中央的领导下,乘风破浪,不断前行。

三、积极投身改革创新时代潮流

在当今世界多极化和经济全球化不断发展的过程中,科技进步日新月异,综合国力竞争日趋激烈。中国属于发展中国家,发展中国家有三种发展模式:"资源依赖型""依附型"和"创新型"。把科技创新作为国家发展的基本战略,大幅度提高科技创新能力,形成日益强大的竞争优势,国际学术界把这一类国家称为创新型国家。中国是一个发展中的大国,底子薄,经济社会发展不平衡;人口基数大,素质不高;资源总量大,人均少。基本国情决定我国不能选择"依附型"和"资源依赖型"的发展模式,只能选择"创新型"的发展模式,走构建创新型国家的发展道路。

从当前世界各国的发展趋势来看,人类社会已经步入科技创新成果不断涌现的重要时期。20世纪中叶的新科技革命及其发展,推动世界范围内生产方式、生活方式等发生了前所未有的深刻变革。进入21世纪,世界新科技革命发展的势头更加迅猛。信息科技、生物技术、纳米科技等都为人类社会的发展展现出美好的前景。在世界新科技革命的推动下,知识在经济社会发展中的作用日益重要,国民财富的增长和人类生活的改善与知识的积累和创新密切相关。科技竞争成为综合国力竞争的焦点。世界各国尤其是发达国家都把科技进步和创新作为国家战略,力求在国际科技竞争中争得主动权。因此,面对激烈的国际竞争和世界科技的发展趋势,我国必须把科学技术置于优先发展的战略地位。

我国正处于经济转型升级的关键时期,而高质量发展的前提是创新,没有创新作支撑,就无法彻底完成经济、社会的转型升级。2010年,我国经济总量位列世界第二。那时,我们还处于以数量取胜的阶段。那时,我们的汽车、电脑、手机、牛奶等产品还存在不少全球竞争弱项。现在,我国经济总量排名仍是世界第二,但是许多"拳头"产品质量已处在世界前列,不少领域生产能力已是世界第一,这是创新的结果。

创新是引领发展的第一动力,是建设现代化经济体系的战略支撑。我国"新四大发明"是开辟新天地的创新,北斗卫星导航系统、天宫系列太空实验室、蛟龙号载人潜水器等是技术领域独立自主的创新,另外还有世界最大球面射电望远镜"天眼","一带一路"倡议,"绿水青山就是金山银山"发展思路上,等等这些都是创新的结果。创新是新时代永恒的事业,我们要深刻领会习近平总书记三个"第一"的精神要义,发展是第一要务、人才是第一资源、创新是第一动力,建立健全适应创新发展的体制机制,构建全面创新的格局,在新时代要有新气象,更要有新作为。

深化改革"做减法" 提高科技奖励"含金量"

日前,国务院办公厅印发《关于深化科技奖励制度改革的方案》,方案明确提出"改革完善国家科技奖励制度"。国家科技奖励制度进入全面推进的"深改时间",这是广大科技工作者的期待,也是大力开展科技创新,提升国家综合科技实力的现实要求。

方案提出关于深化科技奖励制度改革的四个基本原则,即服务国家发展、激励自主创新、突出价值导向、公开公平公正。四个基本原则同时也是四个改革导向。一是坚持发展导向。科技奖励制度的改革必须服务于国家的发展大局,能从奖励制度上调动科技工作者积极性创造性、推动高新技术研发进程,进而为我国科技强国建设夯实科技创新成果质和量双方面的基础。二是坚持创新导向。创新驱动是科技工作的内生动力,鼓励自主创新则是科技奖励的基本出发点和落脚点,优化奖励制度以增强科技人员的荣誉感、责任感和使命感,以促进全社会形成大众创业、万众创新的良好氛围。三是坚持价值导向,把"德"放在首位。科技奖励制度也应注重科研道德建设,对学术不端和科研造假等行为实行"零容忍",建立健全科研诚信制度。四是坚持公平导向。科技奖励制度的生命力在于公开公平公正,此次改革的重点任务也特别强调公开透明,有效提高奖励制度的公信力才能保证制度的权威,才能更好地发挥科技奖励的促进作用。

"欲致其高,必丰其基。"科技奖励制度是我国长期坚持的一项重要制度,对于促进科技支撑引领经济社会发展、加快建设创新型国家和世界科技强国具有重要意义。

(来源:宣讲家网,2017年6月23日)

点评:当前,我国已到了必须更多依靠科技创新引领、支撑经济发展和社会进步的新阶段。只有依靠科技创新,才能有力推动产业向价值链中高端跃进,提升经济的整体质量;只有依靠科技创新,才能更好发展面向全球的竞争新优势,使我国发展的空间更加广阔;只有依靠科技创新,才能有效克服资源环境制约,增强发展的可持续性。而召开科学技术奖励大会则会更加吸引和激励更多人投身于创新创业,汇聚建设创新型国家的强大合力,用改革红利、人才红利、创新红利推动经济社会持续健康发展,为建设富强民主文明和谐的社会主义现代化国家、实现中华民族伟大复兴的中国梦而不懈奋斗。

延伸阅读

《国家创新驱动发展战略纲要》(节选)

实现创新驱动是一个系统性的变革,要按照"坚持双轮驱动、构建一个体系、推动六大转变"进行布局,构建新的发展动力系统。

双轮驱动就是科技创新和体制机制创新两个轮子相互协调、持续发力。抓创新首先要抓科技创新,补短板首先要补科技创新的短板。科学发现对技术进步有决定性的引领作用,技术进步有力推动发现科学规律。要明确支撑发展的方向和重点,加强科学探索和技术攻关,形成持续创新的系统能力。体制机制创新要调整一切不适应创新驱动发展的生产关系,统筹推进科技、经济和政府治理等三方面体制机制改革,最大限度释放创新活力。

一个体系就是建设国家创新体系。要建设各类创新主体协同互动和创新要素顺畅流动、高效配置的生态系统,形成创新驱动发展的实践载体、制度安排和环境保障。明确企业、科研院所、高校、社会组织等各类创新主体功能定位,构建开放高效的创新网络,建设军民融合的国防科技协同创新平台;改进创新治理,进一步明确政府和市场分工,构建统筹配置创新资源的机制;完善激励创新的政策体系、保护创新的法律制度,构建鼓励创新的社会环境,激发全社会创新活力。

六大转变就是发展方式从以规模扩张为主导的粗放式增长向以质量效益为主导的可持续发展转变;发展要素从传统要素主导发展向创新要素主导发展转变;产业分工从价值链中低端向价值链中高端转变;创新能力从"跟踪、并行、领跑"并存、"跟踪"为主向"并行""领跑"为主转变;资源配置从以研发环节为主向产业链、创新链、资金链统筹配置转变;创新群体从以科技人员的小众为主向小众与大众创新创业互动转变。

(来源:中华人民共和国科学技术部,2016年5月19日)

四、坚决维护国家主权、安全、发展利益

自中华人民共和国成立以来,我们始终把国家的主权、安全和发展利益放在外交工作首位,从未在外部压力下弯过腰、低过头。我们坚定捍卫国家主权和领土完整,妥善处理与周边一些国家的领土主权与海洋权益纠纷;坚持自己选择的社会制度和发展道路,不允许外部势力干涉中国内政,高度警惕和防范国际上各种反华敌对势力的渗透破坏活动;坚持外交依靠发展、服务发展、促进发展,积极维护有利的外部发展环境;践行"以人为本、外交为民"理念,有效维护我国海外公民和法人的合法权益。随着国家的不断发展强大,我们维护国家利益的资源更加丰富,手段更加灵活,能力进一步提高。任何人都不应低估中国维护国家利益的决心和能力,不应奢望中国会吞下损害自身利益的苦果。

中国坚决维护自身利益,但从不搞霸权、强权那一套,从不把自身利益凌驾于别国利益之上,更不做损人利己、以邻为壑的事情。我们反对别国干涉

我国内部事务,自己也从不干涉别国内政。我们珍视自身主权、安全、发展利益,也充分尊重各国维护本国利益的正当权利。我们主张遵循联合国宪章宗旨和原则以及国际关系基本准则,推动国际关系民主化,通过协商妥善解决各国之间的经贸摩擦,和平解决国际争端和热点问题。在维护国家利益问题上,中国是讲原则、有底线的,也是讲道理、顾大局的。给中国维护自身利益的正当举动贴上"傲慢""强硬""咄咄逼人"的标签是站不住脚的,正视中国维护自身合法权益的正当诉求、停止侵犯中国权益的错误行动才是明智之举。

中国坚决维护国家主权、安全、发展利益,同时坚持把中国人民利益同各国人民共同利益结合起来,努力扩大同各方利益的汇合点。我们走的是和平发展道路,不寻求一枝独秀或一家独大,而是致力于同世界各国各地区建立和发展不同领域、不同层次的利益共同体,推动实现全人类共同利益,共享人类文明进步成果。一个日益繁荣强大的中国不仅有利于维护中国人民的利益,也必将为增进世界人民的共同福祉发挥更大作用。

国家安全是国家生存发展的前提、人民幸福安康的基础、中国特色社会主义事业的重要保障。党的十八大以来,以习近平同志为核心的党中央首次提出总体国家安全观重大战略思想,强调保证国家安全是头等大事,必须坚决维护国家主权、安全、发展利益。当前,我国国家安全内涵和外延比历史上任何时候都要丰富,时空领域比历史上任何时候都要宽广,内外因素比历史上任何时候都要复杂。总体国家安全观,强调坚持国家利益至上,以人民安全为宗旨,以政治安全为根本,以经济安全为基础,以军事、文化、社会安全为保障,以促进国际安全为依托,维护各领域国家安全,构建国家安全体系,走中国特色国家安全道路。总体国家安全观揭示了国家安全的本质和内涵,科学回答了中国这样一个发展中的社会主义大国如何维护和塑造国家安全的基本问题,标志着我们党对国家安全基本规律的认识达到新高度,为新时代条件下维护和塑造中国特色大国安全提供了遵循。

让人民群众享有更多安全感

集中整治,始终保持对违法犯罪的高压严打。2018年1月,中共中央、国务院发出通知,决定在全国开展扫黑除恶专项斗争。

"我们一手铲除黑恶势力,一手打击其'保护伞',不断提升群众安全感。"湖南省公安厅常务副厅长袁友方代表介绍,湖南警方从职能重组、流程再造、资源整合、数据支撑等方面着手,深入推进警务机制改革,近年来破案率连续上升,案发量持续减少。近年来,针对"盗抢骗""黄赌毒"等违法犯罪活动,全国公安机关始终保持高压严打态势。"百姓最痛恨什么犯罪,我们就严厉打击什么;百姓反映最突出的治安问题是什么,我们就集中整治什么",广东佛山市公安局三水分局巡警大队大队长孙建国说。2017年,佛山公安重点整治毒品犯罪、金融犯罪、盗抢犯罪等犯罪活动,全市刑事警情同比减少38.5%。

"网络已成为违法犯罪的高发区、危害公共安全的新领域",江苏徐州市公安局网安支队支队长李晴深有感触,"这倒逼我们主动应对互联网新发展、网络生态新特点。如今,社会公众反映强烈的电信网络诈骗犯罪数量出现减少趋势,2017年全国共立案53.7万起,群众经济损失为120.1亿元,同比分别减少6.1%、29.1%"。

(来源:《人民日报》,2018年3月17日)

点评:网络是一个开放和自由的空间,在大大增强信息服务灵活性的同时,也带来了众多安全隐患,黑客和反黑客、破坏和反破坏的斗争愈演愈烈,不仅影响网络的稳定运行和用户的正常使用,还时常造成重大经济损失,甚至还可能威胁到国家安全。因此,网络安全俨然成为各国关注的重中之重,对网络安全的认知和防范也相对重要起来。

知识链接

《网络安全实践指南——CPU熔断和幽灵漏洞防范指引》

全国信息安全标准化技术委员会(以下简称"信安标委")秘书处针对近期披露的CPU熔断(Meltdown)和幽灵(Spectre)漏洞,组织相关厂商和安全专家,编制发布了《网络安全实践指南—CPU熔断和幽灵漏洞防范指引》(以下简称《防范指引》)。《防范指引》全文可通过访问信安标委网站(www.tc260.org.cn)获得。

(来源:全国信息安全标准化技术委员会,2018年1月18日)

五、坚决战胜一切困难和风险

习近平同志在党的十九大报告中指出,实现伟大梦想,必须进行伟大斗争。我们党要团结带领人民有效应对重大挑战、抵御重大风险、克服重大阻力、解决重大矛盾,必须进行具有许多新的历史特点的伟大斗争。

2008年爆发的国际金融危机给世界带来巨大影响,世界加速进入大发展大变革大调整时期,国际力量对比发生新的消长变化,出现了一系列新特点新趋势。就国情来说,经过40多年的改革开放,我国发展取得举世瞩目成就;同时,我国改革处于攻坚期和深水区,在经济发展新常态下,我国经济社会发展处于新的历史阶段,面临着与改革开放初期不同的问题和矛盾,出现了一系列新特点新情况。就党情来说,一方面,党的领导和党的建设进一步加强;另一方面,党内还存在严重的政治规矩、组织纪律松懈现象,管党治党出现"宽松软"和腐败问题,甚至出现搞政治阴谋的严重隐患,全面从严治党和大力开展反腐败斗争任务艰巨。

党的十九大报告指出,进行伟大斗争时,要充分认识其长期性、复杂性和艰巨性,发扬斗争精神,不断提高党的斗争本领,在伟大斗争的道路上取得胜利。

我们要正确认识伟大斗争的长期性、复杂性、艰巨性。伟大斗争的长期性、复杂性、艰巨性,是由社会主义初级阶段这个基本国情决定的。我国仍处于并将长期处于社会主义初级阶段的基本国情没有变,我国是世界最大发展中国家的国际地位没有变。在这样的国情条件下,要实现伟大梦想,逐步摆脱发展不平衡不充分的现状,逐步缩小同世界先进水平的差距,就必须进行长期的不懈奋斗。当前,国际形势正在发生深刻复杂变化,推进人类和平与发展的崇高事业依然任重而道远,这也决定了进行伟大斗争必然要经历一个漫长而艰巨的历史过程。

我们要以更加自觉的精神状态开展伟大斗争。全党要更加自觉地坚持党的领导和我国社会主义制度,坚决反对一切削弱、歪曲、否定党的领导和我国社会主义制度的言行;毫不动摇推进党的建设新的伟大工程,把党建设得更加坚强有力,确保党永葆旺盛生命力和强大战斗力,确保党始终是中国特色社会主义事业的坚强领导核心;更加自觉地维护人民利益,坚决反对一切损害人民利益、脱离群众的行为;贯彻落实以人民为中心的发展思想,始终把人民利益摆在至高无上地位;更加自觉地投身改革创新时代潮流,坚决破除一切顽瘴痼疾。唯改革者进,唯创新者强,唯改革创新者胜;要敢于啃硬骨头,敢于涉险滩,敢于动"奶酪",敢于打攻坚战;坚决破除一切阻碍改革创新的体制机制障碍,同一切因循守旧、故步自封、顽固保守、不思进取的思想和行为作坚决斗争,勇于变革、勇于创新,永不僵化、永不停滞;更加自觉地维护我国主权、安全、发展利益,坚决反对一切分裂祖国、破坏民族团结和社会和谐稳定的行为;绝不允许任何人、任何组织、任何政党在任何时候、以任何形式把任何一块中国领土从中国分裂出去;更加自觉地防范各种风险,坚决战胜一切在政治、经济、文化、社会等领域和自然界出现的困难和挑战。伟大事业越发展、伟大工程越前进、伟大梦想越接近,遇到的风险挑战就会越大,就越要进行伟大斗争。我们要有效应对重大挑战、抵御重大风险、克服重大阻力、解决重大矛盾,勇于同一切风险困难作坚决斗争,坚决战胜前进道路上的一切艰难险阻。

  我们要发扬斗争精神,区分斗争性质,提高斗争本领。中国革命的胜利是靠斗争打出来的,中国建设的成就是靠斗争干出来的,中国改革的推进是靠斗争闯出来的。进行伟大斗争要继承和发扬斗争精神。我们既要在事关中国特色社会主义前途命运的大是大非上敢于斗争、敢于亮剑,不态度暧昧,不动摇政治立场;又要在改革发展稳定工作中敢于斗争、勇于创新,自觉把使命放在心上、把责任扛在肩上,不断有所发明、有所创造、有所作为、有所前进;还要在全面从严治党上敢于斗争、敢于动硬,全面推进党的建设新的伟大工程。进行伟大斗争要区分斗争性质。党章明确指出,在现阶段,我国社会主要矛盾是人民日益增长的美好生活需要和不平衡不充分的发展之间的矛盾。由于国内的因素和国际的影响,阶级斗争还在一定范围内长期存在,在某种条件下还有可能激化,但已经不是主要矛盾。这就决定了我们所进行的伟大斗争,既不同于革命战争年代那种疾风骤雨式的阶级斗争,也不能采取"以阶级斗争为纲"的极左做法。进行伟大斗争要善于区分矛盾性质,针对不同性质的矛盾展开有针对性的有效斗争。要正确区分两类不同性质的矛盾,正确处理人民内部矛盾,制定正确的斗争策略,采取适当的斗争方式和方法,以期取得最大的斗争实效。当前,各种挑战不期而至,对伟大斗争提出了新的更高要求。这就要求我们以时不我待的精神,加强理论武装,提高斗争本领。只有不断提高全党斗争本领,伟大梦想才能真正实现。

践行"右玉精神":要有"功成不必在我"的境界

右玉县位于晋西北地区,毗邻毛乌素沙漠,新中国成立前森林覆盖率不到0.3%,土地沙化面积达225万亩,占土地总面积的76.4%,生态环境极为恶劣。后来,在党的领导下,右玉县历任领导班子带领广大干部群众,艰苦奋斗、矢志不渝,坚持植树造林不放松,将森林覆盖率提高到54%,高出全国平均水平30%多。昔日的不毛之地变成了今日的塞上绿洲。

怎样推动绿色发展,如何让生态文明建设成为社会风尚,如何让发展真正造福于民?右玉实践提供了生动样本,右玉精神具有深刻启示意义。

"绿我涓滴,会它千顷澄碧。"右玉精神体现了共产党人全心全意为人民服务的根本宗旨,体现了迎难而上、艰苦奋斗的品格力量,体现了久久为功、利在长远的执政理念。几十年来,右玉领导干部为民初心不改,绿色耕耘不息,带领人民既营造绿水青山,又努力让绿水青山变成金山银山,奋力实现由"绿起来"到"富起来"的历史新跨越。环境就是民生,良好生态环境是最普惠的民生福祉。各级干部应以新发展理念为指挥棒,正确处理经济发展和生态环境保护的关系,像对待生命一样对待生态环境,打好污染防治的攻坚战,让良好生态环境成为人民生活的增长点、成为经济社会持续健康发展的支撑点。

推动绿色发展,有不少硬骨头要啃。在右玉,曾经"栽活一棵树,比养活一个娃还难",但在党的带领下,干部群众始终保持迎难而上、艰苦奋斗的干劲,以"敢教日月换新天"的豪情与斗志,创造了气壮山河的绿色奇迹。事实证明,只要干部群众团结一心、埋头苦干,就没有克服不了的困难。推动形成绿色发展方式和生活方式任务艰巨,涉及环境污染综合治理、生态保护修复等方方面面,不仅要求领导干部敢于担当,也需要每个人都行动起来,以实际行动做生态文明建设的践行者、推动者,形成攻坚克难、共同参与的合力,让中华大地天更蓝、山更绿、水更清、环境更优美。

"骐骥一跃,不能十步;驽马十驾,功在不舍。"多年来,右玉县坚持"换领导不换蓝图,换班子不换干劲",只有方法上的改进,没有方向上的偏离。"一任连着一任干,一棵接着一棵栽"是"久久为功、利在长远"的生动写照。防风治沙不可能毕其功于一役,生态文明建设更是功在当代、利在千秋的伟大事业。只有以"一张蓝图干到底"的定力、"功成不必在我"的境界,持之以恒干下去,让绿色发展方式和生活方式成为一种自觉和常态,才能持续建设生态文明,不断开创人与自然和谐相处的新境界。

(来源:宣讲家网,2017年8月29日)

点评:右玉人民之所以能创造改善生态环境的奇迹,就在于他们坚持做一件事,不怕任何困难,敢于面对一切风险。

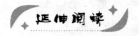

习近平:坚决战胜一切在政治经济等领域的困难

习近平在阐述新时代中国共产党的历史使命时说,实现中华民族伟大复兴是近代以来中华民族最伟大的梦想。中国共产党一经成立,就把实现共产主义作为党的最高理想和最终目标,义无反顾肩负起实现中华民族伟大复兴的历史使命,团结带领人民进行了艰苦卓绝的斗争,谱写了气吞山河的壮丽史诗。

习近平指出,我们党团结带领人民找到了一条以农村包围城市、武装夺取政权的正确革命道路,进行了28年浴血奋战,完成了新民主主义革命,1949年建立了中华人民共和国,实现了中国从几千年封建专制政治向人民民主的伟大飞跃。

我们党团结带领人民完成社会主义革命,确立社会主义基本制度,推进社会主义建设,完成了中华民族有史以来最为广泛而深刻的社会变革,为当代中国一切发展进步奠定了根本政治前提和制度基础,实现了中华民族由近代不断衰落到根本扭转命运、持续走向繁荣富强的伟大飞跃。

我们党团结带领人民进行改革开放新的伟大革命,破除阻碍国家和民族发展的一切思想和体制障碍,开辟了中国特色社会主义道路,使中国大踏步赶上时代。

习近平说,今天,我们比历史上任何时期都更接近、更有信心和能力实现中华民族伟大复兴的目标。

习近平强调,"行百里者半九十"。中华民族伟大复兴,绝不是轻轻松松、敲锣打鼓就能实现的。全党必须准备付出更为艰巨、更为艰苦的努力。

习近平指出,实现伟大梦想,必须进行伟大斗争。全党要更加自觉地坚持党的领导和我国社会主义制度,坚决反对一切削弱、歪曲、否定党的领导和我国社会主义制度的言行;更加自觉地维护人民利益,坚决反对一切损害人民利益、脱离群众的行为;更加自觉地投身改革创新时代潮流,坚决破除一切顽瘴痼疾;更加自觉地维护我国主权、安全、发展利益,坚决反对一切分裂祖国、破坏民族团结和社会和谐稳定的行为;更加自觉地防范各种风险,坚决战胜一切在政治、经济、文化、社会等领域和自然界出现的困难和挑战。全党要充分认识这场伟大斗争的长期性、复杂性、艰巨性,发扬斗争精神,提高斗争本领,不断夺取伟大斗争新胜利。

(来源:新华网,2017年10月8日)

第三节　建设伟大工程

党的政治建设是党的根本性建设,决定党的建设方向和效果。保证全党服从中央,坚持党中央权威和集中统一领导,是党的政治建设的首要任务。

——习近平

新时代中国共产党的历史使命可凝练地概括为伟大斗争、伟大工程、伟大事业、伟大梦想，其中起决定性作用的是党的建设新的伟大工程，这就把党的建设的重要性提到了前所未有的高度。

一、政治建设

从新时代中国特色社会主义和中国共产党历史使命的高度，对党的"政治建设"的重要性作出突出强调，是党的十九大报告的重大理论创新，也是党在新时代全面增强执政本领、带领全国各族人民走向中华民族伟大复兴的必然要求。

(一)什么是党的政治建设

党的政治建设是指无产阶级政党为保证其在政治上的先进性和纯洁性，实现既定的政治目标而进行的政治上的一系列建设。其主要内容是运用马克思主义的立场、观点、方法，分析社会的政治经济状况，制定符合当前和未来发展的党的纲领、路线、方针和政策；并通过对全体党员干部的思想政治教育、完善党内政治性法规制度、加强党内监督，使全体党员干部提升自身党性修养、坚定政治立场、把握正确政治方向，在政治上、思想上、行动上同党中央保持高度一致，自觉维护党中央权威，保持党的团结统一，使党的的纲领、路线、方针和政策得到有效落实。

党的政治建设是党的建设的重要内容之一，是党的建设的根本，直接关系到中国共产党举什么旗、走什么路、朝什么方向，决定着中国共产党的性质和执政地位，关系到党的前途命运和国家的长治久安，是党在政治上成熟程度的集中表现和根本反映。

(二)党的政治建设的核心是党的根本性建设

坚持全面从严治党，把政治建设摆在首位，作为统领党的建设全局的根本性建设，是党的十九大关于新时代党的建设作出的新论断、新要求，是习近平新时代中国特色社会主义思想的重要内容。这一党建理论的重要创新，对于在新的历史方位下全面加强党的领导和党的建设、推动全面从严治党向纵深发展，意义重大。

1. 马克思主义政党建设的根本要求和基本原则

党的政治建设,是确保党在任何情况下不忘立党初心,牢记历史使命,有效防止和克服党在革命胜利和执掌政权之后可能出现的政治分裂、官僚主义和腐化变质等危险,永葆共产党人的政治本色的根本保证。实践证明,讲政治是党的一切工作的灵魂,政治路线是党的生命线,政治建设是党的生命工程。我们党之所以总能战胜风险、力挽狂澜,关键就在于党始终勇于自我革命,与时俱进地推进党的建设伟大工程,尤其是始终重视政治建设,使党的每一个建设都有政治灵魂和"主心骨",不断为党的事业向前发展提供坚强保证。

2. 中国特色社会主义政治建设的根本保证

中国共产党作为执政党,党的政治属性内在地规定了中国特色社会主义政治的本质和发展道路。党的政治建设状况直接制约和影响着国家其他方面政治建设的方向、进程和效果。我国的政治发展实践证明,无论是巩固和坚持中国特色社会主义基本政治制度,还是长期坚持、不断发展中国特色社会主义政治制度和政治发展道路,都离不开党的领导和党的政治建设,必须首先确保党在政治上的坚定性和先进性。同时,在中国特色社会主义政治建设中,党的领导既是重要内容,又居于核心和枢纽地位。历史和实践充分证明,中国特色社会主义最本质的特征是中国共产党领导,中国特色社会主义制度的最大优势是中国共产党领导,党是最高政治领导力量。

(三)牢固树立政治首位意识

加强党的政治建设,一方面全党同志都必须把坚持以习近平同志为核心的党中央权威和集中统一领导作为首要任务,坚决执行党的政治路线,严格遵守政治纪律和规矩,严格执行党内政治生活若干准则,坚持完善和落实民主集中制度,积极构建健康的政治文化,不断加强党员干部的党性锻炼。另一方面,全党同志都必须坚持以政治建设统领党的思想建设、组织建设、作风建设、纪律建设。在思想建设中,必须关注共产主义远大理想和中国特色社会主义共同理想这一中国共产党人的政治灵魂;在干部队伍建设中,必须把政治标准作为干部选任的第一标准;在基层组织建设中,必须充分发挥基层组织的政治功能;在作风建设中,必须强化服务人民的政治立场;在纪律建设中,必须重点强化政治纪律和组织纪律。

总之,把党的政治建设摆在党的建设的首位,以党的政治建设为统领,这是应对党内存在的各种问题的重要举措,对新时代推进全面从严治党向纵深发展具有重要的意义。

提高政治站位,抓好党建是首要目标

2018年2月8日下午,北京市市长陈吉宁受邀参与指导首钢集团领导班子2017年度民主生活会。

在会上,他提出首钢集团想要抓好党建、加强政治建设,就要把新的首钢地区建设好发展好,从而促进西部地区产业的优化升级。

会议开始前,集团的领导干部集思广益,开展了深入的对话并就此认真撰写了个人思想检查材料。首钢集团的党委书记兼董事长靳伟带头进行发言,随后大家逐一进行批评与自我批评。在这个过程中,大家都能做到推心置腹,会议取到了良好的效果。

陈吉宁强调,2018年是改革开放40周年,是全面建成小康社会、实施"十三五"规划的关键一年。而首钢集团对于全北京市企业来说是标杆一样的存在,更要提高政治站位,将企业自身的发展融入党和国家事业、融入京津冀协同和首都发展的大格局。在理论上要不断丰富与加强,深刻领会习近平新时代中国特色社会主义思想,深刻理解供给侧结构性改革的丰富内涵,深刻把握高质量发展对企业的实践要求,进一步完善现代企业制度。要抓好党的建设,发挥集团党委的领导核心和政治核心作用,把方向、管大局、督落实,把党的领导融入公司治理各环节。

陈吉宁强调,要充分利用好首钢集团这把改革开放的"金钥匙",在党和国家的领导下,按照新时代的发展要求,高标准、高质量地加快转型,努力为全市国企照亮前进的方向。

(来源:《北京日报》,2018年2月9日)

点评:企业政治建设在新形势下面临巨大挑战,经济模式的转变带来思维模式的转变,这要求企业在面对这一转变时要有所准备。政治建设为企业的发展之路提供了科学思想的保证,使企业发展推动国家发展,个人发展推动企业发展,将个人梦、企业梦与中国梦紧密地结合起来,促进企业经济效益稳步增长,促进综合国力稳步提升。

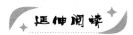

把党的政治建设放在首位
——访中央党校党建部副主任祝灵君

党的十九大报告提出,新时代党的建设要以党的政治建设为统领,把党的政治建设摆在首位。很长一段时间,我们党都把思想建设摆在首位,为何报告凸显政治建设在党的各项建设中的统领和首要地位?近日,本报记者就如何加强党的政治建设专访中央党校党建部副主任祝灵君。

记者:为什么要将"保证全党服从中央,坚持党中央权威和集中统一领导"作为党的政治建设的首要任务?

祝灵君:必须保证全党服从中央,坚持党中央权威和集中统一领导,这是党的政治建设的首要任务。我们党是世界上最大的马克思主义执政党,这样一个大党,如果组织涣散、我行我素,就不可能形成统一意志、不可能完成党执政的神圣使命。现在,中国特色社会主义进入了新时代,全党全国人民开启全面建设社会主义现代化国家新征程。这个新时代和新征程预示着前途必然是光明的,但道路依然是曲折的,仍然有许多可以预料和难以预料的挑战和风险,这就需要全党必须牢固树立"四个意识",自觉在思想上政治上行动上同习近平同志为核心的党中央保持高度一致。只有凝聚党的意志,才能凝聚人民的意志,最终把全国各族人民团结起来,形成万众一心、无坚不摧的磅礴力量。

记者:为什么要对党员干部特别是领导干部提出"忠诚老实、公道正派、实事求是、清正廉洁"等价值观要求?

祝灵君:忠诚老实、公道正派、实事求是、清正廉洁等价值观,是党的政治建设的思想基础。为此,必须坚决防止和反对个人主义、分散主义、自由主义、本位主义、好人主义,坚决防止和反对宗派主义、圈子文化、码头文化，坚决反对搞两面派、做两面人。一段时期以来，高级干部中极少数人政治野心膨胀、权欲熏心，搞阳奉阴违、结党营私、团团伙伙、拉帮结派、谋取权位等政治阴谋活动，严重侵蚀党的思想道德基础，严重破坏党的团结和集中统一，严重损害党内政治生态和党的形象，严重影响党和人民事业发展。党的十八大以来，查处了周永康、薄熙来、郭伯雄、徐才厚、令计划等严重违纪违法的高级干部，他们不仅在经济上存在严重问题，而且在政治上也存在严重问题，这就使我们认识到，必须把党的政治建设摆在首位，营造风清气正的良好政治生态环境。

(来源：《人民日报》，2017年11月14日)

二、思想建设

思想建设是党的建设的基础、首要任务和中心环节，在党的自身建设中处于首要地位。从逻辑上讲，党的思想建设工作包含两个基本向度：思想的生产和思想的传播。前者是理论建设的工作，后者是思想武装的工作。深刻理解党的思想建设工作的两个基本向度，充分认识理论建设和思想武装之间的辩证关系，是中共不断做好思想建设工作的重要认识基础。

(一)中国共产党的思想建设理论

1. 以理想信念为灵魂

以习近平同志为核心的党中央，明确阐释了理想信念的多层次内涵。其中，马克思主义是共产党人的信仰，共产主义是共产党人的理想，社会主义是广大共产党人的信念，中国特色社会主义则是中国人民和中华民族的共同理想。凝练在二十四个字中的社会主义核心价值观把国家、社会和个人价值要求融为一体，成为我们当今时代价值目标的"最大公约数"。

2. 以党性修养为核心

党性修养一直是中国共产党思想建设的重要内容。在党的六届六中全会上，毛泽东就提出了"我们党的马克思主义的修养"这一概念。新中国成立后，中国共产党由革命党转变为执政党，为继续保持党的凝聚力和战斗力，在全党继续开展普遍的教育整顿工作。改革开放之后，我们党先后开展了全面

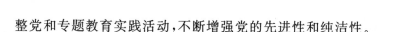

整党和专题教育实践活动,不断增强党的先进性和纯洁性。

3. 以道德建设为基础

人无德不立,国无德不兴。中华民族历来崇尚道德的力量。儒学强调"修身、齐家、治国、平天下"的思想,把修身作为起点,突出了道德的基础性作用。中国共产党继承和发扬了这一优秀传统,十分重视道德建设,特别是党员领导干部的思想道德建设。习近平多次提出要"抓好道德建设这个基础",加强党员干部道德建设,保持党的先进性和纯洁性,不断增强党团结人民、凝聚人心的力量。

4. 以理论武装为根本

正如习近平所说:"我们党自成立起就高度重视在思想上建党,其中十分重要的一条就是坚持用马克思主义哲学教育和武装全党。"因此,加强党的思想建设,就必须用马克思主义科学理论武装全党,提高广大党员的思想认识水平。要始终坚定马克思主义的理论自信并不断提升马克思主义的理论自觉。

(二)中国共产党思想建设的实践探索

1. 党的群众路线教育实践活动

随着我国进入全面建成小康社会的重要阶段,改革也已经进入攻坚克难阶段。作为中国特色社会主义事业坚强领导核心的中国共产党,必须保持高度的执政自觉,不断提高执政的公信力。

2. "三严三实"专题教育

2014年3月9日,习近平在参加第十二届全国人大二次会议安徽代表团审议时提到,"既严以修身、严以用权、严以律己,又谋事要实、创业要实、做人要实"。它涉及党员干部修身做人、为政用权以及干事创业的方方面面,充分体现了新时期对党员领导干部基本的政治品质和做人标准的要求,为增强党员党性、推进党的思想建设作了重要的探索。

3. "两学一做"学习教育

思想建设不可能毕其功于一役,需要时间、耐心和行动。自党的十八大以来,各级党组织开展了一系列党的群众路线教育和"三严三实"专题教育活动,在解决突出"四风"问题、增强党员干部理想信念方面取得了显著成效。但就全党而言,一些党员仍存在党员意识淡化、理想信念不坚定等问题,一些基层组织涣散软弱,凝聚力、战斗力不强。为了更好地推进全面从严治党,深化党内教育、加强思想政治建设,中共中央在全党范围内开展了"学党章党规、学系列讲话,做合格党员"专题学习活动。

(三)中国共产党思想建设的重要意义

1. 理论意义

首先,党的思想建设丰富了党的理论内涵。中国共产党不断通过理想信念教育、党性修养教育及马克思主义理论教育,多管齐下,不断丰富和发展党的思想政治建设。其次,党的思想建设筑牢了全面从严治党的思想根基。思想是行动的指南,不断加强党的思想建设为管党治党拉起了全面从严的思想防线,为全面从严治党拧紧了"总开关"。因此,思想建设为全面从严治党锻造了高素质、强能力的党员队伍;重视党的思想建设,对全面从严治党,推进党的建设新的伟大工程具有重要意义。

2. 现实意义

首先,党的思想建设有助于解决党内突出思想病变问题。加强党的思想建设有助于解决思想统一问题。其次,党的思想建设有利于推进学习型、服务型、创新型的马克思主义执政党建设。新形势下,党员干部只有努力学习各种科学文化知识,主动对知识进行更新,才能适应时代发展的需要。最后,为实现中国梦凝心聚力,有利于坚定中国特色社会主义自信。为实现中国梦统一思想,意识形态领域的斗争从未有过停止,因此要推进党的思想建设,不断增强对改革开放的信心,对党和国家事业的信心,为实现中华民族伟大复兴统一思想;有利于增强中国伟大事业的感召力,为中国梦的实现凝聚力量。

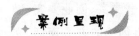

走好新的长征路

在中国工农红军长征胜利80周年之际,中共中央总书记、国家主席、中央军委主席习近平23日前往中国人民革命军事博物馆,参观"英雄史诗 不朽丰碑——纪念中国工农红军长征胜利80周年"主题展览。

习近平等领导同志来到中国人民革命军事博物馆,走进展厅参观展览。展览以时间为顺序,以重要战役战斗、重大历史事件和重要人物为主体,精心遴选了"七根火柴""金色鱼钩""半截皮带"等经典长征故事,精心设计了"遵义会议""飞夺泸定桥""过雪山草地"等大型主题景观,通过275张照片、252件文物和大量视频、图表、油画、雕塑等,展现了中国共产党领导红军高举抗日救亡旗帜、粉碎上百万国民党军队围追堵截、战胜无数艰难险阻、胜利完成举世闻名的万里长征的光辉历史和英雄壮举,彰显了红军在长征中表现出来的坚定的共产主义理想、革命必胜的信念、艰苦奋斗的精神和一往无前、不怕牺牲的英雄气概,揭示了"不忘初心,走好新的长征路"的时代内涵。

"现在,时代变了,条件变了,我们共产党人为之奋斗的理想和事业没有变。"习近平总书记在参观"英雄史诗 不朽丰碑——纪念中国工农红军长征胜利80周年"主题展览时强调,红军长征胜利,充分展现了革命理想的伟大精神力量。今天的我们,一定要弘扬伟大长征精神,不忘初心,走好新的长征路。

(来源:宣讲家网,2016年9月30日)

点评:随着全球化趋势的不断加强、对外开放的不断深入,人们的思想境界日益提升,但与此同时,部分党员的世界观、人生观、价值观出现扭曲,对共产主义的理想信念产生困惑。这些现象既明确揭示了当前党在思想建设上所存在的问题和所面临的困境,又充分体现了在新的时代背景下加强党的思想建设任务的紧迫性和重要性。弘扬长征精神能有效激励我们确立共产主义远大理想和中国特色社会主义共同理想,为崇高理想信念而矢志奋斗,将服务人民、无私奉献作为自己的价值导向,努力实现人格的升华。

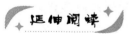

从"政治建党"到"思想建党"
——谈古田会议决议与党的建设

多年来,我们常说古田会议决议是中国共产党的建党建军纲领。这里主要讲讲古田会议决议与党的建设问题。我经常会遇到这样的提问:中国共产党在1921年建立以后到1928年党的六大制定了两个党章,其间每次党代会还作了修订,难道就没有提出建党纲领来？古田会议决议为什么能够成为解决党的建设的纲领？提出这样的问题可以理解，因为过去的文献、文章多是断语、结论，具体阐释的少。

从党的历史文献看，古田会议以前，如何进行党的建设问题，确实没有解决。我们说古田会议决议是党的建设的纲领，主要是因为它第一次提出了解决党的思想建设问题的应对举措。这对于中国共产党是至关重要的。这个问题不提出来解决，中国共产党就很难安身立命。此外，还对党的组织建设和作风建设提出了许多解决方法，非常具体实用。后者又是由前者派生的。因此，准确地说，古田会议决议是中国共产党的思想建党的纲领，因为政治建党问题在上述那些纲领中已经提出，后续工作是逐渐完善、提升和充实。古田会议决议之所以能作出思想建党这样创造性的贡献，是因为它从中国的国情和中国共产党的党情出发，使马克思主义理论接了地气。

20世纪20年代初，在中国共产党建党时，产业工人只占全国人口的百分之几，个体农业经济占绝对优势，农民和其他小资产阶级群众占人口绝大多数。党自诞生时起，就处在小资产阶级的汪洋大海之中。在大革命时期，党有很大的发展，产业工人出身的仍居少数。大革命失败后，党的主要力量长期生活和战斗在农村，出身于农民和其他小资产阶级的党员越来越在党内占绝大多数。面对这样的国情、党情，怎样使中国共产党真正成为具有马克思主义品质的无产阶级政党，是那时党的建设迫切需要解决的问题。不是别人，正是毛泽东破解了这个难题。

在古田会议决议中，毛泽东依据农村和红军中党组织的具体情况，创造性地运用马列主义党建理论和中央"九月来信"指示精神，提出了关于如何加强党的思想建设、组织建设和作风建设的一系列重大问题。

我们完全可以理直气壮地说，毛泽东首先在古田会议决议中提出的关于着重思想上建设党的建党路线，是马列主义建党学说在中国的创造性发展。

(来源：《北京日报》，2014年12月29日)

三、组织建设

建设一个什么样的党,怎样建设党,一直是马克思主义政党致力于解决的重大课题。特别是在我们党长期执政、我国改革处于攻坚阶段和社会主义市场经济深入发展的条件下,党的建设遇到了许多新情况新问题,对加强党的建设提出了新要求、带来了新挑战,迫切需要进一步回答"建设什么样的党,怎样建设党"这一重大课题,迫切需要对执政党建设进行探索和创新。

(一)党的基层组织是党的最基础的组织

企业、农村、机关、学校、科研院所、街道社区、社会团体、社会中介组织、人民解放军连队和其他基层单位,凡是有三名以上正式党员的,都应当成立党的基层组织。党的基层组织,根据工作需要和党员人数,经上级党组织批准,分别设立党的基层委员会、总支部委员会、支部委员会。党的基层组织是党在社会基层组织中的战斗堡垒,是党的全部工作和战斗力的基础。它的基本任务包括:宣传和执行党的路线、方针、政策,宣传和执行党中央、上级组织和本组织的决议,充分发挥党员的先锋模范作用,团结、组织党内外的干部和群众,努力完成本单位所担负的任务;组织党员认真学习马克思列宁主义、毛泽东思想、邓小平理论和"三个代表"重要思想,学习党的路线、方针、政策及决议,学习党的基本知识,学习科学、文化和业务知识;对党员进行教育、管理和监督,提高党员素质,增强党性,严格党的组织生活,开展批评和自我批评,维护和执行党的纪律,监督党员切实履行义务,保障党员的权利不受侵犯;密切联系群众,经常了解群众对党员、党的工作的批评和意见,维护群众的正当权利和利益,做好群众的思想政治工作;等等。

(二)党的基层组织是党的全部工作和战斗力的基础

首先,只有充分发挥基层党组织的领导核心作用和广大党员的先锋模范作用,才能更有效地维护各族人民群众的根本利益,做好群众的思想政治工作,把影响稳定的问题解决在基层和萌芽状态。

其次,随着改革的不断深入,基层组织承担的地区性、群众性、公益性、社会性工作越来越多,给党的自身建设带来了许多新课题和新问题。这就要求我们以改革创新的精神,加强和改进党的基层组织建设,严格对党员的教育管理,充分发挥基层党组织的领导核心作用和贴近群众、了解社情民意的优势,密切党同群众的血肉联系,把广大群众团结在党组织的周围。

最后,加强基层党建设是巩固党的执政基础、确保社会健康发展的需要。日益深刻的社会变革使得人在经济、文化、生活等各个领域中需求的多样化越来越明显。这种发展形势必然给基层党务工作带来许多新问题,因此一定要认清和把握当前基层党建工作面临的新形势新任务,及时深入基层开展党的思想政治工作,以凝聚广大群众,保障社会有序健康的发展。

(三)加强和改进新形势下基层党组织建设

第一,进一步健全党的基层组织体系。推进党的基层组织形成严密科学的组织架构,扩大党的组织和党的工作在全社会的覆盖面。

第二,加快基层党组织带头人和干部队伍建设。坚持把旗帜鲜明地反对民族分裂、维护祖国统一、维护民族团结作为考核、任用基层党组织负责人的首要标准。

第三,突出发挥城市社区和农村基层党组织的作用。充分发挥街道社区党组织在建设文明和谐社区中的领导核心作用,充分发挥乡村党组织在建设社会主义新农村中的领导核心作用。

第四,强化党员的政治素质。加大在农民、非公有制经济组织和新社会组织员工、高知识群体中发展党员的力度,注重在基层特别是反分裂斗争一线发展党员。

第五,构建城乡统筹的区域化党建工作新格局。发挥城市基层党建带动优势,优化城乡党建资源配置,大力选派机关事业单位优秀人才到农村、城市社区工作,选聘大学毕业生到农村和社区任职。

第六,全面落实党建工作责任制。把团结带领各族群众推动科学发展、促进社会和谐、增进民族团结、维护社会稳定作为基层党组织的重大政治责任。

面对新的机遇和新的挑战,作为中国共产党密切联系各族群众的前沿阵地,党的基层组织只有认认真真地了解各族人民群众最迫切最关心的各种问题,全心全意为促进各族人民的幸福服务,才能真正实现战斗堡垒作用,才能真正符合和代表最广大人民群众的根本利益。

第一书记来了,贫困村的工作好做了

"开饭喽!"室外气温已近-15℃,湟源县巴燕乡下胡丹村村委会旁的一间向阳小房里,土暖气把老人们的笑脸烤得红红的,热腾腾的六菜一汤、馒头米饭摆上桌,村第一书记刘文慧忙不迭给老人们敬上传统熬茶。

这是下胡丹村在全省率先建成的"党员敬老食堂"。在这个重点贫困村,年逾七旬、空巢独居、常年患病的贫困村民就有17位。"以前一日三餐都没保障",谈起办食堂的初衷,刘文慧快人快语,"人心换人心,组织帮一些、党员捐一些、儿女掏一点,一个敬老食堂让全村各族群众竖起大拇指,从此推进工作再没二话"。

青海省找准抓党建促脱贫的发力点,面向全省1206个重点贫困村、党组织软弱涣散村、维稳重点村全覆盖派驻第一书记和驻村工作队。刘文慧放弃县委机关的安稳日子,主动申请到基层干起"泥腿子"。

初到下胡丹,村集体账上不但没钱,还有欠债,发展没思路、大伙没心劲。去年10月底,刘文慧带领村两委找出路、想办法,争取到湟源县委组织部、县财政局、农林牧和扶贫开发局等部门支持,成立以村两委班子为主要成员、村致富能人党员入股的股份公司,发展农牧产业。

"最近刚采购了撒料车和粉碎机,企业顺利开张,头一年预计盈利20万元,四成将用于村上公益事业支出,村里人如今心气儿别提多高了!"刘文慧说。

"从政策、资金、人才等方面制定扶持措施,发展壮大集体经济",已写入青海省委办公厅2017年8月印发的《加强基层党建工作的若干意见》。学习贯彻党的十九大精神,青海各地因地制宜推进村集体经济"破零"工程,把村党组织建设成为带领群众脱贫致富的坚强战斗堡垒。

(来源:《人民日报》,2018年1月4日)

点评：在经济全球化、信息网络化的时代背景下，农村基层党组织建设不仅仅是中国共产党政党建设的重要任务，还是中华人民共和国国家政权建设的重要内容，更是中华民族安定团结的重要保证。

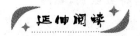

加强党的组织建设应遵循的原则

党的组织建设是党的建设中最为核心、最具影响力的重要组成部分。要有效提升党的组织建设科学化水平，应从以下几个方面着手。

服务大局，固本强基

服务大局是党的组织建设科学化水平提升的目标导向。"大局"是指整个中国特色社会主义事业，"大局"关系人民群众根本利益、党和国家前途命运。固本强基是提升党的组织建设科学化水平的现实基础，要进一步健全党的基层组织体系，增强基层党员干部队伍活力，构建城乡统筹的基层党建新格局。

公正平等，以人为本

公正平等是提升党的组织建设科学化水平的价值取向，是我们党坚持立党为公、执政为民的必然要求。提升党的组织建设科学化水平，重在遵循公正平等的原则。以人为本是提升党的组织建设科学化水平的核心理念，即以人为根本、为中心、为主体，肯定人具有至高无上的存在价值和意义、人的目的性高于工具性，反映的是人的自由全面发展的终极价值追求。

与时俱进，开放包容

与时俱进是提升党的组织建设科学化水平的品格特征，是马克思主义的理论品质。开放包容是提升党的组织建设科学化水平的理性选择。党的组织建设必须有马克思主义的宽阔视野、全球化的眼光、信息化的思维，才能准确判断和把握世界发展大势，与世界接轨，与时代同行。

民主集中,资源整合

民主集中是提升党的组织建设科学化水平的制度保障。民主作为一种政治体制,能保证大多数人的利益诉求得到公正对待。资源整合是提升党的组织建设科学化水平的行动策略。不断优化领导班子素质和干部资源配置,不断提升资源的综合效益,形成整体合力。

提升党的组织建设科学化水平是一项系统工程和长期任务,必须以科学理论为思想基础,以科学制度为根本保障,以科学方法为重要手段,从而形成与党的建设"五位一体"总体布局要求相适应的、科学化水平较高的党的组织建设新局面。

(来源:《光明日报》,2011 年 4 月 10 日)

四、作风建设

回顾中国共产党自成立以来的风雨历程,其之所以能立于不败之地,就是因为始终坚持包括作风建设在内的党的建设不放松,这使中国共产党在领导人民革命、社会建设和改革开放的具体实践中,形成了对党的基本问题、规律和经验的认识、摸索和总结。

(一)党的作风建设相关概念

1. 党的作风

党的作风即党风,"党风"有狭义和广义之分。从广义上来说,党的作风指的是某一特定集团的作风。从狭义上来说,党风则是指中国共产党的作风。在中共七大的会议上,毛泽东对党风的内容进行了高度概括。党的作风是党员和党组织的内在精神、整体素质、政治要求和纪律规范的外在反映,人民群众正是根据党的作风对党作出客观的评价。

2. 党的作风建设

党的作风建设是指党在作风建设思想的指导下,对党内的不良作风进行纠正,并且培育新的优良作风的过程。中国共产党的作风建设就是在马克思主义理论的指导下,汲取党风建设的经验教训,树立与党的性质和宗旨相适应的优良作风的过程。中国共产党始终高度重视作风建设,在革命、建设和改革的各个时期,把作风建设摆在突出的位置。

(二)党的作风建设关系党的生死存亡

党的作风是党的内在精神、整体素质、政治倾向和纪律规范的综合体现和反映。党的作风的状态可以清楚地显示党的路线、纲领和方针、政策执行的情况,人民群众也往往据此对党作出评价和鉴定。党的作风直接关系党的生死存亡。党的作风不正,就会失去人民的信任和支持,导致人亡政息。我们党在几十年的奋斗历程中,充分认识到作风建设的重要性,总是自觉地将作风建设放在党的建设的重要位置。

中华人民共和国成立前夕,毛泽东根据我们党的地位即将发生重大变化的情况和党的作风建设面临的巨大考验,要求全党务必继续保持谦虚谨慎、不骄不躁的作风和艰苦奋斗的作风,及时为全党敲响警钟,并在建国初期发动了以反贪污、反浪费、反官僚主义为主要内容的群众运动。由于党中央的重视,建国初期,我们党很好地保持了战争年代形成的优良传统和作风,获得了广大人民群众的衷心拥护和支持。

在新的历史条件下,由于国内外多种因素的影响,我们党的作风建设遇到了新的巨大挑战,出现了一些新情况、新问题,教条主义、形式主义、官僚主义在许多地方愈演愈烈,弄虚作假、以权谋私、贪污腐化等现象屡禁不止。党的作风建设方面存在的这些问题,如果得不到及时纠正,就必然会严重影响党群关系,败坏党的声誉,损害党的形象,动摇党的执政地位。为此,我们必须高度重视党的作风建设,进一步恢复和发扬党的实事求是、理论联系实际、密切联系群众、批评与自我批评、谦虚谨慎、不骄不躁、艰苦奋斗、民主集中制等优良传统和作风,使党真正成为一支在政治上、组织上、思想上和作风上都过硬的先锋队,成为团结带领全国人民从事社会主义现代化建设的坚强的领导核心。

(三)如何加强党的作风建设

1. 新时期党的作风建设必须以密切党群关系为核心

新时期加强和改进党的作风建设,核心工作仍然是保持党同人民群众的血肉联系。只有始终如一地做到这一点,才能真正保持党的工人阶级先锋队的性质,坚持并巩固党的阶级基础和群众基础。

2. 新时期党的作风建设要持之以恒

党的作风建设必须贯穿于政党存在的整个过程中。一定时期内党的优良作风的普遍发扬、社会风气的普遍好转,并不能保证另一个时期党的作风和社会风气不出问题,一旦党存在和发展的环境发生变化,社会上的不良风气影响到党内,党的优良作风建设就可能会出现反复。这决定了党的作风建设是持久战,而不是速决战。

3. 新时期党的作风建设必须靠领导干部带头

在长期的革命和建设实践中,我们党总结出了一条重要的经验:端正党风是端正社会风气的关键,而端正"官风"又是端正党风的关键。能否改进和端正党风,关键在于广大干部能否起到模范带头作用。领导干部如果能以身作则,率先垂范,就必然会影响和带动广大党员和群众,促进社会风气的转变。

4. 新时期党的作风建设要紧随时代发展

党的作风的形成和发展受到多种因素的影响和制约。随着社会条件的变化,党所处的内外环境、政治路线、中心任务以及党的思想理论都会发生显著的变化,从而给党的作风的建设以重大影响,使其更具有时代的风貌、内容和水平。

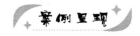

将作风建设贯穿每个党员的职业生涯

农历大年初一,全国上下洋溢着春节的气息。上午10点,民航局党组书记冯正霖赶往首都机场,探望春节期间也依然坚守在工作岗位上的民航工作人员,并给他们带去了春节的祝福和人民的感谢。

冯正霖首先来到首都机场运行控制指挥中心,了解相关工作和天气,得知当天的航班放行正常率达到96.22%、始发正常率达到94.95%以后,他露出了欣慰的笑容。他说:"今天是新年的第一天,大家春节期间还坚守岗位,很辛苦!给大家拜年了!航班正常是旅客非常关心的问题,也是民航提升服务水平的一个重要标志。在民航全体干部职工的共同努力下,2018年1月全国航班正常率达到82.05%,同比提高了8.97%,2月15日航班正常率达到94.76%。成绩来之不易。希望大家再接再厉,继续做好航班正常工作,保障旅客安全顺利出行。"

除了关心航班正常运行,冯正霖还不忘慰问春节期间也坚持工作的机组人员并与大家亲切握手交谈。"飞了多少小时了？""做乘务员做了多久了？"每一句问候都如冬日暖阳，透着真情与关爱。"新年好！你们辛苦了！别人休息的时候，正是你们最忙碌的时候，感谢你们牺牲个人休息时间换来更多百姓的团圆。2017年，民航在安全保障、服务品质等方面均取得了较好的成绩，截至2月15日，2018年春运民航执行了22多万次航班，运送了2300多万名旅客，这里的每一点成绩都有你们的功劳。祝你们新春快乐！希望大家新的一年飞得更加平安顺利，希望你们继续坚持真情服务底线，把真情传递给旅客，给每位旅客送去温暖。"

冯正霖还慰问了海关、边防、检验检疫、安检和武警等驻场单位的值班人员，向他们致以新春祝福。"大家过年好！你们辛苦了！"简单的话语透着亲切与关心，让一线职工心里倍感温暖。大家纷纷表示，在春运期间一定会尽职尽责地做好本职工作，让旅客平安、顺畅、舒心出行；在新的一年，将坚守"三条底线"，强化"三基"工作，努力保障运行安全、提升运行效率，为实现民航高质量发展和为旅客提供更好的真情服务贡献更大的力量。

（来源：中国民用航空局网，2018年2月17日）

点评：党的作风建设是指我们要端正党的思想作风、生活作风和工作作风，党员领导干部要始终保持与人民群众的血肉联系。党员干部的作风建设是党的旗帜和方向标，是党的执政之基和力量之源，是党员干部综合素质的具体体现，关系到党员干部的形象、人心所向以及党和国家的安全。因此，加强党的作风建设是我们党各项工作的重中之重。

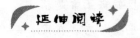

作风建设效果最终由群众说了算

作风建设的核心是密切党同人民群众的血肉联系。要深入贯彻习近平新时代中国特色社会主义思想，认真落实党的十九大和十九届中央纪委二次全会关于作风建设的部署，坚持以人民为中心，凡是群众反映强烈的问题都要严肃认真对待，凡是损害群众利益的行为都要坚决纠正。纠正"四风"、改进作风一定要走群众路线,认真听取群众意见,诚恳接受群众监督,效果最终由群众说了算。

作风建设是全面从严治党的内在要求和重要内容,必须以永远在路上的坚韧和执着长期抓下去。党的十八大以来,以习近平同志为核心的党中央以制定实施中央八项规定为抓手,从作风建设开局起步,持之以恒,推动党风政风不断改善、社会正气不断上扬,实现了"小切口、大成效"。但要清醒看到,"四风"问题具有顽固性、反复性,反弹回潮隐患犹存,任务依然艰巨繁重。这些问题的存在,决定了作风建设只能是"永远"而不是"暂时",要"持之以恒"而不要"鸣金收兵",必须一直抓、长期抓、抓到位。

抓作风建设,要着力反对特权思想特权现象,促进党员干部不忘初心、克己奉公、保持本色。"四风"问题之所以反复出现,究其根本是一些领导干部世界观、人生观、价值观这个"总开关"出了问题,特权思想、"官本位"思想作祟。特权是最大的不公。习近平总书记指出,"特权是一种危害极大的腐蚀剂,不仅割裂党同人民群众的血肉联系,而且直接侵蚀党和国家的制度根基,是毁堤蚀坝的蝼蚁之穴"。党的十九大强调,要"坚决反对特权思想和特权现象",对特权思想特权现象必须始终保持警惕,采取有力措施加以克服。

抓作风建设是持久战,各级党委要以高度自觉认真履行主体责任,各级领导干部要以身作则形成"头雁效应",层层传导压力,推动党的作风持续向好。纪检监察机关作为党内监督和国家监察专责机关,要加强监督检查,真正管出习惯、抓出成效、化风成俗。

作风建设没有休止符,必须严到底、不能让。要坚持纠"四风"、转作风不止步,从实际出发,有什么问题就解决什么问题,什么问题突出就重点解决什么问题,精准施策、靶向治疗,稳扎稳打、久久为功,持续巩固拓展落实中共中央八项规定精神成果,不断以作风建设新成效取信于民。

(来源:《中国纪检监察报》,2018年3月31日)

五、纪律建设

习近平在新形势下强调守纪律、讲规矩,体现了党要管党、从严治党的鲜明立场和责任担当,是对马克思主义执政党建设规律的深刻把握,也是对我们党优良传统、政治优势和宝贵经验的继承与发扬。正确理解严明党的纪律的重要意义,推进党的纪律建设规范化、制度化、常态化是一项重要任务。

(一)党的纪律建设主要内容

党的纪律内涵十分丰富,领域非常广泛,覆盖了各级党组织和广大党员活动的所有范畴,主要包括政治纪律、组织纪律、经济纪律、群众纪律、人事纪律、宣传纪律、保密纪律、外事纪律等。

党的政治纪律,是指根据党在不同时期的政治任务的要求,对各级党组织和党员的政治活动和政治行为的基本要求,是各级党组织和党员在政治生活中必须遵守的行为准则。党的组织纪律,就是党员和党组织必须遵守的、维护党在组织上团结统一的行为准则,是处理党组织之间以及党组织与党员之间关系的纪律。党的经济纪律,也称"财经纪律",是各级党组织和党员尤其是党的干部在经济工作中必须遵守的法规。党的群众纪律是我们党为保持党组织和全体党员与人民群众的密切联系而制定的行为规则。党的人事纪律,指党的干部选拔任用原则和程序的相关规定,是党的纪律的重要组成部分。党的宣传纪律,是指党对从事报刊、新闻、广播、电视、出版等宣传工作的党组织和党员规定的工作准则和对宣传工作的要求。党的保密纪律,指党组织和党员必须严格遵守的党和国家各项保密制度的规定,是指关系党和国家的安全和利益,依照法定程序确定的在一定时限内只限一定范围的人员知悉的事项。党的外事纪律,指共产党员在外事活动中必须遵守的行为准则,随着改革开放的发展,我国同外国进行的政治、经济、科技、文化、艺术等各种交往日益增多,内容更加广泛,严守外事纪律也更加重要。

(二)加强党的纪律建设是历史与现实的必然要求

1. 加强党的纪律建设是马克思主义政党的本质要求

"党是自愿的联盟,假如它不清洗那些宣传反党观点的党员,它就不可避免地会瓦解,首先在思想上瓦解,然后在物质上瓦解。确定党的观点和反党观点的界限的,是党纲,是党的策略决议和党章,最后是国际社会民主党,各国的无产阶级自愿联盟的全部经验。"①列宁认为,没有纪律,没有集中,俄国就不能战胜全世界的资本主义。党的纪律是马克思主义政党不断前进的重要保障。

2. 加强党的纪律建设是从严治党的必然要求

从严治党,不仅需要以共同的意识形态来凝聚党员向心力,更需要以纪律和规矩来对党员进行约束。一些党员思想不清醒,政治立场不坚定,跟着错误思潮跑,对党的形象及事业影响恶劣。以党规党纪严格约束党员言行是从严管党治党的重要抓手。

3. 加强党的纪律建设是推进全面依法治国、建设社会主义法治国家的必然要求

依法治国、依法执政,要求党依据宪法法律治国理政,也要求以党内法规管党治党。坚持党的领导,是社会主义法治的根本要求。对于掌舵民族伟大复兴航船的中国共产党来说,法治是执政兴国的支撑,而没有党规党纪,国法就很难得到保障。

(三)如何加强党的纪律建设

1. 重视意识教育,强化纪律观念纪律

意识是否牢固,是党员干部能否遵守党的纪律的先决条件。违反纪律的主要原因是放松了对主观世界的改造。加强党的纪律建设要在强化遵规守纪意识上下功夫,高度重视纪律教育,并把它作为一项重要任务,使纪律教育规范化、制度化、常态化,进而增强党员干部自觉遵守纪律的意识。

2. 加强制度建设,完善纪律法规

治国必先治党,治党务必从严,从严必有法度。我们要充分认识加强制度建设的重要性,切实增强抓好制度建设的责任感和紧迫感,进一步加大对制度建设的推进力度,使制度富有科学性、体现时代性、更具权威性,充分发挥党规党纪的作用,使之与法律法规相互作用、相得益彰。

3. 探索体制创新,惩治预防腐败

建立使权力规范化运行的体制机制。进一步明确各级党政主要领导职

---

① 列宁.列宁选集:第1卷[M].北京:人民出版社,1995.

责权限,合理划分、科学配置党政部门及其内设机构的权力和职能,确保科学、民主、依法决策。各部门协调联动,监督关口前移,强化公开机制,畅通群众监督渠道,使权力运行透明化。

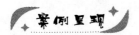

将有腐必惩的信念坚持到底

电视剧《永远在路上》自在中央电视台播出以来凭借震撼又真实的内容引发了追剧狂潮。该剧将党的十八大以来党中央全面推进从严治党的理念寓于具体案件的查处之中,让苏荣、白恩培、吕锡文等落马官员现身说法,警示教育党员领导干部严守政治纪律和政治规矩。

该剧第一集"人心向背"开门见山地传达了"高举反腐的利剑,扎牢制度的笼子,在中国共产党领导的社会主义国家里,腐败分子发现一个就要查处一个,有腐必惩,有贪必肃"的信念,展现了中国人千百年来铲恶锄奸的正义情怀,也涤荡了现实中因贪腐频发而蒙上阴霾的亿万民心。

回顾党的十八大以来,党中央对于腐败分子不论官阶,发现一个查处一个,周永康、徐才厚、郭伯雄、令计划位高权重,也不能例外。只要存在贪腐行为,就有腐必惩,有贪必肃。

有腐必惩,有贪必肃。无论是牵一发而动全身的窝案,还是露出冰山一角的个案,一经查出,严惩不贷。党的十八大以来,中纪委以雷霆万钧之势,一次次震撼出击,不断刷新人们对党中央反腐决心的认识高度。军队是反腐禁区、退休即进"保险箱"、"刑不上大夫"、巡视只是一阵风……一个个所谓官场"潜规则",被"踩着不变的步伐"的反腐行动一一打破。

在反腐败这场战斗中,我们唯有胜利,别无选择。从"老虎""苍蝇"一起打,到遏止"隐形腐败"、重点整治"微腐败",从"一个节点一个节点坚守",到既治标又治本、看住关键少数,这些反腐理念都最终指向那个庄严的承诺——"腐败分子发现一个就要查处一个,有腐必惩,有贪必肃"。

(来源:宣讲家网,2016年10月26日)

点评:在新形势下,加强党的纪律建设既是由党所肩负的重大历史使命所决定的,也是立足历史和现实的正确选择。严守政治纪律和政治规矩,党的纪律面前人人平等,是对马克思主义执政党建设规律的深刻把握,也是对我们党的优良传统、政治优势和宝贵经验的继承与发扬。

第四节　推进伟大事业

实现伟大梦想,必须推进伟大事业。全党要更加自觉地增强道路自信、理论自信、制度自信、文化自信,既不走封闭僵化的老路,也不走改旗易帜的邪路,保持政治定力,坚持实干兴邦,始终坚持和发展中国特色社会主义。

——习近平

一、中国特色社会主义道路

中国特色社会主义是党和人民经过艰苦奋斗而创造、积累下来的根本成就。中国特色社会主义理论体系作为其重要组成部分,是马克思主义中国化的最新成果,是坚持和发展中国特色社会主义的行动指南。在当代中国,坚持中国特色社会主义理论体系,就是坚持马克思主义、坚持科学社会主义。

中国特色社会主义道路是实现社会主义现代化、创造人民美好生活的必由之路。中国特色社会主义道路就是在中国共产党领导下,立足基本国情,以经济建设为中心,坚持四项基本原则,坚持改革开放,解放和发展社会生产力,建设社会主义市场经济、社会主义民主政治、社会主义先进文化、社会主义和谐社会、社会主义生态文明,促进人的全面发展,逐步实现全体人民共同富裕,建设富强民主文明和谐美丽的社会主义现代化国家。

(一)中国特色社会主义道路是符合我国国情的道路

中国特色社会主义道路的选择不是一蹴而就的,而是我们党在革命、建设、改革的长期实践中,将马克思列宁主义基本原理同中国的具体实践相结合,随着时代发展而产生的。中国特色社会主义道路经历了漫长而曲折的探索过程,最终选择了一条符合国情的道路。我们党对中国特色社会主义道路进行了相当艰辛的探索。

中华人民共和国成立、社会主义制度在我国建立后,以毛泽东为首的党和国家第一代领导人开始对我国的社会主义建设进行了探索。针对我国当时生产力发展水平落后、工业发展严重滞后、农业生产效率低下等社会现状,他们从国家的实际情况出发,提出了一系列发展措施,促使我国的经济社会发展取得了相当大的成就,为中国社会主义现代化打下了坚实的基础。总结这一时期社会发展的经验,毛泽东提出了许多思想和方针,比如:关于不要机械搬用外国的经验,而要从中国是一个农业大国这种情况出发,以农业为基础,正确处理重工业同农业、轻工业的关系,充分重视农业和轻工业,走出一条适合我国国情的中国工业化道路的思想;关于调动一切积极因素,化消极因素为积极因素,团结全国各族人民建设社会主义强大国家的战略思想;等等。这些正确的思想、方针和主张,是基于我国国情提出的,对后来的中国特色社会主义道路的探索具有重要的指导意义。

事物发展的道路是曲折的。中国特色社会主义道路的发展经历了挫折,其中就有对我国的基本国情缺乏深刻的认识,超越社会历史发展阶段的政策对国家经济社会的发展造成了极大的创伤,国民经济发展举步维艰。

十一届三中全会后,党在总结新中国成立以来历史经验和改革开放以来新的实践经验的基础上,对我国社会主义所处的历史阶段进行了新的探索,逐步作出了我国还处于并将长期处于社会主义初级阶段的科学论断,从而准确地把握了我国的基本国情。以邓小平为代表的共产党人总结历史经验,结合社会发展实践,依据对国情的判断,实现以经济发展为中心,坚持四项基本原则,坚持对外开放的战略,发展社会主义市场经济,等等。我们党形成了"一个中心、两个基本点"的基本路线,形成了社会主义现代化建设的总体布局,为中国特色社会的进一步发展开拓了新的局面。改革开放40多年来社会经济的蓬勃发展也证明,中国特色社会主义道路是符合广大人民根本利益的道路,我国的国情决定了我们要走中国特色社会主义道路,这是历史的必然选择。

（二）中国特色社会主义道路是实现中国梦的必由之路

实现中华民族伟大复兴是近代以来中华民族最伟大的梦想。在改革开放的历史新时期，坚持中国特色社会主义道路，关乎党的命脉，关乎国家前途、民族命运、人民幸福。改革开放40多年的伟大历史实践、中华人民共和国成立70年的持续探索、中华民族170多年近代发展历程的深刻总结和中华民族5000多年悠久文明的传承证明，实现国家富强、民族复兴、人民幸福，必须坚持中国特色社会主义道路。这是近代以来中国人民从长期奋斗的历史实践中总结出来的伟大经验，具有深厚的历史渊源和广泛的现实基础。

当今时代，世界朝多极化发展，多重思想交叉碰撞，外界充满着诱惑，实现中华民族伟大复兴的中国梦面临着众多挑战。坚定不移地实现中国梦离不开全体中国人民的共同奋斗，离不开中国特色社会主义道路的正确指引。历史唯物主义告诉我们，人类社会的发展史是一个从低级走向高级的历史过程，中国特色社会主义根植于中国大地，反映了中国人民紧跟时代发展潮流的迫切要求。科学地看待中国特色社会主义道路的选择，深刻把握中国特色社会主义的科学性和真理性，有利于我们对历史得出更为深刻、正确和理性的认识，把握社会发展的客观规律，理性看待我国改革发展中遇到的各种困难矛盾，始终在政治上保持头脑清醒、立场鲜明和信念坚定。党的十九大提出实现伟大梦想，需要更加坚定道路自信，既不走封闭僵化的老路，也不走改旗易帜的邪路，保持政治定力，坚持实干兴邦，这是实现中国梦的重要保证。

关于"中国梦"，习近平总书记是这样描绘的

2012年11月29日，习近平总书记在参观"复兴之路"展览讲话时首次提出"中国梦"。

民族复兴的梦

每个人都有理想和追求，都有自己的梦想。现在，大家都在讨论中国梦，我以为，实现中华民族伟大复兴，就是中华民族近代以来最伟大的梦想。这个梦想，凝聚了几代中国人的夙愿，体现了中华民族和中国人民的整体利益，是每一个中华儿女的共同期盼。

历史告诉我们，每个人的前途命运都与国家和民族的前途命运紧密相连。国家好,民族好,大家才会好。实现中华民族伟大复兴是一项光荣而艰巨的事业,需要一代又一代中国人共同为之努力。

——习近平2012年11月29日在参观"复兴之路"展览时的讲话

强军的梦

实现中华民族伟大复兴,是中华民族近代以来最伟大的梦想。可以说,这个梦想是强国梦,对军队来说,也是强军梦。我们要实现中华民族伟大复兴,必须坚持富国和强军相统一,努力建设巩固国防和强大军队。

——习近平2012年12月8日和10日在广州战区考察时的讲话

青年的梦

中国梦是国家的梦、民族的梦,也是包括广大青年在内的每个中国人的梦。"得其大者可以兼其小。"只有把人生理想融入国家和民族的事业中,才能最终成就一番事业。

——习近平2013年5月2日给北京大学学生的回信

生态文明的梦

走向生态文明新时代,建设美丽中国,是实现中华民族伟大复兴的中国梦的重要内容。

——习近平2013年7月20日向生态文明贵阳国际论坛2013年年会致贺信《携手共建生态良好的地球美好家园》

价值追求的梦

中国梦的宣传和阐释,要与当代中国价值观念紧密结合起来。中国梦意味着中国人民和中华民族的价值体认和价值追求,意味着全面建成小康社会、实现中华民族伟大复兴,意味着每一个人都能在为中国梦的奋斗中实现自己的梦想,意味着中华民族团结奋斗的最大公约数,意味着中华民族为人类和平与发展作出更大贡献的真诚意愿。

——习近平2013年12月30日主持中共中央政治局第十二次集体学习时的重要讲话

奉献世界的梦

中国梦是奉献世界的梦。"穷则独善其身,达则兼善天下。"这是中华民族始终崇尚的品德和胸怀。中国一心一意办好自己的事情,既是对自己负责,也是为世界作贡献。随着中国不断发展,中国已经并将继续尽己所能,为世界和平与发展作出自己的贡献。

——习近平 2014 年 3 月 27 日在中法建交 50 周年纪念大会上的讲话

和平的梦

中国梦是追求和平的梦。中国梦需要和平,只有和平才能实现梦想。天下太平、共享大同是中华民族绵延数千年的理想。

——习近平 2014 年 3 月 27 日在中法建交 50 周年纪念大会上的讲话

要争取世界各国对中国梦的理解和支持,中国梦是和平、发展、合作、共赢的梦,我们追求的是中国人民的福祉,也是各国人民共同的福祉。

——习近平 2014 年 11 月 28 日至 29 日在中央外事工作会议上的讲话

追求幸福的梦

中国梦是追求幸福的梦。中国梦是中华民族的梦,也是每个中国人的梦。我们的方向就是让每个人获得发展自我和奉献社会的机会,共同享有人生出彩的机会,共同享有梦想成真的机会,保证人民平等参与、平等发展权利,维护社会公平正义,使发展成果更多更公平惠及全体人民,朝着共同富裕方向稳步前进。

——习近平 2014 年 3 月 27 日在中法建交 50 周年纪念大会上的讲话

华侨华人的梦

中国梦是国家梦、民族梦,也是每个中华儿女的梦。广大海外侨胞有着赤忱的爱国情怀、雄厚的经济实力、丰富的智力资源、广泛的商业人脉,是实现中国梦的重要力量。

——习近平 2014 年 6 月 6 日会见第七届世界华侨华人社团联谊大会代表时的讲话

不懈奋斗的梦

中国人民正在为实现中华民族伟大复兴的中国梦而不懈奋斗。

中国梦就是要实现国家富强、民族振兴、人民幸福。我们的发展目标是，到2020年国内生产总值和城乡居民人均收入比2010年翻一番、全面建成小康社会，到本世纪中叶建成富强民主文明和谐的社会主义现代化国家。为了实现中国梦，我们将全面深化改革开放、全面推进依法治国，不断推进现代化建设，不断提高人民生活水平。

——习近平2014年11月17日在澳大利亚联邦议会上的演讲

港澳台共同的梦

"一国两制"是国家的一项基本国策。牢牢坚持这项基本国策，是实现香港、澳门长期繁荣稳定的必然要求，也是实现中华民族伟大复兴中国梦的重要组成部分。

——习近平2014年12月20日在庆祝澳门回归祖国15周年大会暨澳门特别行政区第四届政府就职典礼上的讲话

中国梦与台湾的前途是息息相关的。中国梦是两岸共同的梦，需要大家一起来圆梦。

——习近平2014年2月18日会见中国国民党荣誉主席连战及随访台湾各界人士时的重要讲话

每个中国人民的梦

中国梦是中华民族的梦，也是每个中国人的梦。中国梦不是镜中花、水中月，不是空洞的口号，其最深沉的根基在中国人民心中。每个国家、每个民族都有自己的梦想。有梦想才有希望。

——习近平2015年9月22日接受《华尔街日报》采访时强调

中华民族的梦

中华民族一家亲，同心共筑中国梦，这是全体中华儿女的共同心愿，也是全国各族人民的共同目标。实现这个心愿和目标，离不开全国各族人民大团结的力量。我国56个民族都是中华民族大家庭的平等一员，共同构成了你中有我、我中有你、谁也离不开谁的中华民族命运共同体。实现中华民族伟大复兴的中国梦是各民族大家的梦，也是我们各民族自己的梦。

——习近平2015年9月30日会见基层民族团结优秀代表时强调

全面小康的梦

全面小康是全体中国人民的小康,不能出现有人掉队。未来5年,我们将使中国现有标准下7000多万贫困人口全部脱贫。这是中国落实2015年后发展议程的重要一步。

——习近平2015年10月16日在2015年减贫与发展高层论坛上的主旨演讲

世界的梦

中国梦是中国人民追求幸福的梦,也同各国人民的美好梦想息息相通。中国发展必将寓于世界发展潮流之中,也将为世界各国共同发展注入更多活力、带来更多机遇。

——习近平2015年10月22日在伦敦金融城的演讲

国泰民安的梦

国泰民安是人民群众最基本、最普遍的愿望。实现中华民族伟大复兴的中国梦,保证人民安居乐业,国家安全是头等大事。

——习近平2016年4月14日在首个全民国家安全教育日之际作出重要指示强调

"一带一路"沿线各国人民的梦

在新的历史条件下,我们提出"一带一路"倡议,就是要继承和发扬丝绸之路精神,把我国发展同沿线国家发展结合起来,把中国梦同沿线各国人民的梦想结合起来,赋予古代丝绸之路以全新的时代内涵。

——习近平2016年4月29日主持中共中央政治局第三十一次集体学习时强调

全民健康的梦

没有全民健康,就没有全面小康。要把人民健康放在优先发展的战略地位,以普及健康生活、优化健康服务、完善健康保障、建设健康环境、发展健康产业为重点,加快推进健康中国建设,努力全方位、全周期保障人民健康,为实现"两个一百年"奋斗目标、实现中华民族伟大复兴的中国梦打下坚实健康基础。

——习近平2016年8月19日至20日在全国卫生与健康大会上强调

点评:中国梦是习近平总书记提出的重要指导思想,涉及社会的各行各业,与我们每一个人都息息相关。中国梦关乎着中国未来的发展方向,凝聚了中国人民对中华民族伟大复兴的憧憬和期待。中国梦是整个中华民族不断追求的梦想,是亿万人民世代相传的夙愿。每个中国人都是中国梦的参与者、创造者。习近平总书记指出,"实现中华民族伟大复兴,就是中华民族近代以来最伟大梦想",并且表示这个梦"一定能实现"。中国梦的核心目标也可以概括为"两个一百年"的目标,也就是到2021年中国共产党成立100周年和2049年中华人民共和国成立100周年时,实现中华民族的伟大复兴,具体表现是国家富强、民族振兴、人民幸福,实现途径是走中国特色的社会主义道路、坚持中国特色社会主义理论体系、弘扬民族精神、凝聚中国力量,实施手段是推进政治建设、经济建设、文化建设、社会建设、生态文明建设"五位一体"总体布局。

二、中国特色社会主义理论

中国特色社会主义理论体系是指导党和人民实现中华民族伟大复兴的正确理论,是对马克思列宁主义、毛泽东思想的继承和发展,是被实践证明了的关于在中国建设、巩固和发展社会主义的正确理论原则和经验总结,是中国共产党集体智慧的结晶。中国特色社会主义理论体系是在和平与发展为时代主题的历史条件下,在我国改革开放和社会主义现代化建设的伟大实践中,在总结我国社会主义建设正反两方面历史经验和改革开放以来新鲜经验,并汲取其他社会主义国家兴衰成败经验教训的基础上,逐步形成和发展起来的。

(一)中国特色社会主义理论体系的主要内容

中国特色社会主义理论体系是一个系统而科学的理论体系,主要包括中国特色社会主义思想路线、建设中国特色社会主义总依据理论、社会主义本质和建设中国特色社会主义总任务理论、社会主义改革开放理论、建设中国特色社会主义总布局理论、实现祖国完全统一的理论、中国特色社会主义外交和国际战略理论、中国特色社会主义建设的根本目的和依靠力量理论、国防和军队现代化建设理论、中国特色社会主义建设的领导核心理论,涉及思想路线、发展道路、发展阶段、发展战略、根本任务、发展动力、依靠力量、国际战略、领导力量和根本目的等问题。这些问题紧扣"什么是社会主义、怎样建设社会主义,建设什么样的党、怎样建设党,实现什么样的发展、怎样发展"这三大基本问题,构成了中国特色社会主义理论体系的主要内容。党的十九大把习近平新时代中国特色社会主义思想写入党章,这一思想既是中国特色社会主义理论体系的重要组成部分,也是中国特色社会主义理论体系的重大发展,为夺取新时代中国特色社会主义伟大胜利、实现"两个一百年"奋斗目标和中华民族伟大复兴的中国梦提供了科学理论指导。

(二)中国特色社会主义理论体系为中国特色社会主义进入新时代指明目标

习近平同志在党的十九大报告中指出:"中国特色社会主义进入了新时代。"这是对我国发展新的历史方位的科学判断,准确反映了中国特色社会主义在长期建设中取得的历史性成就、党和国家事业发生的历史性变革,准确反映了党的十八大以来取得的全方位、开创性成就和深层次、根本性变革。中国特色社会主义进入新时代,使中国的发展站到了一个更高层级的历史方位上。从这个历史方位往前看,新时代的内涵,在国家层面是决胜全面建成小康社会,进而全面建设社会主义现代化国家;在人民层面是不断创造美好生活,逐步实现全体人民共同富裕;在中华民族层面是奋力实现中华民族伟大复兴;在中国和世界的关系层面是中国日益走近世界舞台中央、不断为人类作出更大贡献。显然,这些内涵是紧扣中国梦包含的国家富强、民族振兴、人民幸福这三个具体目标来说的。也就是说,新时代是通过努力奋斗更真切地贴近实现中国梦的时代。中国特色社会主义理论体系,既是对我国改革开放40多年成就和经验的总结,也是我们党继往开来、与时俱进,从新的历史起点和时代条件出发谋划发展,不断开创中国特色社会主义新局面的重要指导方针。

(三)中国特色社会主义理论体系是对马克思主义的继承和发展

中国特色社会主义理论体系是马克思主义中国化的最新理论成果,是马克思主义基本原理同中国具体实际相结合的第二次历史性飞跃的理论成果。

中国特色社会主义理论体系站在辩证唯物主义和历史唯物主义的观点和立场上,继承马克思基本原理的传统,并对中国在社会主义道路上的实践和经验进行了概括。中国特色社会主义理论体系坚持了马克思主义关于无产阶级政党必须根植于人民的政治立场,贯彻了马克思主义的群众观点,对人民群众在实践中创造的新鲜经验进行了理论上的总结和升华,体现了与时俱进的理论品质,表现了马克思主义理论的巨大创新。在当代中国,坚持马克思主义,就必须坚持中国特色社会主义理论体系;坚持中国特色社会主义理论体系,就是坚持马克思主义。

三、中国特色社会主义制度

中国特色社会主义制度是当代中国发展进步的根本保障。中国特色社会主义制度符合我国国情,顺应时代潮流,有利于保持党和国家活力、调动广大人民群众和社会各方面的积极性、主动性、创造性,有利于解放和发展社会生产力,推动经济社会全面发展,有利于维护和促进社会公平正义、实现全体人民共同富裕,有利于集中力量办大事、有效应对前进道路上的各种风险挑战,有利于维护民族团结、社会稳定、国家统一,体现了中国特色社会主义的特点和优越性。

(一)中国特色社会主义制度的内容

中国特色社会主义制度是我国在政治、经济、文化、社会等各个领域形成的一整套互相联系、互相衔接的制度体系。中国特色社会主义制度的主要内容:人民代表大会制度是我国根本政治制度;中国共产党领导的多党合作和政治协商制度、民族区域自治制度和基层群众自治制度是我国基本政治制度;以公有制为主体、多种所有经济共同发展是我国的基本经济制度;以按劳分配为主体、多种分配方式并存是我国的分配制度;还有建立在根本政治制度、基本政治制度、基本经济制度基础上的经济体制、政治体制、文化体制、社会体制等各项具体制度。

(二)中国特色社会主义制度的特点

中国特色社会主义制度是马克思主义基本原理和中国具体实践相结合的产物,体现了对马克思主义基本原理的传承和创新,既一脉相承又与时俱进。随着生产力水平的不断提高,生产分配更加注重公平和效率,发展更加关注平衡和协调,发展成果更多惠及广大人民群众;社会全面进步,国家日益强盛,社会主义制度得到巩固和发展。

中国共产党作为领导核心,带领全国人民投入社会主义的建设中。中国共产党的领导集体深入实践,集中广大人民的智慧,结合优势资源,运筹帷幄,科学指导,最为广泛地调动、组织和协调各种资源,集中力量办大事,全力以赴地建设社会主义现代化国家。

我们要加强民主与法制建设,维护国家团结与稳定,发扬人民群众参与社会主义现代化建设的积极性和创造力。作为一个人民当家作主的社会主义国家,要坚持党的领导、人民当家作主和依法治国的有机统一。人民代表大会制度、中国共产党领导的多党合作与政治协商制度、民族区域自治制度、基层群众自治制度,有效地集中了民智、发挥了民意,引导舆论和社会力量,依法监督,妥善处理各类矛盾,创造和谐发展氛围,营造稳定的国内环境,确保国家发展进程不致中断和被破坏。

我们要坚持解放思想、实事求是、与时俱进,不断激发社会活力和人民的进取精神。我们党始终关注国内发展与国际形势,不断开拓进取、完善发展。对于社会进步和制度完善过程中出现的种种问题,特别是体制缺陷和机制弊端,对于外来的正面和负面的影响,能够结合国情,运用改革开放的力量,运用社会主义市场经济的配置作用,不断进行调整,确保制度不僵化、不停滞,确保人民群众的积极性、主动性、创造性得到充分发挥。

(三)中国特色社会主义制度是具有优越性的先进制度

社会主义制度在社会形态理论中是最高级别的制度,是符合人类社会发展从低级到高级的一般规律的制度。中国特色社会主义制度是中国共产党领导全国人民,以马克思主义基本原理为指导,遵循社会发展的基本规律,以多年的革命、建设、改革的实际为基本经验,从具体的国情出发,经过长期探索总结出来的。它坚持以人为本,以实现好、维护好、发展好最广大人民的根本利益为目标,把人民放在最重要的位置,尊重人民主体性地位,带领人民实现民族独立、人民解放。从推翻专制统治到实现人民当家作主,从生产力严重不足到成为世界第二大经济体,彰显了社会主义制度的价值追求。

中国特色社会主义制度是自我完善和发展的制度。改革开放以前,我国就对社会主义道路进行了不断探索,其中有成就,也有挫折。十一届三中全会后,我们党认真总结了历史经验和历史教训,对社会主义有了新的认识,汲取国外社会发展的成功经验,解放思想、开拓创新,不断完善中国特色社会主义制度,中国特色社会主义制度的先进性和自我完善能力充分展现。

中国特色社会主义制度在国际社会也有着影响力。在全球经济发展长期疲软的大环境下,我国经济仍然保持中高速增长,社会和谐,国家富强,创造了举世瞩目的中国奇迹。中国方案、中国道路被世界各国争相学习借鉴。中国作为一个负责任的大国积极参与国际合作,推动建立更加公正合理的国际经济秩序,促进各国共同发展。

中国为何有坚定的制度自信?

中国能够保持多年的经济快速增长,并在政治、文化、社会、生态文明建设上取得一系列重大成就绝非偶然,而是具有深刻的理论与现实根源。其中,确立了一套适合中国国情、植根于中国文化传统、在改革开放实践中不断完善和发展的中国特色社会主义制度,是中国成功的关键因素。正如习近平同志所指出的:"中国特色社会主义制度是当代中国发展进步的根本制度保障,是具有鲜明中国特色、明显制度优势、强大自我完善能力的先进制度。"

当前,一些国家对中国经济社会发展的成就给予高度评价,却对成就背后的制度因素不理解或不认同,有的甚至指责、歪曲中国制度。这不仅因为他们对中国制度的认识存在不足,更因为他们固守所谓现代化的西方模式,戴着有色眼镜看待中国制度。对此,我们必须以坚定的制度自信予以回应。中国的制度自信从何而来?这种自信绝非盲目的自我陶醉、自以为是,而有坚实基础。

中国制度的优势已被实践和时间所证明。改革开放以来,中国发生举世瞩目的变化,人民群众的物质文化生活水平、国家的综合国力和国际地位大幅提升。放眼全球,中国发展的长期性和稳定性不能不说是一个奇迹,足以证明中国制度的合理性、稳定性与优越性。这样一套制度,能够集中力量办大事,有效促进社会生产力发展,促进现代化各项事业发展,促进人民生活水平不断提高,增进中国人民和中华民族的福祉。

中国制度植根于自己的文化传统。独特的基本国情、历史命运和文化传统塑造了中国制度。这种深厚的历史文化传统表现在许多方面。比如,中国文化传统中的天下胸襟,要求以海纳百川的气度不断包容、吸收、融合各种先进文化,从而使中华文化保持旺盛生机活力,也使中国制度具有强大生命力。又如,中国文化传统中的家国情怀,反映了中国人民历来抱有的对民族和国家前途命运的深厚责任感、使命感以及强烈的爱国主义和民族凝聚力。可以说,中国制度既遵循普遍规律又不墨守成规,既借鉴国际先进经验又反对照抄照搬,既吸收别人好的东西又保持自己好的东西,从而在文化独立性与开放性的结合中保持制度活力。

中国制度已经形成独具特色的体系。在改革开放的进程中,我们逐步确立以公有制为主体、多种所有制经济共同发展的基本经济制度;进一步完善人民代表大会制度这一根本政治制度,完善中国共产党领导的多党合作和政治协商制度、民族区域自治制度和基层群众自治制度等基本政治制度;逐步完善以这些基本制度为基础的经济体制、政治体制、文化体制、社会体制、生态文明体制等各项体制机制;还有我们党的民主集中制、领导干部任期制、党内监督制度等一系列党内制度。这些制度相互联系、相互协同,形成一整套科学系统的制度体系。

以中国制度为根本保障,中国发展取得巨大成就,但这并不是说中国制度已经完美无缺,不需要完善和发展了。坚定制度自信与不断完善和发展制度是有机统一的。党的十八大以来,以习近平同志为核心的党中央不断推进实践创新、理论创新和制度创新。党的十八届三中全会提出,完善和发展中国特色社会主义制度,推进国家治理体系和治理能力现代化。我们党在带领人民实现"两个一百年"奋斗目标过程中,既坚持中国特色社会主义各项制度,又坚持在实践中完善和发展这些制度,使中国制度具有更加丰富的内涵、更加有效的机制,能够更加顺畅地运行,从而为中国特色社会主义事业发展提供根本制度保障。

(来源:《人民日报》,2017年10月11日)

点评:制度问题关乎党的方向,关系国家建设、民族团结和人民发展。我们党不断探索适合中国具体国情的社会制度,始终代表并维护最广大人民的根本利益,有力推进了社会主义建设。我们党要抓住重要战略机遇期,不断推进实践创新、理论创新和制度创新,在经济、政治、文化、社会等各个领域形成一整套相互衔接、相互联系的制度体系,不断完善中国特色社会主义事业总体布局,坚持和发展中国特色社会主义制度。我们要在制度确立和制度创新的基础上,以高度的制度自觉性,不断推进社会主义制度的自我完善和发展,与时俱进地发展中国特色社会主义。

中国特色社会主义制度优越性的有力彰显

全面建成小康社会是中国特色社会主义进程中的重要历史阶段。党的十八大以来,在以习近平同志为核心的党中央的坚强领导下,全面建成小康社会取得重大成就,有力地彰显了中国特色社会主义制度的优越性。中国特色社会主义制度是科学社会主义基本原则与当代中国改革开放新的实践相结合的产物。全面建成小康社会巨大成就的取得,关键在于中国特色社会主义制度具有明显的优越性,最鲜明地体现在以下几个方面。

中国共产党的坚强领导和科学决策

办好中国的事情,关键在党。坚持党的领导,发挥党总揽全局、协调各方的领导核心作用,是中国特色社会主义最本质的特征。不断提高党把握方向、谋划全局、提出战略、制定政策、推进改革和驾驭社会主义市场经济的能力,是推动中国特色社会主义事业不断发展进步的最大政治优势。党的十八大以来,在全面从严治党战略部署的推动下,党的核心作用不断增强,尤其是党的十八届六中全会明确习近平总书记在全党的核心地位,为充分有效地发挥党的领导核心作用、夺取全面建成小康社会决胜阶段的伟大胜利,提供了更加坚强有力的保障。

人民的主体地位和创造活力

发展中国特色社会主义是亿万人民自己的事业,全面建成小康社会是惠及全体中国人民的奋斗目标。中国特色社会主义的各项制度,无论是人民代表大会制度这个根本政治制度,还是公有制为主体、多种所有制经济共同发展的基本经济制度和按劳分配为主体、多种分配方式并存的分配制度,都是以保障人民主体地位为核心的。在推进全面建成小康社会的伟大实践中,我们党之所以能充分调动人民的积极性、主动性、创造性,保持生机勃勃的发展活力,关键就在于毫不动摇地坚持人民主体地位,带领全体人民坚定地朝着共同富裕目标前进,用推动发展的实际行动赢得广大人民的拥护和支持。

日趋完善的社会主义市场经济体制

我们党提出并确立社会主义市场经济体制,既有利于发挥市场经济的长处,又有利于发挥社会主义制度优越性,根本目的在于解放和发展社会生产力,为经济社会发展提供充沛动力。党的十八大以来,我们党坚持社会主义市场经济改革方向,一方面从广度和深度上推进市场化改革,让市场在所有能够有效发挥作用的领域都充分发挥作用,让企业和个人有更多活力和更大空间去创造财富;另一方面充分发挥政府在保持宏观经济稳定、维护市场秩序、推动可持续发展、促进共同富裕等方面的重要作用,努力形成市场作用和政府作用有机统一、相互补充、相互协调、相互促进的格局。我国社会主义市场经济体制随着改革的深化日趋完善,为我国社会生产力的发展和社会进步开辟了前所未有的广阔道路,有力推动了全面建成小康社会和中国特色社会主义现代化的进程。

集中力量办大事的政治优势

中国特色社会主义制度使党和政府拥有强大的集中决策、组织动员和统筹协调能力,形成了中国特色社会主义所独有的最大限度整合社会资源、集中力量办大事的体制机制优势。凭借这一政治优势,我们党能够及时回应人民的强烈期盼,解决发展中存在的突出矛盾,处理好改革、发展与稳定的关系,想群众之所想、急群众之所急、解群众之所困,在学有所教、劳有所得、病有所医、老有所养、住有所居上持续取得新进展,使民生问题得到极大改善,推动全面建成小康社会不断迈上新台阶。

(来源:《求是》,2017年9月)

四、中国特色社会主义文化

中国特色社会主义文化是激励全党全国各民族人民奋勇前进的强大精神力量。党的十九大对中国特色社会主义文化进行了明确的概括:"发展中国特色社会主义文化,就是以马克思主义为指导,坚守中华文化立场,立足中国当代现实,结合当今时代条件,发展面向现代化、面向世界、面向未来的,民族的科学的大众的社会主义文化,推动社会主义物质文明和精神文明协调发展。"党的十九大报告提出,要坚持中国特色社会主义文化发展道路,激发全民族文化创新创造活力,建设社会主义文化强国。中国特色社会主义文化同中国特色社会主义道路、中国特色社会主义理论体系、中国特色社会主义制度一同写入了党章,体现了我国社会主义文化建设的重要地位和作用,对我国社会主义建设的认识也更加完善。

(一)中国特色社会主义文化是实现中华民族伟大复兴的重要力量

文化是一个国家、一个民族的灵魂,文化兴国运兴,文化强民族强。中国特色社会主义文化,源自中华民族五千多年文明历史所孕育的中华优秀传统文化,熔铸于党领导人民在革命、建设、改革中创造的革命文化和社会主义先进文化,植根于中国特色社会主义伟大实践。没有高度的文化自信,没有文化的繁荣兴盛,就难以实现中华民族伟大复兴。

中华优秀传统文化是中华民族独有的宝贵财富,是中华民族突出的优势。中华优秀传统文化是中华民族智慧的结晶,其中蕴含着丰富的哲学思想、道德思想、人文思想等,为新时代治国理政提供启示和借鉴,为我们认识世界、改造世界开辟了新的道路。

革命文化是党领导人民在社会主义的伟大实践中创造的文化。革命文化是对理想信念的坚持精神,是对美好向往的奋斗精神,是对革命胜利的献身精神。在革命文化的指引下,无数革命先烈抛头颅、洒热血,为了革命胜利赴汤蹈火,谱写了一曲曲壮丽的革命乐章,使中华民族精神屹立不倒。

社会主义先进文化是进入新时代后凝聚人心、团结人民的重要力量。面对当前世界思想多元化发展,社会主义先进文化既经受住了时代的考验,自身也受到时代的熏陶,塑造出新时代中华民族的精神面貌和时代特征,引领新的社会风尚,指导人们树立正确的世界观和价值观,为实现中华民族伟大复兴的中国梦注入新的动力。

(二)当代大学生如何树立中国特色社会主义文化自信

中华文化源远流长、博大精深。中华文化的学习和传承有助于增强我们的民族自信心和民族自豪感。当代大学生是中国特色社会主义建设的主要力量,坚定中国特色社会主义文化自信,直接关系到未来中国特色社会主义事业的前途和命运。

大学生可通过学习马克思主义经典著作确立社会主义文化自信。马克思主义的真理性不在于解释世界而在于改变世界。中国共产党人在中国革命建设和改革过程中,始终将马克思主义真理与中国具体实际相结合,不断推进马克思主义中国化理论创新,并取得了经过实践证明的科学的理论成果。中国民族独立和人民解放以及中国特色社会主义建设实践的成功已经证明了马克思主义中国化理论成果是中国文化谱系中最值得中国人骄傲与自信的核心内容。所以,大学生确立中国特色社会主义文化自信首先要以马克思主义中国化理论学习为起点,将马克思主义中国化理论成果内化为自身的行动指南,在科学理论的指导下通过服务人民、奉献社会的实践,实现自身价值与社会价值的统一,最终在价值观层面确立国家、社会和个人相统一的社会主义核心价值观认同,从而为确立以价值观为内核的中国特色社会主义文化自信提供根本前提。

我们要通过传统文化继承帮助大学生确立中国特色社会主义文化自信。文化自信源于丰富的值得骄傲的文化成果,而文化成果是一个国家和民族在历史发展过程中文化精髓不断积淀的结果。由此可见,继承传统文化是确立文化自信的必然要求。正如习近平总书记指出的:"中华文明绵延数千年,有其独特的价值体系。中华优秀传统文化已经成为中华民族的基因,植根在中国人内心,潜移默化影响着中国人的思想方式和行为方式。今天,我们提倡和弘扬社会主义核心价值观,必须从中汲取丰富营养,否则就不会有生命力和影响力。"为当代大学生提供经过加工整理的承载了文化精华的优秀传统文化作品是高校和社会不可推卸的责任。高校和社会在文化产品供给中要增加传统文化附加值,打造既蕴含传统文化精髓又符合现代文化发展趋势的、为大学生所喜闻乐见的丰富多彩的传统文化精品,让大学生在学习传统文化、感受传统文化、品鉴传统文化的过程中,自觉地担负起传统文化传承与创新的责任,并在传统文化中汲取涵育中国特色社会主义文化的养分,帮助大学生确立中国特色社会主义文化自信。

《国家宝藏》激发文化自信

"没想到看《国家宝藏》会看到热泪盈眶。"12月10日,《国家宝藏》第二期如约而至,湖北省博物馆的三件国宝和它们背后的故事,通过段奕宏、撒贝宁、王刚等演员的演绎与观众相见,又一次惹哭了很多观众。

演员引入:这也许是吸引年轻人观看节目的理由

并没有铺天盖地的宣传,《国家宝藏》首播就火了。在豆瓣网,其以9.4分的高分与《见字如面》第二季一并成为2017年国产综艺最高分节目。有人总结这个节目是话剧版《我在故宫修文物》、文物版《舌尖上的中国》。

《国家宝藏》中,每期由三个演员作为"国宝守护人",通过小剧场的精彩演绎,讲述国宝前世今生的故事。其讲述方式非常轻松有趣,很多语言非常新潮流行,在网络上贡献了非常多的话题,让节目与年轻人一下拉近了距离。

第一期,王凯饰演的乾隆在演绎"瓷母"花瓶背后的故事时,"要过、要花、要复杂"的要求,就让乾隆的"农家乐"审美迅速在互联网上"刷屏";王羲之、黄公望和雍正皇帝三个角色在舞台上围绕乾隆角色的吐槽,更是被做成表情包。

第二期,撒贝宁挑战古装角色,通过演绎一位秦国小吏"喜",展现了"云梦睡虎地秦简"里记载的秦朝律法在政治、经济、环保、官吏业绩考核等多方面的细节措施。其夸张搞笑的表现方式令观众捧腹不已,话题"撒贝宁,被主持人耽误的演员"在节目结束后就火了。就算只是短短的小剧,演员们也在方寸的舞台之间用实力诠释什么是真正的"演员的诞生"。司马池与司马光父子守护石鼓的感人故事等都让观众感受到演技的魅力,迅速被带入那些国宝的故事中。

对于许多对国宝几乎"零认知"的普通观众来说,由知名演员担纲国宝守护人也许是一开始吸引观众前来观看节目的理由——大家想要了解:演员们为什么走进这档节目?演绎了什么,又感受和分享了什么?但是,最终吸引并传达给观众的,一定是国宝背后的故事、节目中间流露出的动人情怀和整个中华民族的精神财富。

顶级文物耀眼:擦掉尘土就闪烁出震撼人心的光芒

仅仅凭演员及精彩的演技,《国家宝藏》不至于震撼观众的心灵。每期一个博物馆、三件顶级文物、每件文物背后那些不为大众熟悉的制作工艺和故事才是这档节目真正的主角。

在展示《千里江山图》时,节目特意请来了非物质文化遗产国画颜料制作唯一传人仇庆年先生,展示国画颜料独特的制作工艺。这些阿胶、宝石、贝壳,要经过每天8个小时、共计20天160个小时的持续研磨,才能达到画家需要的颜料精细程度。

故宫博物院一位号称"问不倒"的志愿者讲述了"瓷母"故事。从概率出发,如果烧造每一层釉层的成功率是70%,那么彩釉大瓶要完成十七层釉层,成功率只有0.23%。因此节目中那句"我就是在炫!我炫的是景德镇的匠人,我炫的是大清的盛世"才会让很多观众觉得血脉偾张、无比骄傲。

石鼓守护人梁金生的家族三代人守护国宝,梁金生已年近七十,但依然坚守在故宫:"这后半辈子我想完全交给故宫,只要他们用我,我就不遗余力地奉献我自己的力量。"像梁金生这样众多的用一腔赤诚热血和纯粹情怀守护国宝的人,让观众肃然起敬,感慨万千。

每一件文物,历经岁月的洗礼辗转呈在我们面前,就像一个个历经风雨的生命,有太多的故事和感受想和我们诉说。一档好的节目,就是一个好的讲解器,看似并不华美、并不精致的东西,也可能讲出它非常有趣、荡气回肠的过往。节目不是靠拯救的方式去复活一件古老的文物,而是告诉大家文物有生命力,许多人在为文物努力,付出心血、时间甚至生命。

(来源:央视广告经营管理中心,2017年12月13日)

点评:习近平总书记多次强调要"让文物活起来"。文物真正让人动容的核心,在于其背后所蕴含的人文精神。文化是一个国家、一个民族的灵魂。文化兴国运兴,文化强民族强。《国家宝藏》娓娓道来国宝的"前世传奇"和"今生故事",展现了大国文化自信。这种节目方式接地气、聚人气,受众群体更丰富,能让更多人了解到中国优秀传统文化。我们需要越来越多这样的综艺节目,通过寓教于乐的方式让更多人享受优秀传统文化的饕餮盛宴,激发全民族文化创新创造活力,建设社会主义文化强国。

第三章 创立新思想,践行新方略

　　实践没有止境,理论创新也没有止境。世界每时每刻都在发生变化,中国也每时每刻都在发生变化,我们必须在理论上跟上时代,不断认识规律,不断推进理论创新、实践创新、制度创新、文化创新以及其他各方面的创新。

——习近平

　　一个新时代的到来,总是以新思想的诞生为重要标志。这是因为,新时代孕育新问题。而破解新问题,往往离不开新理论的指导。在中国特色社会主义发展和世界社会主义实践的历史长河中,中国共产党第十九次全国代表大会的召开,无疑是一次重大的历史事件。特别是习近平总书记在会议上代表中央向全党和全国人民所作出的中国特色社会主义已经进入新时代的重要判断,更为我们吹响了在新的历史条件下继续推进中国特色社会主义伟大事业的奋进号角。

　　时代是思想之母。在不同历史时期和发展阶段,根据人民意愿和事业发展需要,创立和发展具有科学性、导向性和感召力的指导思想,是我们党团结带领人民推进国家建设的一条重要经验。党的十九大立足时代和全局,着眼中国特色社会主义事业长远发展,将马克思主义基本原理与新的实践紧密结合,形成了习近平新时代中国特色社会主义思想,并将其确立为党的指导思想。这是新时代中国特色社会主义攀登新高峰、走向新胜利的思想保证,是为全党全国人民实现中华民族伟大复兴而奋斗提供理论指导的必然要求。

　　新时代呼唤新思想,新思想引领新步伐。理论创新每前进一步,理论武装就要跟进一步。用最新理论成果武装全党,把全党的思想统一到党的思想旗帜下,将全党的意志凝聚到新的奋斗目标上来,是我们党不断取得胜利的重要法宝。中国特色社会主义进入新时代,新时代坚持和发展中国特色社会主义的方针已定。当此之时,学习和领会习近平新时代中国特色社会主义思想之精义,进而全面贯彻其基本方略,便成为新时代理论武装的根本内容,也是我们每个时代青年需要肩负的光荣使命。

第一节　新思想的丰富内涵

　　每一时代的理论思维,包括我们时代的理论思维,都是一种历史产物,在不同时代具有非常不同的形式,并因而具有非常不同的内容。

——恩格斯

　　纵观20世纪20年代以来神州大地近百年的历史风云,中国共产党之所以能够逐渐由小而大、由弱变强,根本原因之一就在于其能够始终坚持把马克思主义的普遍真理同中国革命、建设和改革开放的具体实践紧密结合起来,并以在意识形态上彰显这种结合的先进理论,即毛泽东思想、邓小平理论、"三个代表"重要思想和科学发展观作为自己的指导思想。党的十八大以来,面对前所未有的诸多矛盾和严峻挑战,以习近平同志为核心的党中央以超凡的政治智慧、强烈的历史担当和坚定的战略定力,继往开来,科学把握国际国内发展态势,推动党和国家事业发生历史性变革,引领中国特色社会主义进入新时代,创立了习近平新时代中国特色社会主义思想。就其内涵而言,这一思想对我们党所面临的新时代重大课题作了科学而系统的回答,明确了新时代坚持和发展中国特色社会主义的总目标、总任务、总体布局、战略布局和发展方向、发展方式、发展动力、外部条件和政治保证等,为决胜全面建成小康社会、全面建设社会主义现代化强国、实现中华民族伟大复兴的中国梦提供了根本遵循,也为我们在新时期深入学习习近平新时代中国特色社会主义思想的精神实质和丰富内容指明了路径。

第三章　创立新思想，践行新方略

一、坚持和发展中国特色社会主义

南宋思想家朱熹曾用"问渠哪得清如许，为有源头活水来"的诗句来形容生活与思想的源流关系。作为一种建基于意识的创造性活动，人类思想观念的产生对于现实生活及其社会实践的依赖是显而易见的。二者的这种关系，也在一定程度上反映了理论与实践之间的辩证关系。在现实生活中，我们学习习近平新时代中国特色社会主义思想，首先也离不开对其所赖以产生的社会背景的把握。

作为一个备受全国人民信任和爱戴的马克思主义政党，中国共产党从诞生的第一天起，便在其旗帜上庄严地写下了"与时俱进"的字样。在某种意义上，我们可以说，党 90 多年的光辉历史，就是不断追求、推进和实现理论创新的历史。在这一历史进程中，我们党先后实现了马克思主义基本原理和中国实际相结合过程中的两次历史性飞跃，产生了两大理论成果——毛泽东思想和中国特色社会主义理论体系。20 世纪 40 年代中叶，党的七大的召开，使毛泽东思想成为全党的指导思想，并庄严地写进党章。它标志着马克思主义中国化实现了第一次历史性的飞跃。20 世纪 80 年代以来，在社会主义建设和改革开放的伟大历史实践中，我们党又围绕什么是社会主义、怎样建设社会主义，建设什么样的党、怎样建设党，实现什么样的发展、怎样发展等重大课题，进行了长期而艰辛的探索，相继提出邓小平理论、"三个代表"重要思想和科学发展观等先进的科学理论，并由此建构了中国特色社会主义理论体系的初步框架，实现了马克思主义中国化的第二次历史性飞跃，为我国中国特色社会主义事业的不断发展提供了理论支持。

就其本质而言，中国特色社会主义是中国共产党成立以来带领广大人民群众探索奋斗的根本成就，是在改革开放的伟大实践中开创和发展起来的社会主义形态。党的十八大以来，国内经济社会发展出现深刻变化，国际形势风云变幻、错综复杂。在新的时代环境中，"坚持和发展什么样的中国特色社会主义、怎样坚持和发展中国特色社会主义"这一关乎科学社会主义前进方向的重大课题，摆在了以习近平同志为核心的中国共产党人面前。"坚持和发展中国特色社会主义是一篇大文章，邓小平同志为它确定了基本思路和基本原则，以江泽民同志为核心的党的第三代中央领导集体、以胡锦涛同志为总书记的党中央在这篇大文章上都写下了精彩的篇章。现在,我们这一代共产党人的任务,就是继续把这篇大文章写下去。"领袖的话语斩钉截铁、掷地有声。以习近平同志为代表的当代中国共产党人在总结我国改革开放尤其是 21 世纪以来成功实践经验的基础上,从理论和实践的结合上回答了中国特色社会主义首要的基本问题,并由此形成了习近平新时代中国特色社会主义思想,从而把马克思列宁主义在中国的发展推进到一个崭新阶段。正是基于以习近平同志为核心的党中央的坚强领导和习近平新时代中国特色社会主义思想的科学指引,我们党才得以顺利解决许多长期想解决而没有解决的难题,办成了许多过去想办而没有办成的大事,开创了中国特色社会主义事业的新局面。

在习近平新时代中国特色社会主义思想的形成过程中,最核心的课题便是在新的时代条件下,我们要坚持和发展什么样的中国特色社会主义、怎样坚持和发展中国特色社会主义。对此,习近平总书记鲜明地指出,我们所要坚持和发展的中国特色社会主义,首先"是社会主义而不是其他什么主义,科学社会主义基本原则不能丢,丢了就不是社会主义",我们所要走的既不是"封闭僵化的老路",也不是"改旗易帜的邪路",而是体现"科学社会主义理论逻辑和中国社会发展历史逻辑的统一,是根植于中国大地、反映中国人民意愿、适应中国和时代进步要求的科学社会主义"发展道路。习近平总书记非常注重新时代中国特色社会主义发展道路的实践特色、理论特色、民族特色和时代特色,并将其同我们在新时代对于中国特色社会主义的道路自信、理论自信、制度自信和文化自信有机结合起来,从而把我们党对于中国特色社会主义本质和规律的认识提升至一个新的高度。在党的十九大政治报告中,习近平总书记又提出"八个明确"和"十四条基本方略",对"新时代坚持和发展什么样的中国特色社会主义、怎样坚持和发展中国特色社会主义"的问题作出进一步的回应与阐述。这些理论原则和政策方略的提出,不仅为我们在新的历史阶段推动 21 世纪马克思主义、当代中国马克思主义的发展与完善作出了历史性贡献,而且为我们在当下深刻认识和把握新思想的丰富内涵、有效推进中国特色社会主义伟大事业勾画了路线图,明确了前进的方向。

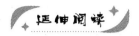

中国特色社会主义命题的历史脉络

追溯中国特色社会主义的源起,习近平指出,"我国改革开放的进程和当今中国社会的现实充分证明,中国特色社会主义理论体系坚持了马克思列宁主义关于科学社会主义的重要思想,遵循了科学社会主义基本原则。我们说中国特色社会主义理论体系同马克思列宁主义是一脉相承的,这个'脉',就包括科学社会主义基本原则""科学社会主义基本原则不能丢,丢了就不是社会主义"。

马克思、恩格斯创立的科学社会主义基本原理,是新时代中国特色社会主义形成和发展的根本理论渊源。在"中国特色社会主义"这个命题中,"社会主义"是指科学社会主义的基本理论和基本原则,这是中国特色社会主义的本质规定;而"中国特色"是指科学社会主义基本理论、基本原则在中国的具体体现、表现形式和发展途径,这是国情和时代特征对中国特色社会主义的具体要求。

列宁是马克思主义的继承者,也是马克思主义发展的推进者。他把马克思、恩格斯科学社会主义的基本思想创造性地运用到苏俄,初步找到了适合当时苏俄情况的建设道路,开始了科学社会主义思想的创新实践,并在社会主义建设过程中获得了宝贵的经验,解决了俄国社会主义革命和建设过程中所面临的重大理论和实践问题。

作为马克思主义基本原理和中国革命及初步社会主义建设实际相结合过程中诞生的科学理论,毛泽东思想中包含了许多彰显我国社会主义建设基本规律的有益成果,并进而成为中国特色社会主义理论体系的直接理论渊源。

以邓小平同志为核心的党的第二代中央领导集体,紧紧抓住"什么是社会主义、怎样建设社会主义"这个基本问题,响亮发出"走自己的道路,建设有中国特色的社会主义"的伟大号召,领导我们党在新中国成立以来革命和建设实践的基础上,成功走出了一条中国特色社会主义新道路。以江泽民同志为核心的党的第三代中央领导集体,带领全党全国各族人民,开创全面改革开放新局面,推进党的建设新的伟大工程,提出了"三个代表"重要思想,成功把中国特色社会主义推向21世纪。进入21世纪以来,以胡锦涛同志为总书记的党中央,继续推进党的理论创新和实践创新,带领全党全军全国各族人民,牢牢把握我国发展的重要战略机遇期,更加鲜明地举起了中国特色社会主义伟大旗帜,奋力把中国特色社会主义事业和中华民族"富起来"推进到一个新的发展阶段,在国家繁荣富强、中华民族伟大复兴的历史进程中谱写了光辉篇章。

党的十八大以来,以习近平同志为核心的党中央围绕"新时代坚持和发展什么样的中国特色社会主义、怎样坚持和发展中国特色社会主义"这个重大时代课题,坚持以马克思列宁主义、毛泽东思想、邓小平理论、"三个代表"重要思想、科学发展观为指导,坚持解放思想、实事求是、与时俱进、求真务实,坚持辩证唯物主义和历史唯物主义;紧密结合新的时代条件和实践要求,以全新的视野深化对共产党执政规律、社会主义建设规律、人类社会发展规律的认识;进行艰辛理论探索,取得重大理论创新成果,形成了习近平新时代中国特色社会主义思想。

(来源:王军旗.习近平新时代中国特色社会主义思想的精神实质和丰富内涵[J].平顶山学院学报.2017.)

二、全面建成社会主义现代化强国

在新时代,坚持和发展中国特色社会主义,首要工作是明确其总任务。党的十九大在深入分析当前中国所面临的世情、国情及社情的基础上,经过审慎评估和权衡,最终清晰地界定了新时代我们坚持和发展中国特色社会主义所需完成的总任务,那就是实现社会主义现代化和中华民族伟大复兴的中国梦,在全面建成小康社会的基础上,把我国建成为富强民主文明和谐美丽的社会主义现代化强国。在新的历史时期,要圆满完成这一任务,我们必须确立辩证的思维方式。一方面,就我国目前的现状而言,我们自身拥有完成总任务的综合优势,我们现在比历史上任何时期都更接近、更有信心和能力实现中华民族伟大复兴中国梦的宏伟目标;另一方面,我们在对美好未来充满信心的同时,又必须坚持客观理性的原则,充分认识到完成总任务的艰巨性,做好苦干、实干的心理准备。

首先,我们必须明确新时代实现社会主义现代化的基本要求。就总体而言,我们所要实现的社会主义现代化,不仅仅体现在物质层面,而且是涵盖物质、制度以及思想观念等层面相关要素在内的综合性的现代化。也就是说,我们的目标是不但要实现经济的现代化,还要实现国家制度的现代化和国民思想观念,即人的现代化。

所谓经济现代化,是指生产力高度发达、社会分配基本公平,人民能够享受到丰富的物质文化生活,消除绝对贫困,基本做到幼有所育、学有所教、劳有所得、病有所医、老有所养、住有所居、弱有所扶。要实现此目标,需要我们牢牢把握我国仍然处于社会主义初级阶段这个基本国情和最大实际,坚定不移地把发展作为党执政兴国的第一要务,以经济建设为中心,坚持社会主义市场经济改革方向,全力以赴深化改革,建立现代化经济体系,通过发展科学技术促进生产力不断提高,促进经济增长、增加物质财富、增进民生福祉。就当代中国来说,所谓社会主义制度现代化,主要包括完善和发展中国特色社会主义制度、实现国家治理体系和治理能力的现代化。为此,我们一方面要全面推进依法治国,建设中国特色社会主义法治体系,建设社会主义法治国家,实现法治体系的现代化;另一方面,还要建立健全人民当家作主的政治制度体系、中国特色文化制度体系、社会政策体系和社会治理体系等,以先进的制度体系夯实社会主义国家的政治基础。社会主义现代化建设,无论是物质的现代化,还是制度的现代化,归根到底需要服务于全体人民,这就要求实现人的现代化,这是由我国社会主义伟大事业的本质和根本宗旨决定的。

所谓人的现代化,简而言之,便是全体国民在思想观念和道德水平上的现代化。就我国而言,要实现当代国人的现代化,需要我们保障每个公民都有机会接受良好而充分的教育。在教育过程中,我们要注重加强思想道德建设,将共产主义理想信念的塑造同爱国主义、集体主义和社会主义思想意识的传输有机结合起来,引导人们树立正确的历史观、民族观、国家观和文化观,铸牢中华民族共同体意识,强化人民对党、国家和中华民族的认同与皈依。

其次,我们也需担负起实现中华民族伟大复兴的神圣使命。实现中华民族的伟大复兴,是自近代以来无数仁人志士的共同梦想。对此,习近平总书记在2012年以"中国梦"来加以概括。在整个社会主义初级阶段,我们的中国特色社会主义事业是以实现中华民族伟大复兴的中国梦为基本目标的,中国梦的实现过程,就是我们逐步走出社会主义初级阶段,奏响中国特色社会主义之华美序曲的过程。就其所追求的目标而言,"中国梦"蕴含着数千年中华文明的精髓,寄托着华夏子孙追求人民幸福、国家强盛和民族振兴的期盼。它不仅是生活富裕、经济发展和国家繁荣之梦,同时也是笃爱和平、追求发展和团结合作之梦。因此,"中国梦"不仅是个人的梦、国家民族的梦,也是整个世界发展进步之梦。"中国梦"的实现,必须坚持党的领导。中国近代以来的历史告诉我们,没有共产党就没有新中国。在新时期,我们实现中华民族伟大复兴的中国梦,同样不能离开党的正确领导,这是亿万中华儿女深刻总结近现代以来正反两方面经验教训后得出的基本共识。"中国梦"的实现,必须坚持弘扬中国精神。中国精神是中华民族在五千年文明历程中创造的精神财富,它深深积淀在人们的意识中,塑造着国人的思维方式、行为样态和价值倾向,反映着中华民族的价值品格和道德定位。对于中国人民来说,正是得益于以爱国主义和开拓创新为核心的中国精神所提供的源源不断的精神动力,才取得并将继续取得中国特色社会主义建设事业的不断胜利。"中国梦"的实现,还必须坚持凝聚中国力量。所谓中国力量,是指在前进方向一致的基础上我国各族人民大团结所形成的合力。马克思主义认为,人民是历史的创造者,只有人民群众的社会实践才是社会历史的真正源头。对于我国来说,实现中华民族的伟大复兴,是亿万人民群众自己的事业,当然离不开广大人民群众同心同德、众志成城所形成的坚实的社会基础。

再次,我们还需践行新时代阶段性的发展战略。中国特色社会主义是一项伟大的事业,其宏伟目标的实现具有长期性、艰巨性和复杂性。因此,在推进这项事业的过程中,我们要将终极目标和阶段性战略任务有机结合起来,循序渐进、有条不紊。在中国特色社会主义进入新时代的历史条件下,为了顺利完成实现中华民族伟大复兴、全面建成社会主义现代化强国的总任务,我们党及时制定了涵盖短期、中期和长期三大维度的战略目标。从现在到2020年,是全面建成小康社会的决胜期。从2020年到2035年,用15年时间,基本实现社会主义现代化,这是中期目标。此后,再用15年时间的努力奋斗,即到21世纪中叶,全面建成富强民主文明和谐美丽的社会主义现代化强国,实现中国从"大国"到"强国"的历史巨变,这是较为长期的战略目标。这一长期目标实现的时候,就是中华民族伟大复兴"中国梦"实现的时候,也是亿万华夏儿女真正挺起胸膛,扬眉吐气的辉煌时刻。

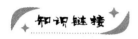

"新四大发明":标注中国,启示世界

"你最想把中国的什么带回国?"在"一带一路"国际合作高峰论坛举行期间,一项针对二十多个国家的青年的调查显示,高铁、网购、扫码支付、共享单车,成为这些在华外国人心目中的中国"新四大发明"。

"新四大发明"不仅改变了中国,而且深刻影响着"地球村",吸引着五大洲目光。古代中国创造的指南针、造纸、火药、印刷术"四大发明"曾经改写世界历史。如今的"新四大发明"正改变着中国人的生活,也为解决人类问题贡献了中国智慧、提供了中国方案。

(来源:人民网,2017年8月11日)

三、解决新时代中国社会主要矛盾

事物是运动的,矛盾是发展的,社会主要矛盾也是不断运动和变化的。我们党历来高度重视对社会发展不同阶段主要矛盾的基本判断,这也是其制定路线方针政策的主要依据。大致说来,自新中国成立后,我们党对我国社会主义社会主要矛盾的认识主要经历了四个阶段。第一个阶段是从新中国建立到"三大改造"完成,即我国正式进入社会主义社会的1956年,当时召开的党的八大认为"我们国内的主要矛盾,已经是人民对经济文化迅速发展的需要同当前经济文化不能满足人民需要的状况之间的矛盾",这可谓是执政党对我国社会主要矛盾认知的破题阶段。第二个阶段是"文革"十年,当时由于种种因素的制约,我们对于我国社会主要矛盾的认识走了弯路、陷入误区,是曲折阶段。第三个阶段是自"文革"结束到1979年,这一阶段我们党提出

"我们的生产力发展水平很低,远远不能满足人民和国家的需要,这就是我们目前时期的主要矛盾"的论断,此为回归阶段。第四个阶段是1979年到党的十一届六中全会,这一阶段我们党逐步形成了关于社会主义初级阶段主要矛盾的明确判断,即"我们现阶段所面临的主要矛盾,是人民日益增长的物质文化需要同落后的社会生产之间的矛盾",此为确立阶段。此后一直到党的十八大,我们党一直重申这一判断。

在党的十九大上,习近平总书记代表中央向全党和全国人民提出了关于我国社会主义初级阶段主要矛盾发生改变的重要判断,即由"人民日益增长的物质文化需要同落后的社会生产之间的矛盾"转变为"人民日益增长的美好生活需要和不平衡不充分的发展之间的矛盾"。之所以作出这个判断,首先是基于我国社会主义初级阶段的长期性。在此漫长的历史发展阶段,不同时期社会主要矛盾的变化有其历史必然性,我们一定要清醒地把握这种不断变化的特点,并根据这个变化来不断解决我们在发展过程中遇到的各种问题。另外,作出这个判断,还有鉴于当代中国社会所发生的历史性变化。改革开放之初,我们党发出了"走自己的路、建设中国特色社会主义"的伟大号召。从那时以来,我们党团结带领全国各族人民不懈奋斗,推动我国经济实力、科技实力、国防实力、综合国力进入世界前列,推动我国国际地位实现前所未有的提升,党的面貌、国家的面貌、人民的面貌、军队的面貌、中华民族的面貌发生了前所未有的变化,中华民族正以崭新姿态屹立于世界的东方。如今,中国特色社会主义进入新时代,这是我国发展新的历史方位。在这一历史时期,我国社会主义初级阶段的旧矛盾基本解决,但发展不平衡、不充分的问题逐渐凸显。

在我国社会主要矛盾发生变化的新时代,要解决新矛盾必须首先理解和把握其基本内涵。关于这个问题,我们可以从供需两个层面进行认识。就需求端而言,在新时代,人民日益增长的"物质文化需要"转变为"美好生活需要"。这意味着需要的内涵和外延都得到了极大拓展。美好生活涉及人民生活的方方面面,拓展了过去物质文化的外延,包括经济、政治、文化、社会、生态等,具有多样化、多层次、多方面的特点。同时,也提升了它的内涵和质量,因为美好生活是讲质量、讲品位、讲厚度的,在某种程度上彰显了对于人的全面发展的期待。就供给端而言,"落后的社会生产"转变为"不平衡不充分的发展"。这意味着供给超越了单纯生产力,即单向度的范畴,而呈现生产力与生产关系并重,即多向度的格局。如不平衡,涉及发展的范围和领域,既有经济与政治、文化、社会间,东中西部间,城乡区域间发展的不平衡,也有收入分配间的差距和不平衡。不充分,则涉及发展的层级和质量,如创新能力不强、社会文明水平尚需提高等。以上两个层面,构成了新时代我国社会主要矛盾变化的一面。

在社会主义初级阶段,不同历史时期的社会主要矛盾之间虽然有着变化的方面,但也拥有彰显其本质内涵的共同的要素,即不变的一面。就新时代我国社会主要矛盾而言,虽然相较于之前时期社会主要矛盾发生了关系全局的历史性变化,但这种变化在本质上并没有改变我们对我国社会所处历史阶段的判断,我国仍处于并将长期处于社会主义初级阶段的基本国情没有变,我国是世界最大发展中国家的国际地位没有变,我们必须牢牢坚持党的基本路线这个党和国家的生命线、人民的幸福线的要求也没有变。

在新时代,我们只有正确认识和把握我国社会主要矛盾中所涵摄的这种"变"与"不变",在继续推动发展的基础上,着力解决好发展不平衡、不充分的问题,大力提升发展质量和效益,才能更好满足广大人民群众在经济、政治、文化、社会和生态等方面日益增长的需要,创造美好生活,更好推动人的全面发展和整个社会的全面进步。

四、明确中国特色社会主义事业总体布局和战略布局

在中国特色社会主义新时代,面对我国社会主要矛盾的重大变化,要实现中华民族伟大复兴、全面建成社会主义现代化强国这一奋斗目标和总任务,我们就必须基于我国处于社会主义初级阶段的基本国情,进而根据中国特色社会主义的发展规律和完成坚持和发展中国特色社会主义总任务的客观需要,适时确立科学合理的中国特色社会主义事业的总体布局和战略布局,并结合日常工作实践,循序渐进地加以推进,以造福于民族、国家和广大人民群众。

古人云,不谋全局者,不足谋一域。关于中国特色社会主义事业的布局问题,早在新中国成立之初,党和国家领导集体便开始深入思考和通盘谋划,迄今相继提出了"四个现代化""物质文明和精神文明两手抓,两手都要硬"

"经济建设、政治建设、文化建设三位一体"等一系列发展思路,并在实践中取得良好成效,从而丰富和拓展了中国特色社会主义建设的理论宝库。进入新世纪以来,面对国内外情势的变化,特别是社会治理和生态环境领域出现的新情况和新问题,党的十八大提出了"社会主义经济建设、政治建设、文化建设、社会建设和生态文明建设五位一体总体布局"的理念,这一理念在党的十九大上得到进一步的凝练、丰富和完善,这标志着我们党在新时代对社会主义建设基本规律的认识达到了新水平。

所谓"五位一体总体布局",概括地说,就是从经济、政治、文化、社会和生态建设五个维度对中国特色社会主义事业进行总体筹划和安排,是从总揽和统摄全局的高度对我国中国特色社会主义事业的发展路径进行战略建构。具体而言,中国特色社会主义事业总体布局主要从五个方面展开。在经济建设层面,主要是贯彻新发展理念,适应、把握和引领经济发展新常态,推动我国经济由高速增长阶段转向高质量发展阶段,建设现代化经济体系。在政治建设层面,关键是积极稳妥推进政治体制改革,健全人民当家作主制度体系,推进社会主义民主政治制度化、规范化、法治化、程序化,保证人民依法通过各种途径和形式管理国家事务、管理经济文化事业、管理社会事务。在文化建设层面,核心是以马克思主义为指导,坚守中华文化立场,坚定社会主义文化自信,立足当代中国现实,结合当今时代条件,发展面向现代化、面向世界、面向未来的,民族的、科学的、大众的社会主义文化,推动社会主义文化繁荣兴盛。在社会建设层面,重点是坚持人人尽责、人人享有的原则,抓住人民群众最关心最直接最现实的利益问题,完善公共服务体系,提高保障和改善民生水平,不断满足人民日益增长的美好生活需要,加强和创新社会治理,形成良好社会秩序。在生态建设层面,宗旨是"绿水青山就是金山银山",要坚持尊重、顺应和保护自然的基本原则,在整个社会逐渐形成节约资源和保护环境的空间格局、产业结构、生产方式、生活方式,还自然以宁静、和谐、美丽,实现人与自然的和谐共生。

在新时代,推进中国特色社会主义是一项非常艰巨的宏大工程。要承载这一使命,将坚持和发展中国特色社会主义这篇大文章写好,就既要有立足全面、侧重于系统的总体布局,也要有高屋建瓴、精准出击的战略布局。为此,自2012年11月至2014年底,习近平总书记根据我国新的历史条件下经济社会发展及治党治国的实际需要,立足全面,整体谋划,逐步提出了以"全面建成小康社会、全面深化改革、全面依法治国和全面从严治党"为核心内容的"四个全面"战略布局设想。就总体而言,"四个全面"战略布局不仅着眼于宏观上的"全面性",为全党和全国人民擘画新形势下治国理政及国家发展的战略目标,而且其中的每一个要素,即每一个"全面",都有具体的设想和追求,凸显实现战略目标的富于操作性的行动路线。如全面建成小康社会的发展战略,就为我们规划了新时代坚持和发展中国特色社会主义的阶段性战略目标。其中,"全面"是指我们所要建成的小康社会是不分地域、不分群体、不分等级、不分城乡、不分民族的全体中国人民的小康社会,也就是总书记一再强调的,全面建成小康社会,一个也不能少。"建成"区别于"建设",是指我们要建成的是在质、量和度上完全符合高水平小康社会各项指标要求的小康社会。当前,中国已经步入决胜全面建成小康社会的关键时期,我们的使命光荣、责任重大。在"四个全面"战略布局中,全面深化改革,为我们明确了新时代坚持和发展中国特色社会主义的动力机制。要想在新时代有效推进中国特色社会主义伟大事业,我们需要在坚持社会主义基本制度不动摇的前提下,采取切实举措强力推进经济、政治、文化、社会和生态发展体制的革新和优化,逐渐形成科学规范、要素完备以及行之有效的社会主义具体制度运动模式,提高党和政府治国理政的能力和水平。全面依法治国,则为我们提供了新时代坚持和发展中国特色社会主义的保障机制。无论是全面建成小康社会,还是全面深化改革,都需要一个稳定而有序的社会环境。与以"人存政举,人亡政息"为特征的古代人治社会相比较,法治社会具有显而易见的先进性,也在一定意义上代表了人类文明发展的正确方向。法治社会以依法治国为基础。通过全面依法治国方略的实施,塑造法治思维,培育法治理念,建立完备法律体系,构建高效规范的法治实施体系及严密科学的法制监督体系,最终成就人人懂法、时时讲法、事事依法的法治社会理想。诚然,在"四个全面"战略布局中,最核心的组成部分和控制系统便是全面从严治党。作为一项团结全国亿万群众共同前进的伟大事业,中国特色社会主义的健康发展离不开中国共产党的领导和推动。在新时代,随着世情、国情和党情的深刻变化,全面从严治党已成当务之急。党的十九大明确提出加强党的政治建设,并将制度建设贯穿于党的政治建设、思想建设、组织建设和作风建设的全过程,这便是践行"打铁还需自身硬"的高度政治自觉和自我担当精神,勇于肩负实现民族复兴历史使命的现实体现。

五、把握全面深化改革总目标

改革,就其字面意义而言,即改变现状,确立新局面。在人类文明的历程中,改革可谓是永恒的话题。没有改革,就没有人类的发展和进步。回顾新中国发展的历程,自20世纪50年代在以毛泽东同志为核心的第一代中央领导集体领导人民完成了对农业、手工业和资本主义工商业的社会主义改造,在中国建立起社会主义制度之后,探索一条适合中国国情的社会主义发展道路,便成为摆在党和国家面前的一项重要课题。此后的数十年,围绕着社会主义制度的发展完善以及国家的良善之治等问题,我国进行了不懈的探索和努力,并取得了一定的成果。但由于对社会主义本质的认识以及社会主义发展道路的理论和实践经验的不足,加上对国内外形势的判断出现偏差,社会主义建设出现较大失误。党的十一届三中全会以来,在深刻总结新中国成立后的前30年我们探索中国式社会主义发展道路过程中的经验教训的基础上,以邓小平为核心的党中央领导集体果断作出改革开放的战略决策,进而拉开了探索中国特色社会主义发展道路的帷幕。

40余载改革开放,40多年流金岁月,在邓小平理论、"三个代表"重要思想及科学发展观的指引下,中国特色社会主义伟大事业不断进步,国家管理体系和管理能力不断完善和提高,我国的综合国力和国际威望显著增强,国家由大而富、由富而强的发展态势日趋明朗。这是我们的荣耀,也令我们倍感自豪。但是,在欣喜之余,我们也要保持清醒的头脑:在中国特色社会主义事业进入新时代的崭新历史阶段,与我们的改革开放历史性成就、与中国社会历史性巨变相伴而生的,是改革开放进入深水区、攻坚区,改革难度和阻力愈益增大,需要啃的"硬骨头"愈益增多以及我国的社会主义制度不够完善、国家治理体系不够规范、治理能力不够强的现实状况。而对这些问题的疏解,还依赖于全面深化改革,这是新时代所赋予我们的光荣使命。

事物是发展的,发展的道路是曲折的。为了在发展中不犯或尽可能少犯错误,明确其基本方向和目标可谓是关键。在全面深化改革的新时代,我们要始终牢牢抓住"完善和发展中国特色社会主义制度"这个中心工作不懈怠。

习近平总书记曾经说过:"中国特色社会主义不是从天上掉下来的,是党和人民历尽千辛万苦、付出各种代价取得的根本成就。"就其本质和构成要素而言,中国特色社会主义制度本身的优势是显而易见的。其中,以公有制为主体、多种所有制经济共同发展的基本经济制度,人民代表大会制度这一根本政治制度,以中国共产党领导的多党合作与政治协商制度、民族区域自治制度和基层群众自治制度为组成成分的基本政治制度,蕴含着国家富强、民族振兴和人民幸福的价值追求、巨大能量和潜在活力,是中国特色社会主义理论和道路的制度体现以及中国共产党治国理政的制度基础,也是我国社会主义制度优越性的现实体现。新时期的全面深化改革,就是要在坚持社会主义基本制度不动摇的前提下,坚决破除束缚其运行的体制机制障碍,创新和优化各方面运行模式,极大地激发、释放和实现社会主义制度活力,使中国特色社会主义制度更加生机盎然,富有魅力。我们还要始终紧紧按住"推进国家治理体系和治理能力现代化"这根弦不放松。所谓国家治理体系和治理能力,是指党领导下的管理国家的制度体系以及运用国家制度管理社会事务的能力,涵盖国家经济、政治、文化、社会、生态运行及党的建设体制机制等制度安排,涉及改革发展稳定、内政外交国防、治党治国治军等诸多领域。改革是决定当代中国命运与前途的关键抉择。我们所推进的改革,其根本目的就是要调整我国社会生产关系,以清除阻碍生产力发展的一切障碍。如今,经过40多年的实践探索和经验总结,我们已经累积了较为丰富的关于治国理政的一系列经验。而正是在这些经验的指导下,通过全党和全国人民的共同努力,我们实现了经济、科技、国防实力和综合国力的大幅跃升以及党、军队、国家、人民和民族面貌的根本性改变。在新的历史发展阶段,我们在全面深化改革的过程中,要坚持在全面建设社会主义现代化强国的总进程中,以完善和发展中国特色社会主义制度为基本方向,着力于国家治理体系和治理能力现代化战略的有效推进,有效提高中国共产党科学执政、民主执政和依法执政的能力水平,切实提高我国国家机构为民服务的履职能力,同时致力于大幅提升广大人民群众依法管理国家事务、经济社会文化事务及自身事务的能力,逐步实现管党治党、治国理政及服务社会等诸多事务的规范化、程序化和制度化,以不断提高党和国家各级机构运用中国特色社会主义制度有效治理国家的能力,并以国家治理体系和治理能力的稳步现代化,促进中国特色社会主义制度的优越性不断发挥。

六、建设社会主义法治国家

在人类政治文明史上,法治和人治问题自古以来便无法回避,也是各国在实现现代化过程中的一个重大课题。21世纪特别是党的十八大以来,伴随着中国特色社会主义事业的前进步伐,我国社会主义法治建设也进入崭新阶段,踏上新的历史征程。在新的时代,要把握我国社会主义法治建设的脉搏,引领社会主义法治国家建设的新征程,我们首先不能忘却历史。

中华人民共和国的缔造者对于法治建设是非常重视的。早在新中国成立前夕召开的中国人民政治协商会议上,代表们便审议通过了《中国人民政治协商会议共同纲领》,并以之代起临时宪法的作用。1954年,在继承临时宪法基本思想并及时总结法治建设实践经验的基础上,我国制定并颁布了《中华人民共和国宪法》,进而根据宪法制定了国家机构组织法和其他法律,从而基本建构了新中国法律制度的总体架构。1956年召开的党的八大,又进一步发出了完善法律法规、健全我国法制的号召。然而,遗憾的是,自1958年"大跃进运动"开始一直到"文化大革命"结束,由于党内"左"的思想泛滥及国内外复杂形势的冲击,我们逐渐背离了法治建设的轨道,并为此留下了惨痛的教训。党的十一届三中全会以来,经过政治上的拨乱反正,我国的社会主义法治建设工作逐渐步入正轨。特别是党的十八大以来,我国的民主法治建设取得重大进展。我们不仅实现了社会主义宪政事业的稳步推进,而且实现了关涉社会主义市场经济、社会主义民主政治、社会主义文化、社会主义和谐社会及社会主义生态文明建设的相关法律制度的建构。我们不仅在建设法治社会、法治政府的工作中成效显著,而且在增进全民法律意识,维护社会主义法制尊严和权威的工作中收获了人民的信赖和认同。而人民群众的信任和支持,则又为我们增强法治定力、进一步推进社会主义中国由"依法治国"到"全面依法治国"的历史跨越,注入巨大的勇气和信心。

习近平总书记早就说过:"历史是最好的老师。经验和教训使我们党深刻认识到,法治是治国理政不可或缺的重要手段。法治兴则国家兴,法治衰则国家乱。"在中国特色社会主义阔步进入新时代的崭新历史阶段,社会主义法治建设只能加强,不能削弱,更不能放弃。根据党中央的部署,新时代的依

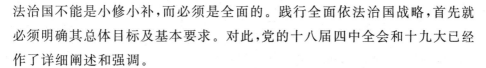

法治国不能是小修小补，而必须是全面的。践行全面依法治国战略，首先就必须明确其总体目标及基本要求。对此，党的十八届四中全会和十九大已经作了详细阐述和强调。

实现全面依法治国总目标，必须致力于建设中国特色社会主义法治体系。所谓中国特色社会主义法治体系，简言之，即新时代我国实现全面依法治国的网络体系。在一般意义上，它主要涵盖中国共产党领导下的较为完备的法律规范体系、行之有效的法治实施体系、严谨健全的法制监督体系、细致周到的法治保障体系以及科学严明的党内法规体系等环节。其中，法律规范体系建设主要注重立法的质量，强调在党的领导下依宪立法、规范立法及科学民主立法等，以实现党的主张和人民意志的统一为追求。法治实施体系建设主要注重执法的公正，强调以社会主义法治文化建设为基础，以司法体制综合配套改革为抓手，维护宪法权威、增强法制意识和依法执政的能力等。法治监督体系建设主要注重法治的规范，强调公权力监督的制度化，以国家监察和常态化监督为措施，以党内监督、人大监督、民主监督、行政监督、司法监督、审计监督、社会监督和舆论监督制度建设为渠道，打造全面有效的权力监督网络，促进党员领导干部和国家公职人员廉洁奉公、遵纪守法。法治保障体系建设主要注重法治的方向，强调中国共产党是全面依法治国的核心政治领导力量、加强党的领导是新时期依法治国的根本保证。此外，党内法规制度体系建设是中国特色社会主义法治体系建设的重要组成部分。作为新时代全面依法治国的核心领导力量，中国共产党的引领力和战斗力主要来自从严治党、制度治党的法治实践。因此，加快建设全面覆盖的党内法规制度体系，不仅是当代管党治党的需要，也是建设社会主义法治国家的必然要求。

实现全面依法治国总目标，必须致力于建设社会主义法治国家。古人云，小智治事，中智治人，大智立法。治理国家，关键是要讲规矩。而在一个国家中，最为重要的规矩，便是法律。在新时代，建设社会主义法治国家，归根到底是要建设依法治国、依法执政和依法行政齐头并进，法治国家、法治政府和法治社会塑造协调一致，科学立法、严格执法、公正司法和全民守法格局井然有序的国家。具体而言，建设社会主义法治国家首先要坚持党的领导，这是社会主义法治的根本要求、党和国家的命脉所在，也是全国各族人民的幸福所系。建设社会主义法治国家，要完善以宪法为统帅的中国特色社会主义法律体系,把国家各项事业和各项工作纳入法制轨道,以维护社会公平正义。建设社会主义法治国家,要严格依法行政,坚持运用法治思维和法治方式治国理政,推进依法执政制度化、规范化、程序化。建设社会主义法治国家,还要致力于建设一支德才兼备、素质过硬的法治队伍,以保证公正司法、增强广大人民群众对社会主义法治优越性的心理认同,逐步推动人人讲法、个个守法、遵纪守法蔚然成风的良好社会风气的形成。

七、打造世界一流军队

古往今来,对于民族国家而言,军队一直有保家卫国的"钢铁长城"的美誉。特别是在当今世界,面对前所未有、正在剧烈演变和大幅调整的国际体系以及我国正在发生深刻变化的安全形势,军队建设的重要性和紧迫性日益显现。回顾历史,建成强大的人民军队始终是我们党的不懈追求。在各个历史时期,我们党都提出了人民军队建设的明确目标要求,从而引领我军建设不断向前发展、不断取得新的进步。然而,审视现在,客观地说,基于种种原因,我军现代化水平与维护国家安全的具体需求相比,还存在很大差距,如果与世界先进军事力量的发展水平相比,则差距更大。这种状况,同当今中国正处于由大向强发展进程、全面建成小康社会的决胜阶段,中国特色社会主义进入新时代的战略地位,是极不相称的。护卫中华、服务人民的神圣使命,时刻鞭策着中国军队奋起直追,勇创一流。

新时代的军队建设,在继承和弘扬我党我军优良传统的基础上,还需审时度势,明确奋斗目标。首先,我们的军队,必须是对党忠诚、听党指挥的军队,这是新时代军队建设的灵魂,决定了我军建设的政治方向。党指挥枪,是我军建设的基本原则和传统优势。这是因为我军的诞生,渊源于中国共产党的缔造与领导,这就决定了其根本性质,即我军是党的军队、人民的军队、社会主义国家的军队,它同世界上任何其他军队都存在着本质的不同。历史告诉我们,坚持党对军队的绝对领导,不仅是保持人民军队根本性质的重要保证,而且也是保持人民军队革命本色的根本。实践也告诉我们,在长期的革命斗争和社会主义建设过程中,我军之所以能够历经各种考验而性质不改、本色不变,党对军队的绝对领导发挥了至关重要的作用。当前,我军建设发展的内外环境均已变化,使命任务、组织形态和官兵成分复杂多样,日常生活中客观存在着的一些消极腐败现象也对官兵思想产生侵蚀。面对各种诱惑和考验,必须坚持党对军队的绝对领导,以党的先进性保证军队的先进性。其次,我们的军队,必须是技艺精湛、能打胜仗的军队,这是新时代军队建设的核心,反映了我军的根本职能和建设路向。能打仗、打胜仗,不仅是军队存在之本,也是新时期的强军之要。培养能打胜仗的军队,要求我们立足平时,一方面时刻用打仗的标准进行军队建设,时刻做好进行军事斗争的准备,坚持以军事斗争准备为龙头带动现代化建设;另一方面,在不断强化官兵当兵打仗、带兵打仗、练兵打仗思想的同时,坚持从实战需要出发,从难、从严训练部队,全面提高部队以打赢信息化条件下局部战争为核心的完成多样化军事任务的能力,做到招之即来、来之能战、战之必胜。最后,我们的军队,必须是弘扬传统、作风优良的军队,这是新时代军队建设的保证,关系到我军的性质宗旨和群众基础。在自新民主主义革命以来的军事斗争历史上,无论是"三大纪律,八项注意",还是"理论联系实际、密切联系群众、批评与自我批评",都是我军代代相承的"传家宝"。在长期革命斗争、社会主义建设和改革开放历程中,正是这些优良作风及其现代转换,保证了我军的革命本色,成就了人民军队的历史地位。

新时代的军队建设,既要有明确的奋斗目标,也要有精准的战略布局。在新时代,为了培养出有灵魂、有本事、有血性和有品德的革命军人,锻造出有担当、有追求、有实力和有威望的一流军队,要做到以下几点:第一,我们要高举政治建军的大旗。坚持以党对军队的绝对领导,确保革命军队的红色基因和人民本色,逐步在全军培养和树立党性原则及战斗力标准,有效提升政治工作的威信,让马克思主义的信仰和共产主义必胜的信念在军队官兵的心中扎根,以造就具有铁一般信仰、铁一般信念、铁一般纪律和铁一般担当的部队。第二,我们要提高备战打仗的能力。有人说,军人是为战斗而生,以马革裹尸为无上荣耀。军队是为战争而存的,以捍卫和平为神圣使命。然而,和平在一定意义上建基于战争的威慑。所谓"不战而屈人之兵",说的便是这个道理。而这种威慑,在很大程度上依赖于军队的战争准备。在和平时期,练兵备战是军队的基本实践活动。要坚持兵力运用常态化的原则,立足实战,从难、从严训练军队,教育官兵胸怀忧患意识,苦练杀敌本领,增强打赢底气,在践行报国之志的过程中成就自我。第三,我们要有改革强军的勇气。在世界新军事革命风起云涌的新时代,军队的发展在于改革。只有立足现实需要,鼓起"壮士断腕"的勇气,坚决铲除制约国防和军队建设的体制机制障碍、结构性矛盾及政策性问题,促进中国特色社会主义军事制度的发展与完善,方能保证军队有未来、富国有支撑、复兴有根基。第四,我们要有科技兴军的眼光。知识经济是新时代的重要特征,在科学技术作为第一生产力的作用愈益突出的当下,科技进步对于军队战力提升的意义尤为显著。因此,深化我党对现代战争和军队建设规律的认知,进而及时树立科技是核心战斗力的思想,不断提高科技进步对军队发展的贡献率,促进我军发展从主要依靠数量规模转向创新驱动的基本模式,是打造创新型人民军队的必然选择。第五,我们要有依法治军的决心。打造世界一流军队,提升指战员制胜打赢的能力素质是根本,而这种素质的提升依赖于法治军队的建设。建设法治军队,需要我们在军中完善符合法治要求的领导指挥体制,还需要我们坚持按照法治思维和法治方式推动工作,以形成依法运转的工作机制,从而在推进治军方式重大变革的过程中,逐步实现强军目标。

深刻理解把握习近平强军思想的指导地位

习近平强军思想,是习近平新时代中国特色社会主义思想的"军事篇"。确立习近平强军思想在国防和军队建设中的指导地位,对于实现党在新时代的强军目标、建成世界一流军队,对于全面建成社会主义现代化强国、实现中华民族伟大复兴,都具有重大而深远的意义。

习近平强军思想是强军实践经验的智慧结晶。习近平强军思想,深深植根于全党全军全国人民加强新时代国防和军队建设的丰厚土壤,是在引领国防和军队建设迈进新时代中体现出强大真理魅力和巨大实践威力的科学理论。在习近平强军思想的指导下,人民军队政治生态得到有效治理,组织架构和力量体系实现革命性重塑,军事斗争准备取得重大进展,在中国特色强军之路上迈出坚定步伐。习近平强军思想就是这一系列强军实践的理论结晶,是新时代人民军队最宝贵的精神财富。

第三章 创立新思想，践行新方略

习近平强军思想有着丰富而深刻的思想内涵。习近平强军思想，是一个主题鲜明、逻辑严密的科学军事理论体系。这一思想，精准回应了中华民族走近世界舞台中心的使命召唤，深刻回答了实现党在新时代的强军目标、把人民军队建设成为世界一流军队的重大问题，充分反映了全党全军和全体中华儿女强国强军的殷切期盼；它贯穿强军目标的思想魂魄和逻辑主线，与时俱进发展党的军事战略指导，创造性地把军事斗争准备的基点放在打赢信息化局部战争上，明确了统揽军事力量建设和运用的总纲；它将新发展理念运用于国防和军事领域，强调更加注重聚焦实战，更加注重创新驱动，更加注重体系建设，更加注重集约高效，更加注重军民融合，确立了军队建设发展的战略指导；它坚持统筹推进政治建军、改革强军、科技兴军和依法治军，强调聚焦备战打赢锻造精兵劲旅，明确了强军战略布局和军队的根本职能、军队建设的根本指向；它要求深入推进军民融合，构建一体化的国家战略体系和能力，坚实了强军兴军的战略依托。

习近平强军思想开创了中国军事理论和实践的新境界。从理论层面看，习近平强军思想是马克思主义军事理论中国化的新飞跃。它把辩证唯物主义和历史唯物主义的世界观方法论同当代中国加强国防和军队建设的客观实际与时代特征结合起来，把马克思主义关于战争和军事问题的基本观点同新的战争形态与制胜机理结合起来，把我们党一以贯之的建军治军指导思想和方针原则与创新发展军事战略指导的时代需求结合起来，提出一系列新思想新观点新论断新要求，使马克思主义军事理论中国化时代化上升到一个全新的高度。从实践层面看，习近平强军思想是坚持走中国特色强军之路的行动指南。这一思想深刻阐明了强军兴军的历史方位、目标布局、理念思路、发展动力、战略举措、根本保证等，为我们攻坚克难、开拓前行提供了强大思想保证，为铸魂励志、凝魂聚气立起了精神旗帜。在新时代的强军征程上，只要我们高擎习近平强军思想伟大旗帜，人民军队就能不断从胜利走向胜利，创造无愧于历史和时代的新业绩。

(来源《光明日报》，2017 年 11 月 7 日)

八、构建新型国际关系

变革,是当今世界的显著特征。在这个信息化浪潮汹涌澎湃、国际体系深度调整的时代,放眼世界,全球化的加速推进与反全球化运动的勃兴,使我们赖以生存与发展的国际环境日趋错综复杂。特别是处在新的国际体系和政治格局深度调整和加速重构的历史阶段,世界各国既面临着前所未有的发展机遇,同时也需应对愈演愈烈的全球性危机和风险社会的严峻挑战。就我国而言,经过60余年的社会主义建设,特别是40多年改革开放的伟大实践,迈向中华民族伟大复兴的道路越走越宽广。在我国中国特色社会主义进入新时代的当前阶段,一幅国家富强、民族振兴和人民幸福的画卷已然展开。这是和平与发展成为时代主题的历史背景下,党和国家带领全国各族人民同心同德、励精图治的成果,也是一代又一代中国共产党人吃苦在前、享乐在后和顽强拼搏的收获。在新时代,要想将这幅画卷描绘得更加美好,既需要我们坚定中国特色社会主义制度、道路、理论和文化自信,把自己的事情办好,把这一千秋万代的事业做大做强,也需要我们顺应历史潮流,处理好中国和外部世界的关系,写好新型大国外交这篇文章,为维护世界和平、促进共同发展作出新贡献。

具体而言,20世纪50年代到70年代末是新中国大国外交的奠基期。这一时期,我国的外交战略经历了由向社会主义阵营和苏联的"一边倒"到构建中美苏"大三角关系"、由两大阵营争锋到"三个世界"制衡的历史性变迁,巩固了新生的社会主义制度,维护了国家和人民的安全,提出了"和平共处五项原则",为形成和谐国际关系贡献了中国智慧。20世纪80年代到21世纪的前10年,是我国大国外交的蓄势期。这一时期,我国在夯实"最大发展中国家"之国际地位的基础上,将本国发展与世界进步有机统一起来,致力于通过自身的发展壮大来为维护世界和平、促进各国共同发展作出贡献。2012年以来,是我国大国外交的发力期。这一时期,肇端于美国的全球性金融危机使西方发达国家遭受重创。与此同时,以中国为领头羊的新兴经济国家群体迅速崛起。随着综合国力的增长,我国国际地位的抬升步伐明显加快,世界范围内要求中国发挥大国作用、承担大国责任的呼声日益高涨。为顺应历史的潮流和时代的召唤,党的十八大以来,以习近平同志为核心的中央领导集体,怀揣民族复兴的梦想,高举中国特色大国外交的旗帜,从联合国讲坛到二十国集团峰会,从金砖国家群体到"一带一路"倡议,从APEC的中国旋律到世界政党大会的中国风采,一次次书写游刃有余的外交华章,为中国的大国外交写下了浓墨重彩的一笔!

毫无疑问,自新中国成立以来,尤其自党的十八大以来,我国大国外交所取得的成就,是极其巨大和令人自豪的。然而,成就只属于过去。在中国共产党带领全党全国人民戮力实现中华民族伟大复兴中国梦的历史征程中,我们要坚持在独立自主的基础上,继续高举新型大国外交的旗帜,在坚定维护国家主权、人民安全等核心利益的同时,致力于为维护世界和平发展、增进各国团结协作,营造互帮互助、和谐共生的国际格局贡献力量。目前,"我国已经进入实现中华民族伟大复兴的关键阶段。中国与世界的关系在发生深刻变化,我国同国际社会的互联互动也已变得空前紧密,我国对世界的依靠、对国际事务的参与在不断加深,世界对我国的依靠、对我国的影响也在不断加深。"习近平总书记对于我国同国际社会之关系的分析鞭辟入里。正是基于这种考量,他及时提出了"共同构建人类命运共同体"的倡议。这一蕴含丰富人文情怀、彰显宏阔国际视野的理念甫一问世,便得到国际社会的踊跃响应和广泛赞誉,也为我们在新时代继续开创富有中国气派、中国风格和中国特色的新型大国外交新局面,构建以合作共赢为核心的新兴国际关系,最终成就人类美好的未来,提供了方向指引和动力源泉。

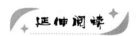

大同思想及其对近现代中国社会的影响

"大同"思想是中国儒学创始人孔子在《礼记·礼运》中首次提出来的:"大道之行也,天下为公。选贤与能,讲信修睦。故人不独亲其亲,不独子其子,使老有所终,壮有所用,幼有所长,矜寡孤独废疾者,皆有所养。男有分,女有归。货恶其弃于地也,不必藏于己;力恶其不出于身也,不必为己。是故谋闭而不兴,盗窃乱贼而不作,故外户而不闭。是谓大同。"这虽是一个空想的社会理想,但对中国历代知识分子却产生了深远的影响。

自1840年鸦片战争开始,中国步入近代,古老的中华民族遭遇了空前的灾难,面临着被帝国主义列强瓜分的灭亡惨祸。中国的志士仁人在谋求中国的自强复兴之道时,又开始从中国的老祖宗那里寻找求强御侮的思想法宝。首先是维新派的领袖人物康有为,他从孔子《礼运》篇中搬出"大同"世界的宏远理想,加以新的阐释发挥,写出《大同书》,使中国古代的"大同"理想在近代中国发出吸人眼球的新异彩。康有为的学生梁启超,则把《大同书》与当时开始传入中国的西方社会主义、共产主义学说糅合起来,加以进一步地宣传:"以今语译之,则民治主义存焉,国际联合主义存焉,儿童公育主义存焉,老病保险主义存焉,共产主义存焉,劳作神圣主义存焉。有为谓此为孔子理想的社会制度。"不仅维新改良派的代表人物如此热情宣传孔子的"大同"思想,就连中国民主革命派的领袖人物孙中山,也热烈向往"大同"理想。他在《建国方略》中指出:"人类进化之目为何?即孔子所谓'大道之行也,天下为公'。"他在《三民主义》中指出:"真正的民生主义,就是孔子所希望之大同世界。"

在新中国成立后,从"和平共处五项原则"的提出到"三个世界"的划分,从我们决不称霸、决不当头的宣誓到建设和谐世界的倡议,再从"一带一路"倡议到当下构建"人类命运共同体"之中国方案的问世,无不显示了"大同"思想巨大而深远的影响。特别是当今"构建人类命运共同体"理念,既是中国文化优秀思想精华的光辉体现,也是对当今国际形势的精确判断与正确决策,是中国共产党与中国人民贡献给全球治理与共同发展的中国智慧,必将为中国和全人类创造出更美好的明天。

(来源:彭大成.中国古代"大同"思想与当今"构建人类命运共同体"[J].湖湘论坛,2018.)

九、凸显中国特色社会主义制度优势

在中国特色社会主义的政治话语中,中国共产党无疑居于中心地位。这是因为,她不仅是中国特色社会主义的奠基者和推动者,而且是中国特色社会主义伟大事业的领导者和领跑者。在新中国,中国共产党是执政党,在国家政治和社会生活中处于总揽全局、协调各方的领导核心地位。坚持和维护党的领导,是做好党和国家各项工作的重要保障,是维护我国经济发展、政治稳定、文化繁荣、民族团结和社会和谐的坚实基础,也是发展中国特色社会主义的根本保证。坚持和完善党的领导,是党和国家的根基所在、命脉所在,是全国各族人民的利益所在、幸福所系,同时也是新时代凸显中国特色社会主义制度优势、讲好中国故事、塑造中国良好形象的有力保障。

首先,坚持和巩固党的领导,是我们系统总结近代中国百年屈辱历史所得出的必然结论。自 1840 年的鸦片战争开始,中国近代史便拉开了序幕。在长达一个多世纪的岁月中,面对列强的恣意入侵和蹂躏,一代又一代华夏儿女对于救国救民的道路进行了不倦的探索。其中,以金田起义为标志的农民阶级的抗争,虽然建立了政权,且持续斗争了 13 年之久,但终因农民阶级的历史局限性而归于失败。继之而起的洋务运动以"自强"和"求富"为目标,反映了地主阶级改革派自救图存的愿望,但终以甲午海战北洋水师的全军覆没而宣告失败。后来,资产阶级改良派所发起的戊戌变法,仅行百日即告夭折。而声势浩大的辛亥革命运动,也因为北洋军阀的掣肘而前功尽弃。正当人们苦闷彷徨之际,俄国十月革命的一声炮响,给我们送来了马克思列宁主义。中国共产党的诞生使中国革命的面目焕然一新!在 20 世纪 20 年代到 50 年代的峥嵘岁月里,正是在中国共产党的领导下,中国人民经过浴血奋战,终于推翻了"三座大山",实现了当家作主。事实胜于雄辩,中国近代以来的历史鲜明地揭示了:没有共产党,就没有新中国。没有中国共产党的领导,便没有中国人民自由幸福的新生活。

其次,坚持和完善党的领导,也是我们深刻反思新中国成立以来奋斗历程所得出的真理性认识。中国共产党在领导全国人民完成新民主主义革命历史使命、建立新中国以后,仅用 7 年时间便实现了由新民主主义向社会主义社会的过渡,夯实了人民当家作主的制度根基。在社会主义建设的伟大历史时期,尽管有过曲折、犯过错误,但我们在党的坚强领导下,经过 60 余年的不倦探索,成功地将马克思主义基本原理和我国实际结合起来,对于社会主义本质、党的建设以及科学发展等问题进行了深入探讨和系统的理论建构,并在实践中取得了社会主义现代化建设和改革开放的一系列辉煌成就,终于找到了一条富有中国特色的社会主义发展道路。党的十八大以来,在以习近平同志为核心的党中央的引领下,我们正在以只争朝夕的决心和干劲,在实现"两个一百年"

奋斗目标、全面建成社会主义现代化强国和中华民族伟大复兴中国梦的道路上奋勇前进。俗话说,吃水不忘挖井人。从新中国成立至今,中华民族由"站起来"到"富起来"再到"强起来"的光辉历程,祖国和人民风貌日新月异的变化,让每一个中国人更进一步坚定了"听党的话,跟党走"的信心和决心。

再次,坚持和维护党的领导,还归因于中国共产党本身的先进性和纯洁性。纵观百余年来中华民族走向复兴的伟大历程,无论是峥嵘的革命岁月,还是火热的建设时期,我们之所以能够不断地取得一个又一个胜利,归根结底是因为有了中国共产党的正确领导,这是毫无疑问的。而中国共产党之所以能够担负起组织和领导中国革命和社会主义建设的神圣使命,成功地引领中国这艘东方巨轮劈波斩浪、勇往直前,开创一片又一片新天地,根本原因在于其本身所具有的先进属性。我们党从诞生那一刻起,便坚持把共产主义远大理想确立为自身的奋斗目标和价值追求,并以马克思主义的坚定信仰认识世界和改造世界。就其基本属性而言,中国共产党不仅是一个先进的政党,而且是一个纯洁的政党。在党的近百年光辉征程中,从"两个务必"的告诫到清理"三种人"的行动,再从"三讲"的部署、"保持纯洁性"的强调到全面从严治党的扎实推进,我们党始终坚持将自我革命的政治勇气同自我净化、自我完善、自我革新和自我提高的能力建设有机结合起来,逐渐形成了基于民主集中制原则之上的"理论联系实际、密切联系群众、批评和自我批评"等优良传统和作风。在九千多万名党员和四百多万个基层党组织的共同努力下,我们党的领导和执政水平将越来越高,拒腐防变和抵御风险的能力稳步提升,正在为实现中华民族的伟大复兴作出更多更大的开创性贡献。

第二节　新思想的基本方略

全党要深刻领会新时代中国特色社会主义思想的精神实质和丰富内涵,在各项工作中全面准确贯彻落实。

——习近平

第三章 创立新思想，践行新方略

一、坚持党对一切工作的领导

政党，就其本质而言，是具有明确政治主张和严密组织形式的特定政治集团。在人类社会的发展历程中，中国共产党的诞生，在根源上基于20世纪初中国所处的国内外环境，特别是十月革命的积极影响以及民族独立和人民解放的现实需要。在近代中国的政治版图中，中国共产党同一切剥削阶级政党之间存在着本质的不同，她既是中国工人阶级的先锋队，同时也是中国人民和中华民族的先锋队，不仅代表着先进生产力发展要求、先进文化前进方向，而且代表着全国人民的根本利益。作为中国革命和中国特色社会主义事业的领导核心，中国共产党在新中国的领导和执政地位，是历史和人民的选择，也是时代的呼唤。

在风雨如磐的近代中国，中国共产党的领导让中国革命的面貌焕然一新，并最终找到了实现民族独立和人民翻身得解放的正确道路。在人民当家作主的新时期，又是在中国共产党的领导下，我们顺利进入社会主义社会，进而成功找到了一条中国特色社会主义的发展道路。在当代中国，随着中国特色社会主义道路越走越宽广，随着全国人民对于中国特色社会主义的制度自信、理论自信、道路自信和文化自信的稳步增强，中国共产党的威望空前提高，党的领导，作为我国社会主义制度的最本质特征和最大优势，也愈益得到人们的充分肯定与高度认同。在一定意义上，正如习近平总书记所说："中国最大的国情就是中国共产党的领导。"因此，坚持并巩固中国共产党的领导地位，不仅是新时代中国特色社会主义伟大事业保持正确发展方向的根本保证，也是实现中华民族伟大复兴的根本要求。

在新时代，坚持党的领导，首先必须确保其落到实处。"党政军民学，东西南北中，党是领导一切的"，这是全党和全国人民的基本共识，也是我们在新形势下践行政治意识、大局意识、核心意识和看齐意识的根本要求。诚然，坚持党对一切工作的领导，不仅仅是一种执政地位的宣示，更是一种责任和使命的担当，其基本的依据便是我们党作为工人阶级先锋队、中国人民和中华民族先锋队的性质，全心全意为人民服务的宗旨以及从群众中来、到群众中去的政治路线。近百年来，正是在这种属性、宗旨和路线的指引下，中国共产党才能够不忘初心、戮力前行，逐渐凝聚而成巨大的思想、政治和组织优势,并由此领导和团结全国各族人民披荆斩棘、勇往直前,最终迎来人民当家作主的新中国和中华民族的稳步复兴。

在新时代,坚持党对一切工作的领导,必须以党的执政能力建设为根本。所谓党的执政能力,通俗地说,即我们党代表全体人民的利益,去掌握、维护、巩固和壮大国家政权,以更好地为人民服务的能力。在党的执政能力的话语体系中,既包括制定和执行一系列路线、方针、政策和法律法规的能力,也包括引领广大人民群众有序参与国家和社会事务管理的能力,还包括面对错综复杂的国内外形势的变化而处变不惊、泰然自若的政治定力和在推进中国特色社会主义伟大事业的实践过程中及时进行理论创新的能力。在当代中国,当我们的和平崛起遭遇了域外别有用心的人的质疑和挑战的时候,当西方一部分固守"冷战"思维的政客、学者恣意炒作"中国威胁论",在我国周边煽风点火,甚至赤膊上阵,开动国家机器,对中华民族挥舞大棒,为我们的复兴伟业设置障碍的时候,当我们的改革事业进入攻坚期和深水区,各种体制机制弊端加速暴露,种种利益纠葛和内外矛盾纷至沓来,社会和谐干扰因素逐渐增加,执政风险逐步加剧的时候,尤其需要我们党筑牢政治定力之锚,始终保持清醒头脑,坚持原则,明辨是非,拒斥僵化保守的老路和改旗易帜的邪路,满怀信心地沿着中国特色社会主义道路阔步前进。

道路决定命运。中国共产党的强大生命力,不仅来源于我们对于中国特色社会主义道路的坚守,还渊源于我们党所具有的强烈的创新意识和高超的创新能力。中华民族自古以来,便有"与时偕行"的优良传统。作为一个马克思主义政党,自20世纪20年代诞生起,我们党便开始汲取这一优良传统的精华,并结合时代特点加以创造性运用,逐步形成了与时俱进的理论品格。近一个世纪以来,结合中国革命、我国社会主义现代化建设以及改革开放的现实需要,围绕着"什么是中国革命,如何进行中国革命""什么是社会主义,如何建设社会主义""建设什么样的党,如何建设党""需要什么样的发展,如何发展"等一系列问题,在马克思主义基本立场、观点和方法论的指导下,结合党在不同时期的实践经验,我们党大胆进行理论创新,相继形成了毛泽东思想、邓小平理论、"三个代表"重要思想和科学发展观等科学理论,推动了马克思主义中国化的历史进程。党的十八大以来,面对中国特色社会主义进入新时代的崭新历史条件,在认真审视党的自身情况及其所肩负历史使命的基础上,围绕着"坚持和发展什么样的中国特色社会主义、怎样坚持和发展中国特色社会主义"的问题,我们党及时而鲜明地提出了习近平新时代中国特色社会主义思想的新理论,由此实现了党的指导思想的又一次创新,将马克思主义中国化提升到新境界。时代在发展,社会在进步,实践在推进,理论创新也不能止步。只有始终坚持用马克思主义中国化的最新理论成果武装全党、教育人民,使全党和全国人民在思想理论上强大起来,我们才能在日益复杂的内外环境中认清形势,占据主动,不断开创中国特色社会主义事业的新局面。

"党领导一切"是怎么来的?

"党政军民学,东西南北中,党是领导一切的。"在我们党的历史上,强调党对一切工作的领导,由来已久。

"党领导一切"这个概念在我们党内最早于抗日战争时期出现。1942年,抗日战争进入最艰难时期。为应对残酷的战争环境,同时也为了克服这一时期党内出现的山头主义和分散主义倾向,有必要进一步加强党的领导,统一领导根据地内的政治、经济、军事等各项工作。为此,中共中央在1942年9月1日通过《关于统一抗日根据地党的领导及调整各组织间关系的决定》,其中明确规定,党是无产阶级先锋队和无产阶级组织的最高形式,"党是领导一切其他组织,如军队、政府与民众团体"。根据地领导的统一与一元化,应当表现在每个根据地有一个统一的领导一切的党的委员会。这是关于"党领导一切"的规定,第一次在党的正式文件中出现。

进入社会主义建设时期,毛泽东同志进一步阐发"党领导一切"的思想。1954年9月15日,他在第一届全国人民代表大会第一次会议开幕式讲话中明确指出,领导我们事业的核心力量是中国共产党。1962年1月30日,毛泽东同志在扩大的中央工作会议上强调,工、农、商、学、兵、政、党这七个方面,党是领导一切的。党要领导工业、农业、商业、文化教育、军队和政府。20世纪70年代,毛泽东同志重申:"党政军民学,东西南北中,党是领导一切的。"

当然，毛泽东同志同时认为，所谓"党领导一切"并不等于包揽一切。领导一切是指大政方针的领导，而不是具体事务上的大包大揽。对于这一问题，周恩来同志也有过精辟论述。他说："必须肯定，党应该领导一切，党能够领导一切。现在的问题是：如何领导一切？什么是一切？""我们所说的一切是说党要管大政方针、政策、计划，是说党对各部门都可以领导，不是说一切事情都要党去管。至于具体业务，党不要干涉。"

在战争年代、新中国成立初期以及探索社会主义建设的特殊政治环境下，党实行对一切工作的统一领导，为集中资源夺取胜利发挥了积极作用。但是，由于受"左"倾错误思想的影响，"党领导一切"在个别时候演变为"党统管一切"，国家政治、经济、文化、社会等各个领域都被囊括在党的全面掌管之下，引发了负面效应。鉴于相关经验教训，党的十一届三中全会要求"在党的一元化领导之下，认真解决党政企不分、以党代政、以政代企的现象"。党的十二大对"党的领导"作出限定："党的领导主要是政治、思想和组织的领导。"

这一时期，邓小平同志多次在讲话中指出党的一元化领导实施过程中的弊端："权力过分集中的现象，就是在加强党的一元化领导的口号下，不适当地、不加分析地把一切权力集中于党委，党委的权力又往往集中于几个书记，特别是集中于第一书记，什么事都要第一书记挂帅、拍板。党的一元化领导，往往因此而变成了个人领导。"基于这种判断，邓小平同志提出了改革党和国家领导制度的设想："为了坚持党的领导，必须努力改善党的领导。"但必须明确的是，"改善党的领导"并不是要削弱党的领导，涣散党的纪律，而正是为了坚持和加强党的领导，坚持和加强党的纪律。邓小平同志进一步指出，坚持四项基本原则的核心，就是坚持党的领导。要不断地改善领导，才能加强领导。

随着执政环境和党内形势的新变化，2000年1月，江泽民同志在中纪委第四次全体会议上发表重要讲话，再次重申了"工农兵学商，党是领导一切的"的思想。他强调，中国共产党是领导建设有中国特色社会主义伟大事业的核心力量。当今中国的事情办得怎么样,关键取决于我们党,取决于党的思想、作风、纪律、组织状况和战斗能力、领导水平。

党的十九大报告强调,中国特色社会主义最本质的特征是中国共产党领导,中国特色社会主义制度的最大优势是中国共产党领导,党是最高政治领导力量。这提出了新时代党的建设总要求,突出了政治建设在党的建设中的重要地位。

历史反复证明,中国共产党的领导,是我国政治稳定、经济发展、民族团结、社会稳定的根本点,是中国社会稳定的最大压舱石,绝对不能有丝毫动摇。

党的十八大以来,针对党的领导弱化问题,习近平总书记多次强调"党领导一切工作"的思想。他形象地说:这就像"众星捧月",这个"月"就是中国共产党。在国家治理体系的大棋局中,党中央是坐镇中军帐的"帅",车马炮各展其长,一盘棋大局分明。各个领域、各个方面都必须自觉坚持党的领导,突出党的核心领导地位,发挥好领导核心作用。党的十八届七次全会进一步指出,必须坚持党的领导,坚持和完善民主集中制,坚持党领导各项工作的体制机制,确保党对一切工作的领导,确保党总揽全局、协调各方。

在党的十九大报告中,习近平总书记再次重申"坚持党对一切工作的领导",并将其置于新时代坚持和发展中国特色社会主义基本方略的第一条。同时,明确要求必须增强政治意识、大局意识、核心意识、看齐意识,自觉维护党中央权威和集中统一领导,自觉在思想上政治上行动上同党中央保持高度一致,完善坚持党的领导的体制机制,坚持稳中求进工作总基调,统筹推进"五位一体"总体布局,协调推进"四个全面"战略布局,提高党把方向、谋大局、定政策、促改革的能力和定力,确保党始终总揽全局、协调各方。

可以说,这是新时代中国特色社会主义取得成功、走向胜利的根本政治保证。

(来源:《解放日报》,2017年11月14日)

二、坚持以人民为中心

"人民,只有人民,才是创造世界历史的动力。"70余年前,毛泽东同志代表党中央向全党和全国人民作出这一政治判断,标志着我们党的理论水平又有了新的飞跃。马克思主义唯物史观认为,在人类历史的演进中,人民群众不仅是物质和精神财富的创造者,也是决定社会变革的主要力量。作为认识和改造世界的主体力量,人民群众的意愿、追求和价值选择,是其所处历史时期生产力发展和生产关系变革的根本推动力量,也是经济基础和上层建筑矛盾运动的内在制约因素,从根本上决定了历史发展的走向。在中国共产党的光辉历程中,也正是得益于对人民的关注,特别是对于广大人民群众鲜活社会实践的广泛参与和引领,我们党才获得了认识客观真理的源源不断的动力,以及在不同时期制定和执行一系列正确路线、方针和政策的强大底气。

当然,中国共产党与广大人民群众之间亲密无间的关系,也为我们党进一步坚持以人民为中心的理念、践行全心全意为人民服务的根本宗旨奠定了基础。就其基本属性而言,"两个先锋队"的明确界定,昭示着除了人民的利益以外,我们党没有自己的特殊利益。也就是说,无论何时何地,无论形势和环境发生了什么变化,我们党都会毫不犹豫地将人民以及人民的利益放在心中最高位置,以人民的立场为自己的立场,以人民的追求为自己的使命,情为民所系,权为民所用,利为民所谋,甘做人民群众的贴心人和人民利益的守护者。在实际工作中,坚持以人民为中心还意味着,我们党的全部理论和实践都要始终围绕维护好、实现好及发展好人民利益而展开,并以人民群众是否拥护、是否赞成、是否高兴及是否答应,作为衡量成败得失的判断标准。这种对待人民的态度,不仅是中国共产党人根本政治立场和历史担当的体现,也为我们在新时代更好贯彻以人民为中心的政治原则提供了价值指引。

正如习近平总书记所说:"以人民为中心的发展思想,不是一个抽象的、玄奥的概念,不能只停留在口头上、止步于思想环节,而要体现在经济社会发展各个环节。"坚持以人民为中心,首先要立足于为人民群众创造美好生活。我们知道,在中国特色社会主义进入新时代的崭新历史时期,我国社会主义初级阶段的主要矛盾已经发生了根本的变化,这种变化表现在人民群众的需要已经从单纯的物质文化维度,拓展到涵盖物质文化在内的,包括幸福感、获得感以及尊严、权利等需求在内的美好生活总体维度。人民群众生活需求水平的提高，既是历史发展的必然趋势，也反映出人民对于党的期待与信任。为了不辜负人民的重托，我们党必须在深刻把握中国社会之发展现状的前提下，立足于实现中华民族伟大复兴的奋斗目标，致力于解决当代中国社会客观存在着的发展不平衡不充分等问题，努力保证改革开放的丰硕成果更多更公平地惠及全体人民，引领广大人民群众最终走上共同发展和共同富裕的社会主义康庄大道。

　　坚持以人民为中心，也要投身于人民利益的维护。古往今来的历史表明，真正站在人民的立场上，就要以维护人民利益为根本使命。中国共产党之所以能够从一个仅有50余名党员的弱小政党发展成为拥有8000多万名党员的执掌全国政权的大党，之所以能够在经历各种"左"的和"右"的路线错误以及历经土地革命、抗日战争和解放战争等一系列残酷的血与火的严峻考验的情况下愈挫愈勇，取得一次又一次伟大胜利，就在于我们党获得了人民群众的真心拥护。而我们党之所以能够获得人民群众的拥护，根本原因在于其始终坚持人民的立场，有着时刻想着为绝大多数劳动人民谋利益的责任意识和社会担当，这也是我们党存在的根本和发展的基础之所在。在中国特色社会主义进入新时代的今天，虽然我们所面临的内外条件已经发生了各种变化，但我们党的性质和宗旨没有变，也不可能变。如今，在新的起点上，党中央正着力于分析并解决我国发展中存在着的影响广大人民群众切身利益的各种难题，以更好地满足人民在经济、政治、文化、社会和生态等方面日益增长的需求，促进人的发展与社会进步的良性互动。

　　坚持以人民为中心，还要聚焦于激发人民群众的创造热情与能力。马克思主义告诉我们，充满生机与活力的社会主义，归根到底由广大人民群众所创造的。因此，真正站在人民的立场上，我们还要投身于人民创造力的培育。在新时代，要激发人民创造热情与能力，一方面需要我们大力加强社会主义物质文明、政治文明、精神文明、社会文明和生态文明建设，用阔步走向富强、民主、文明、和谐及美丽的社会主义现代化强国的美好社会现实，去鼓舞和感召人民，使广大人民群众亲身感受到我国社会主义制度的优越性，增强对于祖国的认同感和归属感，进而逐渐激发其为祖国发展强大而进行创造的内在积极性与自觉性。另一方面，还需要我们切实贯彻一切为了群众、一切依靠群众的政治原则,始终秉持以人民为师、虚心向人民求教的态度,把自身政治经验的积累和执政本领的增强,深深植根于人民创造历史的社会实践之中,在和人民群众同心同德、甘苦与共、共创中国特色社会主义伟大事业新辉煌的奋斗历程中,全面激发全党和全国人民的创造热情,提升创造能力。

三、坚持全面深化改革

如果我们用"革命"来诠释鸦片战争至新中国成立这段峥嵘岁月,那么自1950年以来现代中国富有自身特色的社会主义奋斗历程,则可用"改革"一词来加以表征。在品读"携来百侣曾游,忆往昔峥嵘岁月稠"的豪迈诗篇,追思那金戈铁马、战火硝烟弥漫的革命征途的过程中,我们懂得了只有社会主义才能救中国的道理;在感慨"高峡出平湖""当惊世界殊"的盛世景观,欣赏华夏儿女太空折桂、深海御龙的飒爽英姿,见证那"天翻地覆慨而慷"的中国奇迹绚烂绽放的过程中,我们也深深懂得了只有改革开放才能发展中国、发展社会主义、凸显马克思主义强大生命力的道理。在中国特色社会主义进入新时代的历史阶段,为了增强人民的幸福感和获得感,进一步发挥社会主义制度的优越性,我们需要继续书写"改革"这篇大文章,并且需要通过更大力度的全面深化改革来顺应历史的潮流和时代的需要。

在新时代,坚持全面深化改革,首先需要我们尊重客观规律,提高改革的积极性与自觉性。我们要尊重人类社会发展规律。马克思主义认为,人类社会自诞生以来,在生产力与生产关系、经济基础与上层建筑矛盾的运动规律推动下,便沿着原始社会、奴隶社会、封建社会、资本主义社会,到社会主义和共产主义社会的演变逻辑,稳步前行。在这一序列中,后一社会形态,无论是在生产力和生产关系层面,还是在经济基础和上层建筑层面,都要优于前一社会形态。当20世纪来临的时候,俄国十月革命的隆隆炮声,宣告了我们对于资本主义的超越。社会主义,这一人类迄今为止最为先进的社会制度取代资本主义并最终走向共产主义,是人类历史发展的必然趋势,也是我们华夏儿女的共同信仰。我们还要尊重社会主义建设规律以及中国共产党的执政规律。任何社会制度及政党都有其产生和发展的内在规律性。社会主义从其产生之日起,所追求的社会平等、消灭剥削和共同富裕等价值理念,便占据着人类道义的制高点,并引领着一代又一代志士仁人为之实现而奋斗不辍。

然而,正如毛泽东同志所说,社会主义制度在其建立后,本身也存在着生产力与生产关系、经济基础与上层建筑之间的矛盾,这一矛盾体系,虽然在本质上不同于以往阶级社会中的相关矛盾,但也需要我们通过不断的深化改革来加以解决,以推动社会主义制度的发展与完善。同样的道理,作为代表全中国人民根本利益的最为先进的执政党,中国共产党的成长与成熟,也不是一蹴而就的。尤其在世情、国情和党情已然发生巨变的当今时代,要真正突破由革命党成长为执政党、由小党发展为全国性大党过程中的种种障碍,始终保持党的先进性与纯洁性,增强党的向心力、凝聚力与战斗力,更需要我们全面深化改革。

在新时代,坚持全面深化改革,还需要我们运用辩证思维,增强改革的针对性与可行性。坚持全面深化改革,关键在行动。在全面深化改革的实践中,我们要深刻把握社会主义改革的本质问题,明确全面深化改革的根本在于社会主义制度的自我完善与发展,切实增强政治定力,坚定中国特色社会主义的道路自信与制度自信。这是因为,自19世纪中叶以来,在全世界无产阶级的共同努力下,社会主义经历了由理论到实践、由一国到多国、由初步探索到发展壮大的光辉历程,生动体现了人类文明迄今为止最为卓越的发展成果。就我国而言,近代以来一个多世纪的历史事实,也一再证明了社会主义是最为符合中国人民根本利益的制度性选择,也是我们实现中华民族伟大复兴的根本保证。基于此,在全面深化改革的实践中,坚持我国社会主义基本制度不动摇,坚持体现社会主义根本性质和发展方向的基本原则不走样,是谓根本性前提,也是保证我们在新时期不走改旗易帜之邪路的法宝。在全面深化改革的实践中,我们还要把对于社会主义基本制度的坚持,同对于社会主义具体制度的完善有机结合起来,摒弃僵化保守的思想,以促进社会主义治理体系和治理能力的现代化为目标,结合中国特色社会主义发展过程中所出现的一系列新情况和新问题,有效推动社会主义经济、政治、文化、社会、生态及党建体制的革新,以系统化、协同化的社会主义制度体系建设,夯实社会主义健康发展的制度根基。与此同时,要把中国特色社会主义的制度建设同党和政府治国理政能力的提升有机结合起来,坚持以壮士断腕的决心和抓铁有痕的干劲,整肃吏治、严明法纪,促进依法治国和以德治国的双向互动,以进一步坚定党员领导干部的共产主义理想信念、树立亲民务实和廉洁高效的工作作风,有效提升拒腐防变和抵御风险的能力水平。此外,我们也要把对于阻碍我国经济社会发展的具体制度体制的改革理念,同推动中国特色社会主义发展的顶层设计创新思维有机结合起来,有效整合与协调改革中的总体目标与具体战略、全局利益与局部利益、国家民族需要与个人价值追求的关系,以营造风清气正、党政默契、官民和谐的美好社会图景,使中国特色社会主义制度越来越完善、中国特色社会主义道路越走越更宽广。

四、坚持新发展理念

新时代的发展,可谓机遇与挑战并存。一方面,自新中国成立以来持续努力,我国所取得的发展成就举世瞩目,中国模式已经获得世界上越来越多国家的肯定与认同,我们的道路、制度、理论和文化自信强劲增长,中华民族伟大复兴的美好前景日益明朗。然而,毋庸讳言,另一方面,在经济社会发展进入新常态后,基于国内外发展环境及条件的变化,加之历史和现实中客观存在着的种种制约因素,我国发展中的不平衡、不充分、不协调和不可持续性的问题也逐步暴露,特别是资源环境压力、区域群体差异和创新能力不济等问题日益突出。要想解决我国在经济社会发展中存在的紧迫性问题,就要在新时代树立新的发展理念。

所谓发展理念,在一般意义上,是指经由感性上升到理性层面的,引领人类发展行动的思想意识和观念系统,是一定社会群体的发展方向、路径和发展模式在观念层面上的反映。就任何一个国家和民族而言,其经济社会的发展,总是在一定的发展理念指导下进行的。在通常情况下,有什么样的发展理念,就会有什么样的发展模式。在进入新世纪之后,特别是党的十八大以来,面对我国经济社会发展的新态势,在认真总结改革开放以来的经验教训,并在分析新情况、审视新问题的基础上,党的十八届五中全会明确提出了经济新常态背景下推进科学发展、实现民族振兴的"五大发展理念",即创新、协调、绿色、开放和共享的新发展理念,从而为我们决胜全面建成小康社会、推进民族复兴大业,提供了战略指引。

新发展理念以创新为首要任务。在人类文明的历程中,创新可谓引领发展的第一动力。纵观人类文明史,没有哪一个国家和民族的发展不是因创新而实现的。就此而言,我国也不例外。特别是在中国特色社会主义进入新时代的社会条件下,在"大众创业,万众创新"的宏阔历史背景中,创新的价值和优先地位更为明晰。在新时代,坚持创新发展理念,需要我们把创新摆在党和国家发展全局的中心位置,着力于发展质量和效益的提升、人力资源的积淀,落实在创新驱动发展战略的实施、创新空间的拓展、创新动力的培育和创新体制的优化及全社会创新风气的形成。

新发展理念以协调为内在要求。新时代的发展是一个系统工程,关涉经济社会发展的各个层面,需要我们处理好个人集体与国家之间、不同产业和区域之间、城乡之间、物质文明与精神文明之间以及经济建设与国防建设之间存在的种种关系,以利于进一步巩固和完善我国社会主义初级阶段的各项基本制度,充分发挥社会主义可以集中力量办大事的制度优势,有效克服我国经济社会发展中的弱项和短板,切实增强东中西部发展、城市与乡村发展的协同性,充分调动各地区、各行业、各部门人员推动发展的积极性、主动性与创造性,为实现科学、稳健而全面的发展奠定基础。

新发展理念以绿色为重要特征。在多年的社会主义建设,特别是改革开放历程中,我们实现了经济社会的历史性跨越,但也付出了资源与环境的巨大代价。如今,面对身边的生态困境,广大人民群众对于以绿水青山、清新空气和安全食品等为主的生活质量的要求越来越高,对于绿色发展方式和生活方式的期盼也越来越强烈。认真聆听人民呼声,切实转变发展模式,建构以低碳、循环和可持续为特色的绿色经济发展战略,促进我国经济健康有序地向前发展,建设资源节约型和环境友好型社会,实现人与自然的和谐共生,成就美丽中国的靓丽风景,是我们的应尽职责和光荣使命。

新发展理念以开放为必由之路。封闭导致落后,落后必然挨打。这是我们深刻总结中国近代百年屈辱历史所得出的真理性认识。新中国成立以来,尤其是改革开放以来,面对着世界经济全球化的汹涌浪潮,党和国家及时作出改革开放的决策,启动对外开放战略。如今,经过数十年的快速发展,我国正阔步走向世界舞台的中央。无论是回顾不堪的过去、审视蓬勃的现在,还是展望辉煌的未来,新时代的中国必将以更加开放的姿态面向世界。我们将继续坚定奉行互利共赢的外交战略,以推进"一带一路"倡议为契机,深度融入世界经济的趋势,进一步完善对外开放战略布局,逐渐形成对外开放新体制,努力开创对外开放新局面。

新发展理念以共享为本质要求。新时代的发展,要关注内容、方法、路径等问题,更不能忽视发展目的及价值导向问题。在一定意义上,为谁发展甚至是更为本质的问题。树立新发展理念,要坚持人民利益至上的原则,认真贯彻发展为人民、靠人民,发展成果由人民共享的指导方针,通过共享发展的制度性设计和体制性安排,确保我国公民在生产和生活领域中的权利公平、机会公平与规则公平,着力增进人民福祉,有效提升人民群众的获得感和幸福感。

五、坚持人民当家作主

70多年前,面对黄炎培先生提出的关于中国共产党执政后能否跳出朝代更迭中普遍存在的"其兴也勃焉""其亡也忽焉"的历史周期律问题时,毛泽东同志曾满怀信心地予以肯定。毛泽东同志之所以如此自信,是因为我们党从其诞生的第一天起,便把实现"人民当家作主"的信念,牢牢地写在了自己的旗帜上。正是这种信念及其所代表的价值追求,使我们党找到了摆脱历史周期律的"新路"。20世纪50年代以后,党和国家对于"人民当家作主"基本原则的践行,不仅体现在《中国人民政治协商会议共同纲领》及《中华人民共和国宪法》中,而且真真切切地体现在广大人民群众的日常生活中。人民当家作主的政治地位,不仅使中国人民扬眉吐气、精神面貌焕然一新,而且极大地提升了其参与社会主义建设的积极性与主动性。这也是新中国成立以来,我们能够战胜一个又一个困难与挑战、取得一场又一场伟大胜利的根本原因。

"只有让人民来监督政府,政府才不敢松懈。只有人人负起责来,才不会人亡政息。"虽然70余年过去了,但毛泽东同志的那番话依然掷地有声、犹在耳畔。保证人民当家作主,不仅是体现社会主义本质的重要因素,也是社会主义制度优于资本主义制度的根本所在。之所以作出这样的判断,一方面是因为只有切实保证人民当家作主的地位,才能保证广大人民群众对于国家和社会事务的知情权、参与权和话语权,从而在根本上消除传统专制社会在国家决策过程中,任由少数人一言堂、拍脑袋等任性决策现象赖以滋生的土壤,以保证决策的科学性、针对性和民主性,维护人民利益。另一方面,只有这样才能保证广大人民群众全面而深入地参与到整个社会财富的分配和再分配过程中去,以真正终结旧中国任由少数特权势力欺压和剥削普通大众的局面,消除阶级剥削、压迫和对立,维护社会公平与正义,推进社会和谐。由此可见,保证人民当家作主的政治地位不动摇,可谓贯穿于整个社会主义发展历程的基本准则,也是党和国家中国特色社会主义政治建设的最高宗旨。

我们过去所取得的成就,得益于党的坚强领导和广大人民群众当家作主地位的贯彻落实。在中国特色社会主义进入新时代的历史阶段,为了完成实现中华民族伟大复兴的中国梦的历史任务,我们必须在加强和巩固党的领导的同时,进一步夯实保证人民当家作主的政治基础和社会土壤。

首先,我们要坚决捍卫宪法权威,捍卫人民民主专政的国家性质,忠实履行国家一切权力属于人民的庄严承诺,努力实现对占人口绝大多数的广大人民实行民主和对极少数敌视破坏社会主义的敌对分子及敌对势力实行专政的有机统一,保证社会主义红色江山不变质、不走样。其次,我们要坚持和完善人民代表大会制度及中国共产党领导的多党合作和政治协商制度。切实维护广大人民积极参与国家和社会事务管理的权利,努力增强和提高新时代各级人大代表为国尽忠、为民服务的意识与能力,积极探索新形势下贯彻落实中国共产党领导的多党合作与政治协商新路径,以"长期共存、互相监督、肝胆相照、荣辱与共"为基本原则。再次,我们要坚持和完善民族区域自治制度。中国自古以来便是一个统一的多民族国家。汉族和其他少数民族同胞,在中华文明的历史演进过程中,特别是在近代以来的中国革命的艰难岁月中,携手共进退,用鲜血和汗水共同熔铸成以爱国主义为核心的伟大民族精神。基于此,在"民族平等、民族团结和各民族共同繁荣"基本原则的指导下,尊重和保护少数民族同胞的合法利益与合理诉求,积极探索新时代完善民族区域自治的基本路径,是我们需要承担的现实责任。最后,我们还要积极探索基层群众自治制度的完善之道。坚持人民当家作主,基层是重点,也是关键环节。在当代中国,随着基层群众科学文化素质的显著提升和参政议政意识的增强,进一步完善基层群众自治制度、有效扩大基层民主,已迎来良好机遇。我们要充分利用一切有利时机与条件,大力引领和组织广大人民群众广泛参与社会主义基层民主的实践活动,通过民主选举、民主决策、民主管理及民主监督等多项权利的行使,全面提升人民的民主素养,提高践行社会自治及当家作主的能力。

要而言之,坚持人民当家作主,是中国共产党的根本宗旨和价值立场,也是党的优良传统与作风。虽然客观地说,正处于并将长期处于社会主义初级阶段的国情,决定了最终实现高水平的人民当家作主是一个不断发展、循序渐进的长期过程,我们绝不能因为现实的局限而有丝毫的懈怠。在新时代,我们要把继承、弘扬优良传统与结合时代特点创造性发展优良传统有机结合起来,使"人民当家作主"这一共产党人的信念之旗帜,在我们奔向中华民族伟大复兴的历史征程中,在逐步展示社会主义制度优越性的奋进历程中,在全党全国人民激情澎湃的心田中,高高飘扬。

六、坚持全面依法治国

实现由人治向法治的转变,是人类政治文明发展演变的基本趋势,也是不可阻挡的历史潮流。新中国成立以后,党和国家高度重视社会主义法治建设。其间,虽然由于种种原因出现了一定的波折,但党的十一届三中全会以后,特别是20世纪末我们党将依法治国确定为治国理政的基本方略以来,我国的社会主义法治建设逐步走上了快车道。尤其值得提出的是,作为党的历史上为数不多的、专门研究依法治国基本方略的中央全会,党的十八届四中全会所作出的"依法治国是坚持和发展中国特色社会主义的本质要求和重要保障"的政治定位以及党的十九大的相应战略部署,更为我们在新时代立足于新的历史方位,加快推进全面依法治国步伐、建设社会主义法治国家奠定了坚实基础。

在新时代,坚持全面依法治国,必须将坚持党的领导落到实处,并贯穿始终。近代以来,特别是新中国成立以后我国社会主义建设和改革开放的社会现实,一再表明中国这艘巨轮之所以能够跨越世纪的波澜而鼓帆远航、乘风破浪、一往无前,关键在于有了中国共产党的引领。同样的道理,面对前行道路上的重重迷障,新时期中国特色社会主义事业的稳健推进,更需要坚持我们党对于一切工作的领导,新时代的全面依法治国工作当然也不可能例外。需要指出的是,党对于全面依法治国工作的领导,不仅仅是高屋建瓴的引领,也是波及全过程、涵摄各方面的推动,以保证我们始终沿着中国特色社会主义法治道路奋勇前进。诚然,党对于全面依法治国工作的领导,也不仅仅是单纯的政治方向的把控,也包括具体实施方略的擘画,可谓任重道远。于此,由中央全面依法治国领导小组的成立,到中央全面依法治国委员会的组建,也可见我们党对于全面依法治国工作的高度重视。这种来自最高层的关注,不仅是一种清晰的政治导向,也是一种强大的组织保障,从而有利于充分发挥党在全面依法治国工作中的总体规划、协调推进和监督落实作用,以保证当代中国社会主义法治建设方向正确、举措有力,并最终取得理想成效。

在新时代,坚持全面依法治国,必须将中国特色社会主义的法律体系、法治体系建设落到实处,建设社会主义法治国家。依法治国,法律先行,自中华人民共和国成立以来,经过多方持续努力,我国中国特色社会主义法律体系已基本建构。但建构并不意味着建成,更不代表完善。在中国特色社会主义进入新时代的当下,随着我国社会主义经济、政治、文化、社会和生态建设工作的持续推进,一系列新现象、新问题和新矛盾开始显现,需要我们及时透视现象、分析问题并对矛盾的解决予以法律的回应,这就要求我们在新的形势下,按照科学立法、民主立法和依法立法的基本原则,继续完善以宪法为核心的中国特色社会主义法律体系,以良法促发展、保善治。当然,善治的真正实现,仅靠良法是远远不够的,还需要较为完备的中国特色社会主义法治体系作保证。就我国而言,在进入 21 世纪以来,经过不断努力,我们在社会主义法治理论、法规体系、法治实施监督和保障体系建设方面,已经取得长足进步,中国特色社会主义法治体系的基本轮廓已经绘就。但是,同我国社会主义法律体系建设一样,中国特色社会主义法治体系建设的现状与新时代社会主义事业的客观要求相比,还有很大的差距,亟须立足现实,迎接挑战,以中国特色社会主义法治体系建设的丰硕成果,加快我国社会主义法治国家建设的进程。

在新时代,坚持全面依法治国,必须坚持全体人民、执政党和政府联动,促进法治国家、法治政府和法治社会一体建设。全面依法治国,实施是关键,就贯彻落实的层面而言,依法治国是一个系统工程,既包括立法环节,也包括执法、守法和司法等环节。其在现实生活中的实施,既是执政党和政府的职责,也是全体人民的事业。对于广大人民来说,根据宪法和法律的规定,参与管理国家和社会的各项事务,即为依法治国。而执政党依法执掌政权、依据法定程序治国理政,即为依法执政。政府机关依法行使行政权力,实施行政行为,即为依法行政。在社会主义法治实践中,依法治国、依法执政和依法行政,虽然实施主体不同,但其指向的都是社会的公平与正义,追求的都是人民当家作主。为了更好地保证人民当家作主的地位,党和国家在全面依法治国的实践中,又明确提出了法治国家、法治政府、法治社会一体建设的要求,这就为我们在新时代继续加强社会主义法治建设明确了抓手、指明了方向。

在新时代,坚持全面依法治国,还必须深化司法体制改革,努力优化中国特色社会主义法治环境。全面依法治国,司法体制改革可谓重中之重。党的十八大以来,面对我国经济社会发展的新形势和新情况,针对人民群众反映比较强烈的司法腐败等问题,党和国家以极大的政治魄力,强力推进司法体制改革,从根本上解决了许多长期悬而未决的难题,使广大人民倍感振奋。诚然,基于各种主客观因素,我国目前司法体制的现状,还远远不能满足新时代全面依法治国的基本要求。为了维护人民利益,守护社会公平与正义,彰显社会主义制度的优越性,我们还需要进一步加大司法体制改革的力度,同时努力将法治和德治、依法治国和依规治党有机结合起来,充分调动一切积极因素,以维护国家的长治久安和社会的繁荣稳定。

七、坚持社会主义核心价值体系

在中国特色社会主义事业的系统工程中,同经济和政治的发展一样,人们观念的发展也是非常重要的。毛泽东同志早在20世纪40年代便说过:"一定的文化(当作观念形态的文化)是一定社会的政治和经济的反映,又给予伟大影响和作用于一定社会的政治和经济。"对于一个国家和民族来说,相较于经济的发达与政治的进步,文化的繁荣及其由此而产生的由衷的文化自信,可谓更基本、更深沉、更持久的力量,也是这个国家和民族应当倍加珍视的宝贵财富。正如人是要有一点精神的一样,一个国家和民族也是要有一点精神的。在一定意义上,正是这种精神及其由此构成的价值观念,成就了其文化自信。就我国而言,在社会主义改革进入深水区和攻坚期的新时代,随着经济体制、社会结构、利益格局的深刻变革以及人们思想观念的极大变化,我们对于彰显当代中国主流意识形态的社会主义核心价值体系的坚持和发展,便显得日益重要和急迫。

在新时代,坚持社会主义核心价值体系,必须牢牢坚守马克思主义的指导地位。马克思主义从其诞生的那天开始,便形象地揭示了自然界、人类社会和人的思维的基本规律,指明了资本主义必然灭亡和社会主义共产主义必然胜利的真理,明确了人类发展的必由之路。在中国,正是基于马克思主义基本原理同中国实际的有机结合,我们不仅找到了取得中国革命伟大胜利的正确道路,而且逐渐开辟了富有中国特色的社会主义发展道路。基于此,我们可以非常明确地宣示:马克思主义是我们的立党立国之本,是社会主义意识形态的核心,也是社会主义核心价值体系的灵魂。它对于确保我国社会主义现代化建设的正确方向以及社会主义核心价值体系建设的成效,具有"定海神针"的作用。在新时代,我们坚持马克思主义,要把对于马克思主义基本原理的坚守和对于马克思主义中国化一系列理论成果的凝练和丰富有机结合起来,大力推进马克思主义中国化、时代化和大众化进程,及时用马克思主义基本原理和马克思主义中国化的系列理论成果,尤其是最新成果武装全党和广大人民群众,以引领社会思潮、传播科学理念。

在新时代,坚持社会主义核心价值体系,必须牢固树立共产主义远大理想和中国特色社会主义共同理想。社会主义核心价值体系,既是意识形态范畴内的社会主义主流价值标准,也在一定程度上反映了全体中国共产党人的政治理想。早在刚成立的时候,中国共产党便把最终实现共产主义确定为自己的最高理想和坚定信念。近百年来,全体共产党人先后在五代党中央领导集体的带领下,义无反顾地投身于实现中华民族伟大复兴的历史洪流中去。长期以来,经过艰苦卓绝的伟大斗争,我们先后推翻了压在中国人民头上的"三座大山",实现了民族独立和人民的自由与解放,中国人民从此站了起来。新中国成立后,我们又经过努力拼搏,开创了社会主义现代化建设和改革开放的崭新局面,中国人民逐步实现了由"站起来"到"富起来",再到"强起来"的伟大进步。在中国特色社会主义进入新时代的历史时期,正如习近平总书记所说,我们现在比历史上任何时期都要接近中华民族的伟大复兴。实现民族复兴,建成富强、民主、文明、和谐及美丽的社会主义现代化强国,是全党全国人民建设中国特色社会主义的共同理想,我们现在为实现中国特色社会主义共同理想而奋斗,也就是在为最终实现共产主义远大理想而奋斗。

在新时代,坚持社会主义核心价值体系,必须培育和践行社会主义核心价值观。自党的十八大首次提出"三个倡导"以后,培育和践行社会主义核心价值观便成为党和国家推进社会主义核心价值体系建设的新命题。就其内涵而言,社会主义核心价值观是从国家、社会和个人层面,对于关涉人们日常生活的价值标准的理论建构,不仅为我们从本质上进一步理解社会主义核心价值体系的价值内核提供了方向的指引,也为我们培养担当民族复兴大任的时代新人提供了具体的目标和现实的路径。

在新时代,坚持社会主义核心价值体系,还必须加强社会主义文化建设,为人民构筑美好的精神家园。求木之长,必固其根;欲流之远,必浚其源。中华文明,源远流长。在新时代,建设社会主义核心价值体系本身便是一项"树人"的事业,它同致力于"化人"的文化传承,可谓是殊途同归。基于此,我们坚持社会主义核心价值体系,是与社会主义文化建设相辅相成、相互促进的。在实践中,我们可以结合时代的需求与人民的关注,将对于中华优秀传统文化的创造性运用、创新性发展同对于革命文化的阐释与弘扬有机结合起来,共同服务于社会主义先进文化建设。

八、坚持在发展中保障和改善民生

民生问题,关涉百姓切身利益,历来为人们所广泛关注。从古代"长太息以掩涕兮,哀民生之多艰""安得广厦千万间,大庇天下寒士俱欢颜",到近世孙中山先生的民生情怀,再到当代中国"情为民所系,利为民所谋"的执政理念,由民生问题所引发的思考,不可谓不丰富而深刻。在旧社会,人们之所以关注民生,是因为统治阶级的剥削压迫导致的民不聊生。新中国成立以后,经过多年的发展,特别是经历改革开放,广大人民群众顺利解决温饱问题,在决胜全面建成小康社会的历史背景下,人们对于民生问题的关注,开始进入创造美好生活的崭新境界。这种境界同党的十九大所作出的中国特色社会主义进入新时代的政治判断是相因应的。在新时代,作为人民利益的忠实代表,中国共产党一如既往地坚持立党为公、执政为民的宗旨,秉承发展是党执政兴国第一要务的施政原则,努力将保障和改善民生工作融入推动新一轮发展的时代大潮中去,和广大人民一起携手并进、共谱华章。

千里之行,始于足下。在新时代,坚持在发展中保障和改善民生,需要正确认识民生工作与经济社会发展的互动机制,在推动经济社会可持续发展中补齐民生短板。民生,顾名思义,乃同广大人民群众的日常生活休戚相关。由此出发,民生工作可谓事关民众幸福、社会和谐的基础性工作。对于任何国家或民族而言，民生工作都建立在经济社会发展的基础上，以经济社会的发展为前提，没有经济社会的发展，就不可能有民生工作的保障和改善。保障和改善民生，以提升民众的幸福感和获得感，也是任何负责任政府推动经济社会发展的基本目的和内在动力。因此，只有将民生工作和经济社会发展有机结合起来，互相促进，相辅相成，才有助于经济社会的良性发展和民生工作的行稳致远。对于我国来说，改革开放40多年来，尤其是党的十八大以来，党和国家在推动经济社会稳健发展的同时，极为关注民生工作。多年来，国家用于民生领域的支出在总支出中的比重持续上升，社会治理体系日趋完备，居民生活质量不断提升，安全感和认同感日益增强。在进入新时代以后，我国经济社会发展在迎来新机遇的同时，也需面对更大的挑战。其中最显著的挑战，便是发展不平衡和不充分的问题，尤其是民生领域的发展不平衡、不充分问题。基于此，党和国家以补齐发展中的民生短板为抓手，坚持站在经济社会发展全局的高度看待民生工作，胸怀谋民生之利、解民生之忧的志向，着手破解民生热点难点和焦点问题，积极创造条件，以逐步构建幼有所育、学有所教、劳有所得、病有所医、老有所养、住有所居、弱有所扶的良好社会生态，以增进人民福祉，促进社会公平正义。

在新时代，坚持在发展中保障和改善民生，需要精准把握民生改善与经济社会发展的契合程度，带领人民群众在共建共享中走向共同富裕。保障和改善民生与促进经济社会发展，是我们在新时代推进中国特色社会主义事业的两项基本工作。在处理二者关系的时候，我们既要明确两者互动机制，创设良好平台，以实现经济社会发展和民生改善的双赢，又要因势利导，平衡二者关系，以最大限度提高其互动的效率。也就是说，在实际工作中，我们既不能只重经济社会发展而无视民生的保障与改善，也不能走向另一个极端，即过度透支社会财富而使经济社会的发展陷入不可持续的泥淖，而应该坚持在权衡经济社会发展现状的基础上，促进民生的基本保障和有序改善，在综合平衡中有的放矢，量力而行。在保障和改善民生的实际工作中，我们还要注意处理好共建与共享的关系。就整个社会的发展而言，没有人民广泛参与的共建，就不可能产生能够满足人们共享需求的社会财富。反之，没有基于共享社会财富所带来的获得感，也就很难动员人们去进行创造社会财富的共建活动。在当代中国，我们所推动的中国特色社会主义事业，在本质上是广大人民群众自己的事业。因此，我们的共建共享，拥有非常广泛的群众基础。我们要在人民群众中积极倡导，并推动形成人人参与建设、个个分享成果的社会风气，努力营造尊重劳动、尊重创造的社会氛围，促进人的全面发展，引导广大人民群众逐步走上共同富裕的道路。

在新时代，坚持在发展中保障和改善民生，还需要我们立足平安中国建设，加强和创新社会治理体系，提升社会治理水平。古人云：天地之大，黎元为先。一切为了群众，一切依靠群众，是我们党始终坚持的工作原则和政治路线。在当前全面深化改革的历史时期，我们一定要确定底线思维，将人民的收入增加、生活改善、利益得到维护作为衡量发展水平的基本标准，并以此为目的，着力优化社会结构，完善公共服务体系，逐步推进日常社会治理体制机制的现代化，以确保社会和谐、国家安宁和广大人民群众的幸福安康。

九、坚持人与自然和谐共生

自从人类来到这个世界的那天起，人与自然的关系便一直是无法回避的话题。在一定意义上我们可以说，整个人类社会发展的历史，便是人类处理其同自然界之关系的历史。在人类文明的长河中，随着社会生产力的发展和生产技术的进步，人与自然的关系在历经了早期以人类敬畏并顺应自然为特征的原始和谐状态、农耕文明时代以人类有限度地认识和利用自然为特征的基本平衡状态后，于18世纪中叶进入工业文明时代的以人类征服与改造自然为特征的不和谐状态。在人类社会发展进程中，最早进入工业文明时代的是西方国家。在这一时期，他们凭借着对于科技的把握而确立了对自然的主导地位，并且为了满足自己的欲望，恣意掠夺自然资源，其结果便是资源的逐渐枯竭和生态环境的持续恶化。当这种趋势不可避免地影响到自身生存和发展时，西方社会才开始认真地审视和反思人同自然的关系问题。

就我国而言，20世纪80年代开始的改革开放事业，在推动经济社会长足发展、科技进步日新月异、综合国力显著增强以及人民群众生活水平迅速提高的同时，也不可避免地引发了人口众多与资源有限、人民需求增多与环境承载力下降以及粗放式发展模式与生态恶化之间的种种矛盾。针对这种情况，我们党在21世纪初相继提出科学发展的执政理念和建设社会主义生态文明的发展战略，党的十九大进而将社会主义生态文明建设事业界定为

"中华民族永续发展的千年大计",以此彰显党和国家致力于解决环境与生态问题、促进经济社会可持续发展,以实现人与自然和谐共生的坚定决心。

在新时代,坚持人与自然和谐共生,首先要有危机意识。就其现实存在而言,我们所要建设的社会主义生态文明,是在当今世界资源约束趋紧、环境污染加重、大自然的生态平衡遭到严重破坏、人类面临日益迫近的生存危机的时代背景下,顺应历史发展潮流、承担大国责任的体现,也是新形势下切实增进人民福祉、实现中华民族永续发展的必然选择。生态文明是人类反思传统工业文明之弊端的结果,也是后工业文明时代人类对于自身出路的一种探索。随着文明的演进,人们越来越意识到,生态环境并没有替代品,传统的那种以破坏环境和恶化生态为代价来获得经济社会一时发展的观念和做法,不仅愚蠢,从长远来看也是根本行不通的。在过去的几十年,基于种种因素,我们在处理人与自然的关系问题上欠账太多、教训深刻,理应及时分析原因,对症下药,对大自然常怀敬畏之心,按照自然界本身的运行规律行事,改善人与自然的关系。

在新时代,我们要真正认识到,人与自然和谐相处,关键在于正确把握人类利用和改造自然的尺度,即这种利用与改造,既能够满足人类经济社会发展的客观需要,又不碍于自然界自身的休养生息。同时,我们推动人类经济社会发展需要的满足程度也有其边界,即这种需要应该是不能危及子孙后代发展的需要。为达此目的,我们应彻底摒弃传统的自然观念,推动人与自然之间由对立关系向伙伴关系、由此消彼长关系向荣辱与共关系、由单向索取支配关系向人文互动交流关系转变。具体地说,一方面,人类要尊重和顺应自然,按照自然界的内在运行逻辑,在认识和改造自然的过程中谋取自身福利;另一方面,自然界的存在及其生息化育,又往往需要在一定意义上通过契合人类发展的需要来彰显其价值。在实践中,我们要从国家和民族长远发展的大局出发,及时树立和践行"绿水青山就是金山银山"的理念,正确认识并妥善处理人与自然之间的辩证关系,以协调二者关系,实现双赢。

在新时代,处理人与自然关系时,正确的思想理念是先导,而将理念变为现实则依赖于我们的实际行动。一方面,我们要践行节约资源和保护环境的基本国策。在资源开发的过程中,坚持把节约放在首要位置,有效提高资源的利用率,重拳打击各种破坏、污染和浪费资源的行径,引导人们逐步形成绿色发展方式和生活方式。我们还要像珍爱生命那样对待生态环境,在促进经济社会发展的同时,统筹山水林田湖草系统的治理工作,以实现经济社会的发展同生态环境改善的协调并进,促进人与自然的和谐统一,走出一条生产发展、生活富裕、生态良好的文明发展道路。另一方面,我们要以生态环境相关法律法规建设为抓手,加强宣传教育,加大对于资源环境违法违规行为的检查和惩治力度,逐步建立并认真实施最严格的生态环境保护制度,以构筑守护青山绿水的铜墙铁壁,为人民创造良好生产生活环境,有效推进美丽中国建设,为全球生态环境安全事业承担应有责任、作出较大贡献。

十、坚持总体国家安全观

对于民族国家来说,安全问题关涉生存与发展,可谓至关重要。从历史的维度看,中华民族自古以来便是一个灾难频仍、历经坎坷的民族。在同磨难、困苦作斗争,捍卫民族尊严和国家利益的五千年风雨高歌的征途中,我们不仅形成了"自强不息,厚德载物"的民族精神,而且孕育了"安而不忘危,存而不忘亡,治而不忘乱"的忧患意识。当时代的车轮驶入21世纪,面对着尚处于深度调整之中的国际形势以及处于全面改革之中的国内局势,如何有效应对各种不断涌现的挑战和考验,维护国家民族的安全和稳定,为顺利实现"两个一百年"奋斗目标和民族复兴的中国梦创造和平安宁的内外环境,成为摆在党和国家面前的一项重要课题。

就其本质而言,我国既是一个实现了人民当家作主的社会主义国家,又是一个处于社会主义初级阶段的发展中国家。国家性质和发展阶段的特殊性,加之我国中国特色社会主义事业进入新时代的现实状况,决定了我们在审视我国社会的安全稳定问题时,既要有大局意识,对涉及国家安全的一般性工作作出周密部署,又要有战略眼光,对当代中国安全形势的严峻性和复杂性有清醒认识、坦然无惧。对于当前我国国家安全的总体形势,习近平总书记曾经用"三个都要"来加以概括,即其"内涵和外延比历史上任何时候都要丰富,时空领域比历史上任何时候都要宽广,内外因素比历史上任何时候都要复杂"。面对如此复杂的安全形势,为解决当代中国的安全问题,党中央在深刻总结历史经验和分析现实国情的基础上,及时提出了总体安全观的理念,以系统而全面地定位和把握国家安全稳定问题,这就为新时代我们党的

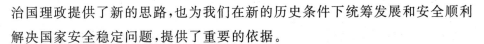

治国理政提供了新的思路,也为我们在新的历史条件下统筹发展和安全顺利解决国家安全稳定问题,提供了重要的依据。

在新时代,坚持总体国家安全观,需要我们始终坚持国家利益至上、以人民安全为宗和以政治安全为本的原则,统筹处理现实生活中的各种安全问题。在总体国家安全的系统中,维护国家利益可谓首要因素,其中的道理也是显而易见的,因为在我国,国家、集体的利益同我们每个人的切身利益是高度一致的。维护国家利益,在一定意义上就是维护我们自己的利益。对于中国这样的发展中大国来说,坚持国家利益至上,最为关键的就是保持战略定力,毫不动摇地推动全面发展,增强综合国力。诚然,我们推动社会发展,增强综合国力,归根结底还是为了维护人民的安危和利益,这是我们坚持总体国家安全观的根本宗旨,也是任何社会主义国家维护国家安全的基本战略。在新时期,践行维护广大人民群众之安危和利益的基本原则,一方面需要我们时刻牢记全心全意为人民服务的价值准则,时时想着人民,事事为了人民,处处关爱人民,以春天般的温暖对待人民,对保障人民利益和人民安全作出实实在在、切实可行和富有人情味的科学谋划;另一方面,我们还要积极主动地去同各种背离和损害广大人民安全与利益的人员和行为作坚决的斗争,以引领社会风尚。我们对于国家利益的维护和人民安全的呵护,既是社会主义制度本质的要求和人民当家作主地位的体现,也是新时代进一步巩固社会主义政治制度,维护国家政治安全的必然选择。当然,我国的总体国家安全观,除了涵摄对于国家利益、人民安全及政治安全等关涉国家和民族根本利益问题的考量外,也包含了对于纷繁复杂的现实生活中需要我们去处理的种种具体安全问题的关切。比如,在新时代,我们坚持总体国家安全观,就需要统筹处理好外部安全和内部安全、国土安全和国民安全之间的关系,还需认真审视全球化时代国际国内局势,以应对传统安全和非传统安全交叠缠绕、自身安全和共同安全勾连互现的安全形势。

在新时代,坚持总体国家安全观,还需要我们努力完善国家安全制度体系,切实提升国家安全能力水平。"凡事预则立,不预则废。"坚持总体国家安全观,需要我们践行"居安思危""防患于未然"的中国传统安全智慧,结合中国现实国情和国内外安全的客观形势,及时制定并完善富有中国特色的国家安全制度体系。在进入新世纪以来,特别是党的十八大之后,以习近平同志为核心的新一代党中央领导集体,在深刻分析并总结国内外关于国家安全的相关理论和实践经验的基础上,以全面深化改革为契机,对于构建中国特色的国家安全制度体系进行了富有创造性的探索,取得了系列丰硕成果。近几年,我们组建了最高级别的国家安全机构——中央国家安全委员会,由其负责制定国家安全工作方针政策,推进国家安全战略的实施和安全法治建设工作的开展。我国颁布了《国家安全战略纲要》,相继出台了《国家安全法》《保守国家秘密法》《反间谍法》《反恐怖主义法》《食品安全法》《反垄断法》等相关法律,为维护国家安全提供了法律依据。我们还在国家层面,推动设立了全民国家安全教育日,以警醒国人认清国家安全形势,学习相关法律知识,增强国家安全意识。

诚然,坚持总体国家安全,仅有制度建设是远远不够的,还需要我们把国家安全制度建设与国家安全能力提升工作密切结合起来。新中国成立以后,我们的国家安全工作所取得的成就是有目共睹的。但是,毋庸讳言,当代中国国家层面的安全保障能力水平,无论是军事国防能力、情报搜集处理能力、对外交往能力,还是保障中国特色社会主义事业总体安全的能力等,与我国在整个世界中的大国地位相比,其中的差距是显而易见的。在新时代,我们尤其需要培养和打造一支"召之即来,来之能战,战之必胜"的保障国家总体安全的高素质专业团队,以协调各方因素,处理各种问题,切实维护国家主权、安全和发展利益。

十一、坚持党对人民军队的绝对领导

1927年,南昌城头的清脆枪声,拉开了我党独立自主领导中国革命、创建人民军队的序幕。近百年来,我国军队由小到大、由弱而强的发展历程,一再证明了保持党对军队绝对领导的极端重要性和历史必然性。听党的话、跟党走,是我军的光荣传统和鲜明特色,也是人民军队能够始终保持正确发展方向和强大战斗力的源泉。同样,坚持党指挥枪而不是枪指挥党,也是我党在推进马克思主义基本原理与我国实际相结合过程中,深刻总结近代以来中国军队发展历史和中国革命基本规律,所得出的真理性认识。在中国新民主主义革命的峥嵘岁月里,正是得益于人民军队的坚定拥护与支持,我党才能够团结广大人民群众成功推翻压在自己头上的"三座大山",迎来民族独立和人民的解放。20世纪50年代以来,沐浴在新中国和平的阳光下,作为执政党的中国共产党,也正是在人民军队这一钢铁长城的捍卫下,才能够始终充满自信地引领全国人民继续奋斗,取得社会主义现代化建设和改革开放事业的伟大胜利。近代以来的中国历史和现实一再证明,没有共产党,就没有属于人民的军队,没有党所领导下的人民军队,便没有新中国,就不可能有我国社会主义事业的辉煌成就。在中国特色社会主义事业进入新时代的今天,人民军队的重要地位和作用是显而易见的。在加强人民军队建设的实践中,坚持党对军队的绝对领导,以保证军队发展的正确方向和强大战斗力,是我们战胜一切艰难险阻,夺取中国特色社会主义事业新胜利的基本保证。

在新时代,坚持党对军队的绝对领导,必须贯穿于新型人民军队建设的全过程。自从人类历史上第一个真正意义上的国家诞生伊始,军队作为维护国家安全和利益之屏障的作用便开始显现。古往今来的历史表明,对于军队的控制和领导,可谓事关国家民族前途和命运的关键问题。对此,我国也不例外。近代中国之所以出现军阀混战、有国无防、生灵涂炭的局面,一个重要的原因便是军队的沦落。那时的军队,要么是为个人攫取功利服务,要么就是狭隘利益集团维护专制的工具。只有在中国共产党诞生以后,由其所创建并领导的人民军队,才能真正为了国家和人民的利益而无所畏惧、一往无前,成为捍卫国家安宁和护佑人民幸福生活的中流砥柱。历史的车轮滚滚向前,不以任何人的意志为转移。在当今世界,变革可谓基本趋势。这种变革,既体现为国际形势前所未有的深刻变化,也表现为我国社会的巨大变化。在大调整大变革的时代背景中,要实现"两个一百年"奋斗目标,全面建成社会主义现代化强国,完成中华民族伟大复兴的历史使命,必须建设一支听党指挥、能打胜仗、作风优良的人民军队,而这一新时代军队建设战略目标的实现,则须依赖于党对人民军队建设实践的绝对领导和全程领导。

在新时代,坚持党对军队的绝对领导,必须全面贯彻落实党领导人民军队的一系列根本原则和制度,确保党的强军思想在新时代我国国防和军队建设中的指导地位。在现实社会中,一个国家和民族确立什么样的军事原则和制度,在很大程度上取决于该国的历史渊源、文化传统、政治制度和现实国情等因素。就我国而言,执政的中国共产党是用马克思主义武装起来的革命政党,是坚持以全心全意为人民服务为己任的政党。长期以来,我们党在创建和管理军队以及推动军队发展壮大的过程中,始终坚持用自己的理想信念、性质宗旨和价值准则教育全军,坚持用自己忠于党、热爱祖国和奉献人民的模范行为引领广大指战员。由此,逐步建立了一套较为完整的关于军队建设和治理的科学理论、原则和制度,形成了军民联合、寓军于民的人民战争战略战术,并造就了我军特有的光荣传统、政治优势和优良作风。在人民军队的成长壮大过程中,这些科学的思想理论和原则制度是被实践一再证明为正确的宝贵财富,也是在中国革命和建设的不同时期无数革命将士矢志不移跟党走、勇往直前不掉队的红色基因,还是我军需要永远传承和发扬光大的"传家宝"。

在新时代,坚持党对军队的绝对领导,还必须始终坚持政治建军、改革强军、科技兴军和依法治军战略,立足实战,注重成效,推动党的强军目标的实现。所谓政治建军,是指从思想观念、意识形态、价值标准和政治原则上塑造军队,以保证人民军队在党的领导下,始终沿着正确的方向前进。在政治建军的实践中,要以军队党的建设和思想政治教育工作为抓手,加强军队党的领导能力、先进性和纯洁性建设,全面提升全体指战员的共产主义思想觉悟,确保枪杆子牢牢掌握在忠于党的可靠的人手中。所谓改革强军,是指通过推动国防和军队改革,破除制约我军发展的各种体制机制障碍,为实现新时代党的强军目标提供动力。在当前深化军队改革的实践中,新一代中央军委领导班子,正在以军委总部体制改革和党管干部制度的完善为突破口,结合军区向战区的军队组织模式转变和军兵种的规范,向着建设一支能打仗、打胜仗的人民军队的目标迈进。所谓科技兴军,是指以人员素质、战略战术及武器装备研制创新为立足点,促进军队指挥控制、管理运行和绩效评估等体制机制创新,全面提升战力,以保证实现打赢高技术条件下的局部战争的阶段性目标。在当代中国全面进入依法治国新时代的历史条件下,依法治军已成为军队建设的基本原则。所谓依法治军,是指以全面构建富有中国特色的军事法治体系为目标,以完备的军事法规制度体系、规范的军事法治实施体系、科学的军事法治监督体系和高效的军事法治保障体系建设为路径,全面提高国防和军队建设法治化水平,以成就体系合理、集约高效、军民一体、战无不胜的新时代钢铁雄师,保证国家的长治久安和人民的自由幸福。

十二、坚持"一国两制"和推进祖国统一

我国自古以来,便是一个统一的多民族国家。在数千年文明演进的历程中,中华民族的大一统时期,要远远长于战争和分裂时期。维护祖国统一,促进民族团结,已经成为全体华夏儿女深入骨髓的民族情感和立身处世的基本价值原则。自19世纪40年代始,基于腐朽而没落的封建王朝的僵化体制和反动统治,加之西方列强的野蛮侵略,中华民族逐步陷入家国破碎和人民离散的悲惨境地。同时,也正是从那个时代开始,实现祖国完全统一,恢复中华民族昔日荣光,便成为亿万炎黄子孙魂牵梦绕、念兹在兹的追求和梦想。在整个近代百余年的艰辛探索中,中国社会包括农民阶级、地主阶级和资产阶级在内的各个阶级,都对救国救民的道路进行过探索,但由于阶级的局限,最后都以失败而告终。只有在作为中国工人阶级、中国人民和中华民族先锋队的中国共产党诞生以后,在党的领导下,我们才终于找到了一条以"一国两制"方针为主导思想的实现祖国完全统一和中华民族伟大复兴的正确道路。经过努力,按照"一国两制"的基本原则,我们于20世纪末,成功恢复对香港和澳门行使主权,并由此彻底结束了西方列强殖民中国的历史,洗刷了百年民族耻辱。港澳的回归,标志着我国的统一大业已取得巨大进步,这也为我们在中国特色社会主义事业进入新时代的背景下继续巩固胜利成果,推进祖国统一的伟大事业,奠定了坚实的基础。

在新时代,坚持"一国两制"和推进祖国统一,必须巩固已有成果,狠抓"一国两制"方针的贯彻落实,确保港澳繁荣稳定。"一国两制"是新中国成立后以毛泽东和邓小平为核心的两代中央领导集体,为解决祖国统一问题所提出的新思路和新方案。它强调在坚持一个中国的前提下,允许两制并存,以最大限度地保障港澳同胞的切身利益,不仅充分彰显了中华民族"海纳百川,有容乃大"的民族智慧,也为维护和促进整个世界的和平与发展作出了贡献。在香港和澳门回归祖国以来,包括港澳同胞在内的全体中国人民顺应历史潮流,共担民族大义,以自己的实际行动坚决捍卫国家、民族和自身的合法利益,共同推动香港和澳门的繁荣稳定及蓬勃发展,充分展示了中华儿女崭新的精神风貌,也有力证明了"一国两制"方针在解决祖国统一问题上的科学性和有效性。

诚然，作为一项前无古人的伟大战略，加之港澳两地近代以来的社会历史和现实，"一国两制"在实践中的推进不可能完全一帆风顺，一些新情况和新问题的出现，也是在所难免的。比如，在当下的香港地区，一些社会成员对于"一国两制"的理解还很不全面，表现为只看到"两制"，而忽视"一国"，只强调"港人治港"的权利，而忽视维护祖国统一的义务等。另外，在特区政府层面，则表现为相关维护国家主权、安全和发展利益的法律法规还不够完善，对于国家历史文化和主流价值观念的宣传教育还不够到位，整个香港社会在一些重大现实问题上还缺乏有力的引领，难以达成共识等。解决这些在实践中出现的新问题，一方面我们需要进一步加大"一国两制"基本国策在港澳社会的宣传力度，深化人们对于以基本法为核心的一系列法律法规及自身权利义务的认知和理解，从而自觉做到明政策、守法纪、知爱国；另一方面，则需要我们进一步提升"一国两制"在港澳地区贯彻落实的信度和效度，坚持促进中央对于港澳地区的全面管制权同港澳地区的高度自治权的有机结合，以确保新时代"一国两制"基本国策在港澳地区的实践不走样、不变形，始终沿着正确方向前进，以引领港澳同胞上下齐心，协同奋进，开创政通人和、安居乐业的新局面。

在新时代，坚持"一国两制"和推进祖国统一，还必须积极开拓进取，在"九二共识"的政治基础上，推动两岸关系有序发展，以最终完成统一大业。就其根源而言，"一国两制"思想，最早是我们党的第一代中央领导集体为解决台湾问题而提出的方略。随着20世纪末香港、澳门的相继回归，"一国两制"由理论变成了活生生的现实，取得了巨大成功，凸显了强大生命力。而这也为我们在新时期成功解决内战遗留下来的台湾问题，提供了难得的契机。"一国两制"，其底线和基本前提是"一个中国"。为解决祖国最终统一问题，海峡两岸两会于1992年在香港商谈，并达成两岸均坚持"一个中国"立场的"九二共识"。这是两岸关系和平发展的政治基础，是血浓于水的亲情的体现，也是我们处理两岸各种关系，造福全体中华儿女的"定海神针"。坚持"九二共识"，我们首先需要全面理解其核心意涵。一方面，"九二共识"充分肯定了两岸同胞对于同属一个中国基本原则的坚守，这就明确了两岸关系的根本性质，从而为双方就关涉两岸同胞利益与福祉的具体问题的协商对话和交流往来扫清了障碍。所谓"渡尽劫波兄弟在，相逢一笑泯恩仇"，说的便是这个道理。另一方面,"九二共识"对于国家认同和民族归属的肯定,也为我们在新的历史条件下强力维护国家主权和领土完整,避免国家分裂的历史悲剧提供了现实依据。当前,基于内部政治生态的变化以及各种外部势力处心积虑的渗透,台湾地区出现了一股宣扬"台独",意图分裂祖国的政治势力,对于这种势力及其所推行的种种有组织、有预谋的"台独"分裂活动,我们要时刻保持警惕,并及时团结两岸同胞,运用"九二共识"的有力武器予以痛击,挫败其图谋,以维护海峡两岸同胞的根本利益,为共创中华民族伟大复兴的美好未来而努力奋斗。

十三、坚持推动构建人类命运共同体

中华民族自古以来便有关注人类命运、建设美好世界的情怀。从古代的"修身、齐家、治国、平天下",到近代的"天下为公",再到当代的"和谐世界",都反映了人们对于人类未来发展状况的一种向往和期待。在进入新世纪以来,随着国内外形势的深刻变化和我国综合国力及国际影响力的迅速提升,勇于承担历史责任和为人类未来发展擘画蓝图,便再次成为我们党的时代抉择。2013年3月,习近平在莫斯科国际关系学院发表演讲,首次在国际场合提出"人类命运共同体"的概念。后经其不断充实、深化与拓展,"构建人类命运共同体"遂成为我们在新时代凝聚国家和民族力量的内在动力以及处理国际关系、推动解决全球性问题的崭新理念。就其根源而言,"人类命运共同体"主要肇端于源远流长的中华优秀传统文化和马克思主义的国际战略,也是对20世纪50年代以来新中国外交实践经验和教训进行深刻总结凝练所得出的成果,体现了鲜明的中国智慧,也为我们在中国特色社会主义新时代成功处理关涉国家民族的大政方针问题,顺利开创互利共赢的国际关系新局面,为人类的美好未来作出新贡献,提供了宝贵启示。

在新时代,坚持推动构建人类命运共同体,可以为中华民族伟大复兴中国梦的实现创造良好外部条件。近代以来,实现中华民族的伟大复兴,可谓所有炎黄子孙的共同梦想和不懈追求。经过近百年的苦苦求索,直到20世纪中叶新中国的成立,在中国共产党的领导下,这个梦想才有了实现的可能。多年的卧薪尝胆和不辍奋斗,使我们现在比历史上任何时期都更接近中华民族的伟大复兴。在新时代的中国,民族复兴中国梦的实现,既需要我们凝心聚力,再接再厉,也需要有一个良好的外部空间与和平环境。当此之时,我们坚持推动构建人类命运共同体,在承认主权国家差异性的前提下,强调人类的整体性、融通性与合作性,强调国家之间的协作互补、互利共享和荣辱与共,并采取实际行动予以践行,便有利于我国人民追求民族复兴的梦想同世界各国人民追求自由幸福的梦想互联互通、相互促进,从而为中国梦的实现创造和平的国际环境和稳定的国际秩序。

在新时代,坚持推动构建人类命运共同体,必须有大局观念,走和平发展道路,奉行互利共赢战略。构建人类命运共同体,是我们党在新世纪新阶段,认真审视国内外发展现状,结合我国实际所作出的战略抉择,其眼界的宏阔是显而易见的。在现实生活中,实践这一战略,首先需要我们立足于国内和国际大局,努力将国情意识和世界视野有机结合起来,一方面,坚持用新时代条件下的新理念和新思路,去主动适应和积极引领我国经济社会发展的新常态,促进综合国力的稳步提升,走和平发展的道路,为整个世界经济的健康发展贡献力量;另一方面,还需要我们坚持从全球经济社会相互连通的视域进行谋划,以自身的发展,特别是通过对于国际国内两个市场和两种资源的整合,来努力促进世界经济社会的协调有序发展,并为其发展注入新活力和拓展新空间,以营造互利共赢的世界经济社会发展模式,推动更加公平公正的世界政治经济新秩序的早日建构。

在新时代,坚持推动构建人类命运共同体,必须坚持正确义利观,树立新型安全观,塑造开放交往观,构筑绿色生态观。生产力与生产关系、经济基础与上层建筑的矛盾运动,是推动人类社会发展的基本动力。构建人类命运共同体,首先必须夯实物质基础。在推动我国经济和世界经济交融发展的过程中,我们必须坚持以维护人民和全人类的利益为基础,处理好义与利的关系,努力在推动包括我国经济在内的全球经济持续稳定增长、有效弥合贫富鸿沟和促进世界经济朝着更加开放、包容、普惠、均衡和共赢的方向发展等方面取得明显进展。其次,构建人类命运共同体,必须打造安全环境。安全是谋求发展的前提条件和基本保障。世界如此之大,国与国之间发生矛盾和分歧在所难免。面对争端和矛盾,我们要坚持对话和协商,反对动辄诉诸武力。我们倡导全人类携手应对各类安全挑战,以开创共同、综合、合作和可持续发展的安全世界局面。再次,构建人类命运共同体,需要拥有开放的胸襟。包容开放、和而不同,是中华文化的典型特征,也是全体中国人民宝贵的精神财富和行为准则。在构建人类命运共同体的实践中,我们要坚决摒弃冷战思维和强权政治,在充分肯定世界文明多样性的前提下,走对话而不对抗的道路,以不同文明间的平等交流与相互借鉴来促进矛盾和分歧的解决,以维护世界的持久和平。最后,构建人类命运共同体,还需要树立生态的理念。地球是人类共同的家园。人类命运共同体的建构,始终绕不开人与自然的关系问题。进入新世纪以来,随着人类生存环境的日益恶化,走绿色、低碳和可持续发展的道路,正在逐步成为包括中国人民在内的世界各国人民的基本共识,这也是实现人类永续发展的基本条件。

在新时代,坚持推动构建人类命运共同体,还依赖于我们的实际行动。就其基本规律而言,人类社会总是在各种矛盾和曲折中向前发展的。当今社会也不例外。在当今世界,当我们面对国家或民族间因边界、种族、宗教或者领土等原因而爆发的战争此起彼伏、各种传统或非传统的安全威胁此消彼长而无可无奈何时,人类命运共同体的命题,可谓令人耳目一新!作为一个推动人类社会走向和平、发展、自由与幸福之理想世界的科学理论,人类命运共同体的实现不可能一蹴而就,而是需要我们一代代人的持续努力。在这个承前启后、继往开来的新时代,我们每一个中华儿女都有义务去做世界和平的建设者、全球发展的贡献者和国际秩序的维护者,以自己的实际行动为人类命运共同体的建构,为人类的繁荣进步,做出自己应有的贡献。

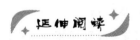

人类命运共同体:中国的"世界梦"

中国有两个梦想:一个是"中国梦",一个就是构建"共有共享的人类命运共同体"的"世界梦",两者相辅相成,互为机遇。中国国家主席习近平在2016年新年贺词中指出:"世界那么大,问题那么多,国际社会期待听到中国声音、看到中国方案,中国不能缺席。"习近平洞察世界格局深刻演变和人类社会发展进步大势,全面阐述新型国际关系理念,即"构建以合作共赢为核心的新型国际关系,打造人类命运共同体",全面推进中国特色大国外交。这是中国在问鼎世界强国之际的政策宣示,旨在回答"中国到底想要一个什么样的世界"。这一思想立意高远,大气磅礴,既是超越"零和博弈"的中国国际秩序观,又是对《联合国宪章》宗旨的继承和弘扬,为21世纪国际关系发展提供了中国方案,具有时代的先进性。

党的十八大以来,以习近平同志为核心的党中央站在新的历史起点上,观大势、谋大事,不认同"国强必霸"逻辑,积极倡导构建以合作共赢为核心价值观的"人类命运共同体"。习近平走到哪儿,就把"命运共同体"的理念带到哪儿。2013年3月,习近平在俄罗斯演讲时表示:"人类生活在同一个地球村里,生活在历史和现实交汇的同一个时空里,越来越成为你中有我、我中有你的命运共同体。"同年4月,他在博鳌亚洲论坛2015年年会上发表演讲时再次强调"我们生活在同一个地球村,应该牢固树立命运共同体意识",并进而提出迈向"命运共同体"必须坚持的四项原则,即各国相互尊重、平等相待,坚持合作共赢、共同发展,坚持实现共同、综合、合作、可持续的安全,坚持不同文明兼容并蓄、交流互鉴。2015年9月,习近平在第70届联合国大会上发表讲话指出,当今世界各国相互依存、休戚与共,要继承和弘扬《联合国宪章》宗旨和原则,构建以合作共赢为核心的新型国际关系,打造人类命运共同体。这样,从双边命运共同体,到地区命运共同体,再到人类命运共同体,习近平从时代潮流的大视野审视中国、亚洲和世界,全面阐述了"人类命运共同体"的具体内涵,并勾画出了如何建设这一共同体的路线图。

近年来,中国与阿拉伯国家、拉美国家、非洲国家、东盟国家等都结成了命运共同体,并提出"迈向亚洲命运共同体""打造周边命运共同体""同心打造人类命运共同体"等战略。由此可见,"人类命运共同体"已成为当代中国外交理论与实践的内核。外交部长王毅指出:"新型国际关系侧重回答中国主张构建一种什么样的国家关系;命运共同体则进一步回答中国追求建设一个什么样的世界,具有更加丰富的政治、经济、安全、文明、生态等多方面内涵。这个重要理念一经提出,就引起了国际社会尤其是广大发展中国家的普遍肯定和欢迎,正在成为中国外交在国际舞台上的又一面重要旗帜。"

(来源:阮宗泽.人类命运共同体:中国的"世界梦"[J].国际问题研究,2016.)

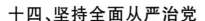

十四、坚持全面从严治党

中国共产党在我国的领导地位,既有历史的逻辑,又有现实的依据。作为一个在近14亿人口的大国长期执政的马克思主义政党,中国共产党拥有9000多万名党员和460多万个基层组织,这一方面反映了我们党在国人心目中的崇高威望和极大吸引力;另一方面,组织和管理如此数量的党员队伍及其基层组织,以顺利完成治国理政的光荣使命,兑现立党为公、执政为民的庄严承诺,对于我们党来说,也是一个不小的挑战。特别是在新时代,面对由革命党向执政党转变后,在领导我国社会主义现代化建设过程中所需应对的执政的考验、改革开放的考验、市场经济的考验和外部环境的考验以及长期处于和平环境中容易产生的精神懈怠、脱离群众和消极腐败等问题,我们党一定要有勇于自我革命的魄力和担当,增强问题意识,坚持正确导向,保持战略定力,从速从严管党治党,以保持党的先进性和纯洁性,有效提高党的拒腐防变和抵御风险的能力和水平。

在新时代,坚持全面从严治党,必须以党章为根本,始终把党的政治建设摆在首位,协调推进党的各项建设。对于一个政党来说,党章的重要性是不言而喻的,它是党的根本大法,是党的所有法和制度的总来源,也是党的理论、路线、方针和政策的集中体现,是全党必须严格遵守的总规矩。在各级党组织的日常组织生活中,要引导党员同志认真学习并吃透党章精神,严格遵守党章规定,积极自觉地维护党章权威,并按照党章要求全力推进党的建设工作。在党的建设实践中,我们要首先坚持以党的政治建设为统领。这是因为,政治建设不仅关涉党的性质和宗旨,而且决定了党的发展方向和道路。加强政治建设,核心在于讲政治。党的近百年发展历程已经一再证明,我们党什么时候真正做到讲政治、守纪律和重规矩,就能迎来风清气正、欣欣向荣的局面;反之,就会人心涣散,党的事业就会受损。在推进党的建设新的伟大工程的时代进程中,我们在重视并强调政治建设统领地位的同时,还应同步加强党的思想建设、组织建设、作风建设和纪律建设,并坚持将党的制度建设贯穿始终。加强党的思想建设,必须坚持用马克思主义和中国化的马克思主义理论,特别是马克思主义中国化的最新理论成果武装全党、教育人民,帮助广大党员和人民群众看清中国社会发展的正确方向和美好前景,进一步坚定其一心一意跟党走的决心和意志。加强党的组织、作风和纪律建设,则需在优化党的组织体系、传承发扬党的优良作风和严明党规党纪上狠下功夫,以规约人民的言行,促进制度治党和思想建党工作齐头并进,保证我们党能够始终不忘初心,经得起考验,走在时代前列。

在新时代,坚持全面从严治党,必须抓住"关键少数",倡导"三严三实",坚持民主集中制,严肃党内政治生活。中国古人说"与善人居,如入芝兰之室""与不善人居,如入鲍鱼之肆",这充分说明了榜样的重要性。在坚持全面从严治党的实践中,榜样的力量也是巨大的。作为无产阶级、中国人民和中华民族的先锋队,中国共产党的组织和全体党员,要在全国人民中努力发挥榜样的作用。而在我们的党员队伍中,党的各级领导干部,尤其是其中的县处级以上领导干部,也应发挥榜样作用,这是彰显党性的根本要求。在全面从严治党的实践中,我们需要重点关注由这些领导干部所组成的"关键少数",教育和引导他们按照"严以修身、严以用权、严以律己"和"谋事要实、创业要实、做人要实"的标准,严格要求自己,正确认识和对待自己的权力,恰当运用手中的权力为人民服务,坚决杜绝公权私用和权力异化现象的发生。在党的日常组织生活中,要严格践行民主集中制的原则,自觉处理好民主基础上的集中和在集中原则指导下的民主之间辩证统一的关系,既要注重保障党内民主的普遍性、务实性和广泛性,以集中全党智慧,促进党的事业沿着正确方向发展,又要注重保障党的各项决策的效率,以免议而不决,贻误难得的发展机遇,从而最终形成既有民主又有集中,既有纪律又有自由,既有统一意志又有个人心情舒畅的生动活泼的政治局面。

在新时代,坚持全面从严治党,必须严明党的纪律,强化党内监督,严厉惩治腐败,营造积极健康的党内政治文化,净化党内政治生态。无规矩不成方圆。坚持全面从严治党,严明党的政治纪律和政治规矩可谓关键。这是因为党的政治纪律和政治规矩,是事关党的性质和发展前途的重要因素,也会在一定程度上影响党的工作纪律、组织纪律、生活纪律和群众纪律等,进而制约党的发展。党的纪律建设,重在监督机制的构建。在新时代,要结合现实需要,将纪委监督和国家监察有机结合起来,努力形成针对党员违纪违法的预防机制、容错纠错机制和惩治机制三位一体的工作模式,坚持惩防结合、预防为主和对腐败零容忍的原则,从理论和实践两个维度出发,积极营造健康向上的党内政治文化,以坚决的态度和完备的体制机制建设,提高党自我净化、自我完善、自我革新和自我提高的能力,推动形成风清气正的党内政治生态,为全面从严治党保驾护航。

第三节 新思想的历史贡献

> 每一个时代的理论思维,包括我们时代的理论思维,都是一种历史的产物,它在不同的时代具有完全不同的形式,同时具有完全不同的内容。
>
> ——恩格斯

在迄今所有关于人类社会发展规律的基本理论中,马克思主义的崇高地位显然是不容置疑的。近代以来,人们对于马克思主义的信仰和践行,植根于其本身的科学性和严谨性。马克思主义对于自然界、人类社会与人的思维运动变化规律的深刻诠释,对于资本主义必然灭亡、社会主义和共产主义必然胜利的真理性阐述,使其一经问世便成为指导世界社会主义运动的核心理论。纵观社会主义的发展历程,我们便会发现:当人们在革命实践中真正坚持了马克思主义指导思想的时候,社会主义就能取得胜利;反之,当人们背离马克思主义的时候,其所从事的社会主义事业就会面临失败。马克思主义之所以能够在人们创造历史的过程中发挥如此大的作用,还在于其本身的批判性和开放性。就其本质而言,马克思主义从来不是僵死的教条,而是鲜活的理论。其强大的生命力,主要来源于马克思主义基本原理同世界各国社会主义革命和建设实践的具体的历史的结合。作为中国共产党引领和指导我国革命、社会主义建设和改革开放的根本指导思想,马克思主义已在中国的土地上牢牢扎下根来,并逐步实现了中国化。毛泽东思想、邓小平理论、"三个代表"重要思想和科学发展观,便是其在不同历史时期的表现形式。党的十八大以来,在同崭新历史条件下的中国特色社会主义实践相结合的过程中,马克思主义中国化之花,又绽放出更为绚烂的风采,那便是习近平新时代中国特色社会主义思想的产生。拉开时代的帷幕,我们便会发现,习近平新时代中国特色社会主义思想,是深深植根于中国特色社会主义事业最新实践的历史性变动并彰显显著时代特征的重要理论,是引领我们从事实现中华民族伟大复兴中国梦之实践的思想动力和方法论依据,其对于推进中国特色社会主义事业和马克思主义中国化的历史进程,对于提升新时期党的建设和治国理政工作水平,具有重要价值。

一、开辟了马克思主义新境界

马克思主义诞生于20世纪40年代的欧洲,由马克思和恩格斯在批判继承德国古典哲学、英国古典政治经济学和法国空想社会主义的基础上,结合欧洲工人阶级经济斗争和政治运动的实践经验,孕育而生。马克思主义的诞生,是世界无产阶级革命运动中的重大事件,特别是《共产党宣言》的发表、俄国十月革命的胜利和人类历史上第一个社会主义国家——苏俄的建立,使得马克思主义获得了全世界人民的广泛关注,也由此开启了它同中国实际相结合的历史进程。在马克思主义与中国革命、建设和改革实践相结合的过程中,先后发生了两次历史性飞跃,产生了两大理论成果,即毛泽东思想和中国特色社会主义理论体系。毛泽东思想是关于什么是中国革命、如何进行中国革命和初步的社会主义建设的正确的理论原则和经验总结,是关于如何使中国站起来的理论。中国特色社会主义理论体系是关于什么是中国特色社会主义和如何建设中国特色社会主义的理论系统。就内容而言,中国特色社会主义理论体系所包含的理论是非常丰富的,它既涵摄关于什么是社会主义、如何建设社会主义的邓小平理论,又包括关于建设什么样的党和怎样建设党的"三个代表"重要思想,还包含关于应该怎样发展、如何实现这种发展的科学发展观。就所要回应的问题的本质来说,邓小平理论、"三个代表"重要思想和科学发展观主要试图解答的是如何实现新中国由"站起来"向"富起来"的转变的问题。

在党的十八大之后,我国中国特色社会主义事业稳步跨入新时代的崭新历史条件下,围绕着新时代应该建设什么样的中国特色社会主义以及怎样建设中国特色社会主义,以推动新中国从富起来向强起来转变的问题,以习近平同志为核心的新一代中央领导集体,成功地将马克思主义基本原理同新时

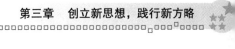

期我国改革开放的具体实际结合起来,在攸关改革发展稳定、内政外交国防和治党治国治军的各个领域,根据我国全面深化改革的现实需要,提出了一系列富有开创性的理论,如社会主义经济发展的新常态、社会主义协商民主、社会主义治理体系和治理能力的现代化、五大发展理念和人类命运共同体等。这些关于我国社会主义发展和完善的原创性理论,既坚持了马克思主义,又不是脱离实际的、对于马克思主义文本的教条式的照搬,也没有把马克思主义仅仅当作阐述历史和诠释现实的工具,而是坚持运用马克思主义的立场、观点和方法来研究新情况、分析新问题、解决新困惑和凝练新理论,从而使马克思主义在新时代成为一门更"有用"的科学,由此实现了马克思主义基本原理与中国实际相结合过程中的新发展和新的历史性飞跃。

正如毛泽东思想、邓小平理论、"三个代表"重要思想和科学发展观是在中国近代以来的不同历史时期,针对中国社会发展过程中最为紧要和核心的问题,在马克思主义的指导下结合自身实践进行的理论建构一样,习近平新时代中国特色社会主义思想也是在当代中国社会发展的崭新历史条件下,面对国内外形势的新变化、党的建设的新要求以及广大人民群众的新期待,进行伟大斗争、建设伟大工程、推进伟大事业、实现伟大梦想实践中产生的新经验的科学概括和总结。作为新一代中央领导集体在引领全党和全国人民探索新时代我们应该建设和发展什么样的中国特色社会主义、怎样建设和发展中国特色社会主义问题上的实践经验和集体智慧的结晶,习近平新时代中国特色社会主义思想是党的实事求是思想路线在新阶段的新呈现,是对马克思列宁主义、毛泽东思想、邓小平理论、"三个代表"重要思想和科学发展观的继承和发展,是马克思主义中国化的最新成果,也开辟了马克思主义在21世纪的崭新境界。

二、开辟了中国特色社会主义新境界

自社会主义的命题诞生以来,无论是由托马斯·莫尔开启端绪的空想社会主义思潮,还是马克思和恩格斯创立的科学社会主义理论体系,无论是列宁发动的苏俄社会主义革命,还是斯大林成就的苏联模式,人们对于社会主义发展道路的思考,从来都没有停止过。20世纪50年代,在新中国完成对农业、手工业和资本主义工商业的社会主义改造,正式进入社会主义历史时期后,以毛泽东同志为核心的党的第一代中央领导集体,便开始了对于中国式社会主义发展道路的艰辛探索。在此期间,我们既取得了显著成就,积累了进行社会主义建设的初步经验,也犯了错误,留下深刻教训。20世纪80年代以来,以邓小平同志为核心的党的第二代中央领导集体,在深刻总结社会主义建设经验教训的基础上,率领全党和全国人民拉开了改革开放和建设中国特色社会主义的序幕,迄今已逾40年。其间,在党的第三代和第四代中央领导集体的接力推动下,我们党结合社会主义现代化建设和改革开放的具体实践,对于中国特色社会主义建设中的一些基本问题进行了深入探讨,逐步形成了关于社会主义本质问题,社会主义发展阶段问题,我国社会主义建设的目的、领导力量和依靠力量问题,我国社会主义建设的根本任务和发展战略问题,祖国统一和国际战略问题的一系列具体理论,初步形成了关于中国特色社会主义建设的基本框架。

在进入新世纪以后,特别是党的十八大以来,面对整个世界局势的调整、变革与转型,以及我国中国特色社会主义事业进入新时代的崭新历史条件,如何更好地把握时代发展所赋予我们的难得机遇,迎接新挑战,开创我国社会主义现代化建设的新局面,把新时代中国特色社会主义伟大事业进一步推向前进,成为摆在以习近平同志为核心的新一代中央领导集体面前的一项现实课题。在认真审视20世纪90年代苏联解体、东欧剧变的历史教训及其对于世界社会主义运动所造成的巨大冲击的基础上,结合对于21世纪初期爆发的席卷整个资本主义世界的经济和社会危机的分析,我们党及时而敏锐地捕捉到了在世界资本主义发展进入新一轮衰退期、世界社会主义事业逐步走出低谷而迈向新的突破的历史性机遇,紧紧围绕在新的时代条件下坚持和发展什么样的中国特色社会主义、怎样坚持和发展中国特色社会主义这个重大课题,进行了系统而富有创造性的实践探索与理论创新,在引领全党和全国人民为中华民族伟大复兴中国梦而努力奋斗的征程中,逐渐形成了充满时代气息的习近平新时代中国特色社会主义思想,实现了党的指导思想的创新。

就其内容体系而言,习近平新时代中国特色社会主义思想始终坚持以人民为中心,把实现社会主义现代化和中华民族的伟大复兴作为推进新时代中国特色社会主义实践的价值旨归,并在明确新时期我国社会主要矛盾发生历史性变化、人民群众对党和国家充满更高期待的基础上,对于我们在全面建成小康社会之后的发展战略进行了细致规划,并鲜明提出了"分两步走",到21世纪中叶建成富强民主文明和谐美丽的社会主义现代化强国的号召。为了保证我们擘画的美好蓝图变为现实,保证"分两步走"的战略规划落到实处,新一代中央领导集体又明确地提出了中国特色社会主义事业"五位一体"总体布局和"四个全面"发展战略,并以"两学一做""三严三实""四个自信"和"五大发展理念"来为新时代中国特色社会主义事业的建设实践强化领导、廓清方向和提供动力。这一理论系统和实践模式的建构,不仅以严密的逻辑和丰富的内涵,明确地回答了新时代攸关党和国家事业发展的一系列紧迫的理论和现实问题,而且以更加宏阔的视野有效深化了我们党对共产党执政规律、社会主义建设规律和人类社会发展规律的认识,续写了中国特色社会主义的光辉篇章,开辟了中国特色社会主义的新境界。

三、开辟了治国理政新境界

自从有了国家,阶级统治和社会治理问题,便逐步成为人类政治文明的重要话语。在阶级社会,处于统治地位的阶级,一方面运用以军队、警察、法庭和监狱等为主体的暴力机构去镇压和威慑被统治阶级的反抗,以维护其阶级利益;另一方面,则通过政府中的社会服务机构和一系列的社会组织来提供公共产品,以维持公共秩序,保证社会的正常运行。这两个方面就是一般意义上的国家的政治功能。无论是人类历史上出现过的奴隶制国家、封建制国家,还是现在的资本主义国家和社会主义国家,概莫能外,所不同的就是处于统治地位和被统治地位的社会阶级。比如,在资本主义国家,处于统治地位的是占人口少数的资产阶级,而在像我国这样的社会主义国家,处于统治地位的则是占人口绝大多数的无产阶级和广大劳动人民。就世界范围阶级社会的发展趋势而言,进入20世纪90年代以来,随着苏东剧变的发生、冷战的结束,两极格局终结,社会主义和资本主义国家之间的制度之争和意识形态的对抗相对弱化,而经济社会发展和综合国力的较量愈演愈烈,与此相对应的便是全球治理和国别治理的重要性日趋显现。特别是在当代世界,随着经济低迷现象的持续、恐怖主义思潮的蔓延以及生态危机的频繁出现,探索和建构更为优化的全球治理模式以促进经济社会的稳定和可持续发展,构建人类命运共同体,日益成为世人普遍关注的全球性问题。

全球治理水平的提升,是建立在每一个国家治理模式优化的基础上的。就当代世界各国政治文明的发展现状而言,随着社会成员文化水平和社会文明程度的提升,人们的尊严和权利意识、政治参与意识和对国家的期待显著增强,对政党和政府执政能力的要求越来越高,如何顺应民意、有效提升国家治理水平,以实现善治、营造国家和社会的整体和谐,已成为各国政府越来越多思考的问题。就我国而言,虽然关于国家治理的概念提出得较晚,但作为一个由广大人民群众当家作主的政权,新中国从成立伊始便经由国体、政体的建构,政党制度、民族制度和基层民主制度的明确,开启了探索国家治理新道路的征程。20世纪80年代以来,借由改革开放所带来的视野的拓展,我们开始从全新的维度透视国家治理问题,并开始结合以建立和完善充满生机与活力的社会主义市场经济体制为基础的,经济、政治和社会体制改革的现实需要,对整个国家的治理体系进行了一定程度的优化,从而在推动我国实现经济腾飞的同时,使国家治理也取得明显成效,保障了社会主义制度优越性的发挥。

诚然,正如任何国家的发展在形态上总是表现为一定的阶段性和发展性一样,当代中国的国家治理,经过新中国成立以来数十年的探索和建构,在总体上取得了较大的进步,其独特的优势也开始显现。但面对进入21世纪以来国内外局势的巨大变化及其对于党和国家应该具有的治理能力的客观需求,我国治理体系和治理能力还有着很大局限性。比如,在社会治理主体层面的单一性、社会治理方式层面的强制性色彩还较为明显,人民依法参与国家治理的保障机制还不够健全,对不同社会群体利益诉求的回应还不够及时,形成社会治理共识的难度越来越大,等等。针对这些现实存在的问题,以习近平同志为核心的党中央自党的十八大以来,已经制定并通过了全面深化改革的纲领性文件,并对新时代推动国家治理体系和治理能力的现代化事业进行了全面部署。近年来,党和国家一方面坚持以人民为中心的价值导向,紧紧抓住全面依法治国、依规治党的契机,积极推进中国特色社会主义经济、政治、文化、社会和生态领域相关制度体系的建构,从横向上健全国家治理体系;另一方面,则坚持以深入创建以党委领导、政府主体、社会协作、公众参与和法治保障为基本脉络的社会治理体制为抓手,推动政府治理、社会调节和居民自治的良性互动,从纵向上打造社会各阶层有序参与的,以共建共治和共享为特征的社会治理新格局。多年来,正是基于在国家治理体系和治理能力现代化建设方面所取得的开创性成就,我们成功坚持了既不走封闭僵化老路,也不走改旗易帜邪路的基本原则,在确保整个社会和谐稳定的基础上,逐渐走出了一条富有中国特色的社会主义治国理政的新道路,开辟了治国理政的新境界,为人类政治文明的发展做出了新贡献。

四、开辟了管党治党新境界

早在170多年前,马克思主义的创始人马克思和恩格斯便提出了"无产阶级必须组成一个不同于其他所有政党并与它们对立的特殊政党,一个自觉的政党",以保证其"在决定关头强大到足以取得胜利"的理论。从近百年来中国共产党对于我国革命、社会主义建设和改革开放伟大事业之有序推进的重要意义来看,这两位革命导师的话语无疑是极为正确的。深受历史垂青和人民信任的中国共产党,从其诞生那一天起,便勇敢地肩负起领导广大人民追求自由幸福和民族复兴的神圣使命。数十年来,在马克思主义科学世界观和方法论的指导下,在中国化马克思主义基本理论的引领下,中国共产党不仅带领人民经过28年艰苦卓绝的革命斗争,驱逐了帝国主义列强,打倒了国内反动势力,迎来了民族独立和人民解放的新纪元,而且在此基础上又乘胜追击、迎难而上,经过几十年的卧薪尝胆和开拓创新,在经济、政治、文化、社会和生态建设领域取得巨大成就,彻底改变了昔日中国贫穷落后的面貌,使中华民族实现了从"站起来"到"富起来"再到"强起来"的历史性飞跃,并借此为全世界其他国家和民族提供了在基础薄弱、发展滞后的情况下解决经济社会发展问题的"中国方案",赢得了世界人民的广泛赞誉。

历史选择了中国共产党,无论是过去,还是未来,共产党的领导地位都不可动摇。人民选择了中国共产党,无论是我们、我们的先辈,还是我们的子孙后代,人们对共产党的信任都不可撼动。坚持中国共产党的领导既是中国特色社会主义的本质特征,也是我国社会主义制度的最大优势。这是因为,在中国只有历经考验和磨难的中国共产党才具有统摄各方的崇高威望,只有中国共产党具有凝聚民心的强大魅力。当代中国是一片充满希望的沃土,在中国共产党的领导下,我们正满怀信心地奔走在决胜全面建成小康社会、全面建成社会主义现代化强国的道路上。我们的前途是光明的。然而,正如车尔尼雪夫斯基所说,我们所行走的道路并不是"涅瓦大街上的人行道"。这种社会主义发展道路的长期性和曲折性,是由人类社会发展规律所决定的,也是中国共产党执政规律的体现。从我们党的发展历史来看,其所走过的90多年的光辉历程也并不是一帆风顺的,其间所犯的错误和所经历的挫折,有时甚至是致命的。为了保证在我们探索中国特色社会主义发展道路过程中不犯颠覆性的错误,我们必须常怀忧患之心,以如履薄冰和如临深渊的心态搞好党的自身建设,把管党治党工作切实抓好。尤其是在当下,面对党内领导干部中出现的信念不坚、权欲熏心、脱离群众等现象,党员队伍中出现的个人主义、拜金主义、纪律松弛等现象以及党员领导干部中出现的自由主义、好人主义、宗派主义及享乐主义等现象,我们必须保持高度的警惕,及时采取坚决的行动予以治理。

党的十八大以来,面对党员领导干部中所存在着的种种流弊以及党建工作中的宽松软问题,以习近平同志为核心的新一代中央领导集体,本着对历史和人民高度负责的态度,以极大的政治勇气和大无畏精神,强力推进全面从严治党工作。多年来,在管党治党的实践中,中央首先以党的群众路线教育实践活动为切入点,以党的优良传统和作风的教育和实践,来夯实新时代党建工作的根基。其次,通过大规模的建章立制,构建以《中国共产党巡视工作条例》《中国共产党党内监督条例》为重要组成部分的党规党纪系统,以比普通法律规定更为严格的政治纪律和政治规矩来约束党员,明确其行为规范,努力发挥党员群体的先锋模范作用。再次,以抓铁有痕和踏石留印的干劲推进深度反腐工作,通过贯彻落实中央"八项规定"以上率下,形成气势;通过"打虎""拍蝇"和"猎狐",刮骨疗毒,壮士断腕;通过倡导"三严三实",要求党员群体举止言行表里如一;通过践行"两学一做",要求党员队伍讲纪律、守规矩。系统化的制度建构将权力关进笼子,持续性的强力打击为腐败织就地网天罗,有计划的教育引领使党员干部视野开阔。多年来,在党中央的领导下,全党上下同心协力,一个不敢腐、不能腐的局面初步成形,不想腐的堤坝正在构筑,党的创造力、凝聚力和战斗力显著增强,党群干群关系明显改善,管党治党的新境界已然开辟。

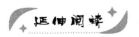

习近平新时代中国特色社会主义思想的形成

从党的十八大以来,以习近平同志为核心的党中央开始新的探索,到党的十九大系统阐述习近平新时代中国特色社会主义思想,正式把这一新思想确立为党必须长期坚持的指导思想,只有5年的时间。这5年也就是习近平新时代中国特色社会主义思想的形成阶段。但从习近平新时代中国特色社会主义思想形成的脉络来看,这一阶段又可划分为四个时段。

习近平新时代中国特色社会主义思想开始形成阶段

从2012年11月党的十八大到2013年11月党的十八届三中全会,是习近平新时代中国特色社会主义思想开始形成阶段。在这一阶段,习近平总书记紧紧围绕贯彻落实党的十八大精神、坚持和发展中国特色社会主义发表了一系列重要讲话,提出了一系列重要的新理念新思想新战略。一是比较集中地阐述了党的十八大精神。党的十八大闭幕后,习近平总书记就强调"新一届中央领导集体的首要政治任务,就是全面贯彻落实党的十八大精神,为实现党的十八大确定的目标任务而努力奋斗";"坚持和发展中国特色社会主义是贯穿党的十八大报告的一条主线",要"紧紧围绕坚持和发展中国特色社会主义学习宣传贯彻党的十八大精神"。这不仅深刻阐明了党的十八大精神的主题和要义,而且为习近平新时代中国特色社会主义思想的形成和发展确立了鲜明的主题。二是提出实现中华民族伟大复兴的中国梦。习近平总书记在参观"复兴之路"展览时,首次把实现中华民族伟大复兴称为"中国梦"。此后,他又在多个重要场合发表重要讲话,对中国梦的本质内涵、实现道路、精神动力、依靠力量等作了系统阐释,提出了一系列重要思想理论观点,深刻阐明了什么是中华民族伟大复兴的"中国梦"、在新的历史条件下如何实现中华民族伟大复兴的"中国梦",并把实现中华民族伟大复兴的"中国梦"与党的十八大确立的"两个一百年"奋斗目标统一了起来。既明确了我们在新的历史条件下坚持和发展中国特色社会主义的奋斗目标,也为习近平新时代中国特色社会主义思想形成和发展确立了明确的目标追求。三是对全面深化改革作出总体部署。不仅明确提出了全面深化改革的总目标,而且为在新的历史起点上全面深化改革确定了时间表和路线图。全面深化改革,既是在新的历史条件下坚持和发展中国特色社会主义、实现"两个一百年"奋斗目标和中华民族伟大复兴中国梦的必由之路,也是习近平新时代中国特色社会主义思想中最重要的内容之一。四是明确提出党在新形势下的强军目标。强调要"建设一支听党指挥、能打胜仗、作风优良的人民军队",为在新的历史起点上加快推进国防和军队现代化提供了目标方向和根本遵循,等等。正是以上一系列重要理论观点,标志着习近平新时代中国特色社会主义思想开始形成。

习近平新时代中国特色社会主义思想初步形成阶段

从2013年11月党的十八届四中全会到2015年2月习近平总书记在"省部级主要领导干部学习贯彻党的十八届四中全会精神全面推进依法治国专题研讨班"上的讲话,是习近平新时代中国特色社会主义思想初步形成阶段。在这一阶段,习近平总书记围绕贯彻落实党的十八大和十八届三中全会精神进行探索和创新,并发表了一系列重要讲话,提出了一系列重要的新理念新思想新战略。其中,有两点特别重要。一是对全面推进依法治国作出顶层设计。党的十八大之后,习近平总书记作为党中央的核心和全党的核心,高度重视法治国家建设,强调建设法治中国必须"坚持依法治国、依法执政、依法行政共同推进,坚持法治国家、法治政府、法治社会一体建设"。到党的十八届四中全会,不仅深刻阐明了全面推进依法治国的重要意义,而且确定了全面推进依法治国的指导思想、总体目标、根本原则、重大任务和具体部署,为全面推进依法治国指明了目标方向,提供了基本遵循。这也是以习近平同志为核心的党中央着眼于中国特色社会主义事业的长远发展所作出的战略谋划和顶层设计。二是提出和确立了"四个全面"战略布局。从党的十八大明确提出和确立全面建成小康社会的奋斗目标,到党的十八届三中全会和四中全会分别对全面深化改革和全面依法治国作出顶层设计和系统部署,一个以实现全面建成小康社会为战略目标的战略布局已经初步形成。在此基础上,2014年10月,习近平总书记在党的群众路线教育实践活动总结大会上又明确提出"全面推进从严治党"。同年12月,他在江苏考察调研时进一步明确使用了"全面从严治党"的表述,并将其与先前提出的其他"三个全面"相提并论。此后,他在"省部级主要领导干部学习贯彻党的十八届四中全会精神全面推进依法治国专题研讨班"开班式上的讲话中对"四个全面"作了深刻阐述,标志着"四个全面"战略布局的正式形成和确立。"四个全面"作为"我们党在新形势下治国理政的总方略"和"事关党和国家长远发展的总战略",无论是在中国特色社会主义事业的布局中,还是在习近平新时代中国特色社会主义思想中,都具有重要地位和作用。"四个全面"战略布局的形成和确立,标志着习近平新时代中国特色社会主义思想的初步形成。

习近平新时代中国特色社会主义思想基本形成阶段

从2015年2月"四个全面"战略布局正式形成和确立,到2016年10月党的十八届六中全会,是习近平新时代中国特色社会主义思想基本形成阶段。在这一阶段,习近平总书记围绕贯彻落实党的十八大和十八届三中、四中全会精神,特别是紧紧围绕如何才能更好地坚持和发展中国特色社会主义、协调推进"四个全面"战略布局、实现"两个一百年"奋斗目标和中华民族伟大复兴中国梦进行探索和创新,并发表了一系列重要讲话,提出了一系列重要的新理念新思想新战略。一是突出强调了"五位一体"总体布局。党的十八大之后,习近平总书记多次强调,建设中国特色社会主义,"总体布局是五位一体"。在党的十八届五中全会上,习近平总书记进一步指出"全面小康,覆盖的领域要全面,是五位一体全面进步",强调"要在坚持以经济建设为中心的同时,全面推进经济建设、政治建设、文化建设、社会建设、生态文明建设,促进现代化建设各个环节、各个方面协调发展,不能长的很长、短的很短",并将"五位一体"总体布局与"四个全面"战略布局相提并论。二是明确提出和确立了"五大发展理念"。习近平总书记在党的十八届五中全会上强调指出:"发展理念是战略性、纲领性、引领性的东西,是发展思路、发展方向、发展着力点的集中体现。"明确提出必须牢固树立和践行"创新、协调、绿色、开放、共享"的发展理念。三是对全面建成小康社会作出总体部署。"十三五"时期是全面建成小康社会、实现"两个一百年"奋斗目标的第一个百年奋斗目标的决胜阶段。党的十八届五中全会以习近平总书记系列重要讲话精神为指导,审议通过了《中共中央关于制定国民经济和社会发展第十三个五年规划的建议》,为我们夺取全面建成小康社会决胜阶段伟大胜利提供了科学的行动指南。四是对推进全面从严治党作出了顶层设计。全面从严治党是协调推进"四个全面"战略布局、实现全面建成小康社会战略目标并进而实现中华民族伟大复兴中国梦的根本政治保证。党的十八大以来,习近平总书记围绕全面从严治党发表了一系列重要讲话,提出了一系列重要的新思想新观点新要求。党的十八届六中全会审议通过了《关于新形势下党内政治生活的若干准则》和《中国共产党党内监督条例》,对在新历史条件下全面推进从严治党作出了顶层设计和全面部署。至此,已完成了"四个全面"战略布局的整体设计,标志着习近平新时代中国特色社会主义思想已经基本形成。

习近平新时代中国特色社会主义思想完善确立阶段

从2016年10月党的十八届六中全会到2017年10月党的十九大,是习近平新时代中国特色社会主义思想形成确立阶段。党的十八届六中全会对全面推进从严治党作出顶层设计,从而全面完成"四个全面"战略布局的整体设计和系统部署之后,习近平新时代中国特色社会主义思想也就进入了发展完善的阶段。在这一年里,习近平总书记紧紧围绕新时代坚持和发展什么样的中国特色社会主义、怎样坚持和发展中国特色社会主义,又发表了系列重要讲话,提出了新理念新思想新战略,进一步发展和完善了习近平新时代中国特色社会主义思想。特别是党的十九大,明确提出了"习近平新时代中国特色社会主义思想"的科学概念,深刻阐述了习近平新时代中国特色社会主义思想的基本内涵和历史地位,正式将习近平新时代中国特色社会主义思想确立为中国共产党的行动指南。

(来源:邱乘光.论习近平新时代中国特色社会主义思想[J].新疆师范大学学报(哲学社会科学版),2018.)

第四章　贯彻新战略,引领新征程

　　我们要乘着新时代的浩荡东风,加满油,把稳舵,鼓足劲,让承载着13亿多中国人民伟大梦想的中华巨轮继续劈波斩浪、扬帆远航,胜利驶向充满希望的明天!

——习近平

　　新时代是中国共产党带领中国人民克服艰难险阻,从"站起来""富起来"到"强起来"的时代。这个时代的主旋律是"不忘初心,牢记使命"。这个时代是中国共产党领导中国人民团结一致、努力奋斗,实现中华民族伟大复兴和全面建设社会主义现代化强国的时代。

　　新时代,新征程。党的十八大以来,以习近平同志为核心的党中央统筹推进经济建设、政治建设、文化建设、社会建设、生态建设的"五位一体"总体布局,新征程全面建设是一个有机整体,其中经济建设是根本,政治建设是保证,文化建设是灵魂,社会建设是条件,生态文明建设是基础。经济建设强调贯彻新发展理念,建设现代化经济体系;政治建设强调健全人民当家作主制度体系,发展社会主义民主政治;文化建设突出坚定文化自信,推动社会主义文化繁荣兴盛;社会建设突出提高保障和改善民生水平,加强和创新社会治理;生态建设着重加快生态文明体制改革,建设美丽中国。

　　为了构建全面建设良好的外部环境,坚持走中国特色强军之路,全面推进国防和军队现代化,在祖国统一方面着重坚持"一国两制",推进祖国统一;在外交战略上强调坚持和平发展道路,推动构建人类命运共同体。

第一节　贯彻新发展理念,建设现代化经济体系

新发展理念是在党的十八届五中全会中研究制定"十三五"规划时明确提出来的。新发展理念的核心价值是以人民为中心,把人民作为发展的依靠力量,把人民实现美好幸福生活作为发展的目标,坚持发展为了人民、发展依靠人民、发展成果由人民共享。新发展理念包括创新发展、协调发展、绿色发展、开放发展、共享发展。创新发展重在解决发展动力问题,协调发展重在解决发展不平衡问题,绿色发展重在解决人与自然不和谐问题,开放发展重在解决发展的内外联动问题,共享发展重在解决公平正义问题。党中央指出,新发展理念是管全局、管根本、管长远的理念,具有战略性、纲领性、引领性。管全局,要求全面贯彻;管长远,要求长期贯彻。

首先,"怎么看"新时代中国特色社会主义经济。

我国经济已由高速增长阶段转向高质量发展阶段,正处在转变发展方式、优化经济结构、转换增长动力的攻关期。中国经济发展进入新阶段,高质量发展正是我国经济发展进入新常态后持续发展的内在要求。新阶段经济发展的战略目标是建设现代化经济体系。建设现代化经济体系的抓手是以供给侧结构性改革为主线,重质量重效益,实现社会生产力的质的飞跃;要求建设实体经济、科技创新、现代金融、人力资源协同发展的产业体系,完善市场机制有效、微观主体有活力、宏观调控有度的经济体制,进而提高我国经济创新能力和竞争力。正确认识新时代中国特色社会主义经济发展阶段及其目标是制定新时代中国特色社会主义经济发展各项方略政策的基础。

其次,新时代中国特色社会主义经济发展"怎么办"。

一是深化供给侧结构性改革。供给侧结构性改革是习近平中国特色社会主义经济思想中一直强调的主线。生产力是生产方式中的决定性因素,提升生产力的结果表现在供给侧。供给侧结构性改革的实质是以实体经济质量提升为主。供给侧结构性改革任务一方面要求强化传统产业结构调整和升级,加快发展先进制造业、现代服务业,推动新科技与实体经济融合;另一方面要求积极培育新增长点、形成新动能。同时,要求加强产业发展的基础

设施网络建设。

二是加快建设创新型国家。创新是新时代经济发展的第一动力。建设创新型国家,科技发展是核心,基础研究、应用基础研究又是科技发展的基础,需要国家大力支持和投入,新时代科技发展的目标趋向世界前沿,自主创新的比重会不断提升;发扬社会主义集中力量办大事的优势,拓展实施国家重大科技项目;加强国家创新体系建设,强化战略科技力量。科技推动经济发展,体制是关键,要深化科技体制改革,建立以企业为主体、市场为导向、产学研深度融合的技术创新体系,加强对中小企业创新的支持,促进科技成果转化。创新的社会氛围需要倡导创新文化,强化知识产权创造、保护、运用。此外,加强创新的人才和团队培养也是重要工作。

三是实施乡村振兴战略。"三农"问题是关系国计民生的根本性问题。客观上,农业现代化滞后是新时代经济的短板,提高农民收入是实现全面小康的关键,振兴农村、缩小城乡差距更是全面建成社会主义现代化强国的重中之重,因而新时代农业农村优先发展成为长期的工作方针。党的十八大以来,为了更好地适应新形势下农业现代化要求,党中央和政府对农村土地制度进行重大制度创新,建立承包土地的"集体所有权、承包权、经营权"分置制度,巩固和完善农村基本经营制度,为发展多种形式适度规模经营、培育新型农业经营主体打下基础。农业现代化要求构建现代农业产业体系、生产体系、经营体系,健全农业社会化服务体系,最终确保国家粮食安全。新时代乡村振兴的目标是建设产业兴旺、生态宜居、乡风文明、治理有效、生活富裕的乡村。为了实现这个目标,需要深化农村集体产权制度改革,保障农民财产权益,壮大集体经济;需要促进农村一、二、三产业融合发展,支持和鼓励农民就业创业,拓宽增收渠道;需要加强农村基层基础工作,健全自治、法治、德治相结合的乡村治理体系;需要培养造就一支懂农业、爱农村、爱农民的"三农"工作队。此外,要缩小城乡差距,需要完善农业支持保护制度,健全城乡融合发展体制机制和政策体系。

四是实施区域协调发展战略。协调发展战略是解决发展不平衡不充分问题的重要举措。党的十八大以来,我国经济发展的地区差距明显缩小,新时代协调发展战略任务是在此基础上,继续加大力度支持老少边穷地区加快发展,这和扶贫攻坚工作有重合部分,是补短板举措;总体把握各地区发展重点,西部大开发强化举措推进新格局形成,东北等老工业基地通过深化改革来振兴,中部地区依靠挖掘发挥优势实现崛起,东部地区通过创新引领率先实现优化发展,地区之间建立更加有效的区域协调发展新机制。协调大小城镇发展,吸纳农业转移人口市民化。区域经济协调发展的重点首先是推动京津冀协同发展,建设雄安新区。其次是非开发性而是保护性推动长江经济带发展。资源型地区经济转型发展、边疆地区加快发展都是新时代协调发展战略的必须要求。此外,随着我国科技的进步、海洋建设能力的不断提高,我国需要坚持陆海统筹,加快建设海洋强国。

五是加快完善社会主义市场经济体制。要实现市场在资源配置中起决定性作用这个目标,就需要进一步完善社会主义市场经济体制。经济体制改革必须以完善产权制度和要素市场化配置为重点,实现产权有效激励、要素自由流动、价格反应灵活、竞争公平有序、企业优胜劣汰。国有企业是壮大国家综合实力、保障人民共同利益的重要力量,必须理直气壮做强、做优、做大。进一步完善各类国有资产管理体制,改革国有资产保值增值,有效防止国有资产流失。继续深化国有企业改革,发展混合所有制经济,培育具有全球竞争力的世界一流企业。解放市场活力需要全面实施市场准入负面清单制度,清理废除妨碍统一市场和公平竞争的各种规定和做法,支持民营企业发展,激发各类市场主体活力。深化商事制度改革,打破行政性垄断,防止市场垄断,加快要素价格市场化改革,放宽服务业准入限制,完善市场监管体制。完善拉动经济增长的消费和投资体制机制。创新和完善宏观调控,发挥国家发展规划的战略导向作用,健全财政、货币、产业、区域等经济政策协调机制。加快建立权责清晰、财力协调、区域均衡的中央和地方财政关系以及全面规范透明、标准科学、约束有力的预算制度,全面实施绩效管理,进而建立现代财政制度。深化金融体制改革,增强金融服务实体经济能力,提高直接融资比重,促进多层次资本市场健康发展。健全货币政策和宏观审慎政策双支柱调控框架,深化利率和汇率市场化改革。健全金融监管体系,守住不发生系统性金融风险的底线。

六是推动形成全面开放新格局。坚持全面开放是新时代经济国际化的基本原则。以"一带一路"建设为重心,加大西部开放力度,坚持共商共建共享原则,构建与新时代经济发展形势相适应的全面开放和合作模式。扩大自

第四章 贯彻新战略，引领新征程

由贸易试验区的改革自主权，探索建设自由贸易港等，加快推动贸易投资便利化，形成新平台。运用信息技术发展跨境电商、建设外贸综合服务平台等，促进对外贸易新业态形成；扩大服务业等领域的开放，引入竞争，激发活力；创新对外投资方式，促进国际产能合作，形成面向全球的贸易、投融资、生产、服务网络，加快培育国际经济合作和竞争新优势。

这六方面建设现代化经济体系的举措内容翔实、目标明晰，是对新时代中国特色社会主义经济"怎么办"的具体回答，也是新时代经济建设工作的方向指导。

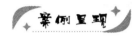

一块屏的供给侧改革之路

推进供给侧结构性改革，是当前和今后一个时期经济发展和经济工作的主线。过去几年，有一家高科技企业——生产薄膜晶体管液晶显示器的京东方，被习近平总书记称赞为供给侧改革的成功案例。

这是一家怎样的企业？从"一无所有"到"供给全球"，从最初亏损多年到近年快速发展，京东方"奇迹"给人以怎样的启示？党的十九大召开前夕，新华社记者走进总部位于北京亦庄的京东方集团，探寻中国大陆液晶面板产业蕴含的供给侧改革"密码"。

"创新作为企业发展和市场制胜的关键，核心技术不是别人赐予的，不能只是跟着别人走，而必须自强奋斗、敢于突破。"2016年1月6日，习近平总书记来到重庆京东方光电科技有限公司考察，对这家企业以多项自主创新形成比较明显的技术优势和品牌效应给予充分肯定。

2016年1月18日，习近平总书记在省部级主要领导干部学习贯彻党的十八届五中全会精神专题研讨班上指出："元旦过后，我到重庆看了一家公司，他们生产的薄膜晶体管液晶显示器就是供给侧改革的成功案例。"被称作"供给侧改革成功案例"的这块屏，到底经历了怎样的供给侧改革之路？记者多次探访，深度解码京东方。

世界屏：每四台平板就有一块京东方屏

无处不在的屏幕，已经成为当下人们日常生活中不可或缺的一部分。然而，多数人不清楚的是，作为全球消费电子产品的最大生产基地和消费市场，20多年前中国大陆竟然没有一块国产的液晶面板，体量庞大的电视机、电脑等产业不得不高价从国外进口液晶面板。

20世纪90年代，中国大陆电视机产业发展很快，国产品牌长期占据着国内市场前五名。2003年前后，彩色液晶显示屏开始取代传统的彩色显像管。然而我国当时并没有生产液晶显示屏的能力，多年积累起来的电视机产业一夜间面临着崩溃的危机。

当年中国大陆没有自主生产线，国家出面去邀请海外的企业来大陆投资建厂，从2003年前后一直谈到2008年，没有人愿意帮助大陆建设生产线。2003年，京东方投资的第五代TFT—LCD生产线在北京开工建设，成为中国大陆首条自主建设的液晶面板生产线，2005年成功投产，中国大陆自此告别没有自主液晶屏的时代。到2009年，京东方在合肥投资建设的第6代TFT—LCD生产线，进一步打破长期以来海外对大尺寸液晶屏的垄断。

2017年上半年，京东方智能手机液晶显示屏、平板电脑显示屏、笔记本电脑显示屏出货量均位列全球第一，显示器显示屏、电视显示屏出货量居全球第二。2017年上半年，京东方营收446亿元，同比增长超过68.65％，归属上市公司股东的净利润达43亿元。

如今，全球每四台平板电脑就有一块京东方生产的屏，全球每五部智能手机就有一部使用京东方的屏……

领头屏：带动上下游企业103家

液晶面板产业是一个资本和技术密集型产业，投入大、回报周期长。进入这一行业后，京东方经历了长期又痛苦的亏损过程。京东方集团董事长王东升说，供给侧改革持续推进的动力唯有"创新"。即便在最困难的时候，京东方也没有放弃对科技研发的投入，每年都保证把营收的7％左右投入研发。当时很多人说他们"疯了"，但是京东方觉得不搞研发创新才是"疯了"。

2017年上半年，京东方累计可使用专利已经超过5.5万件。

2016年度美国专利授权量统计报告显示,京东方和华为成为仅有的两家入围全球前50名的中国大陆企业。

中科院院士欧阳钟灿认为,当前以京东方为代表的中国大陆面板企业在TFT-LCD领域已进入全球产业第一梯队,作为下一代显示技术的AMOLED(有源矩阵有机发光二极体)技术和8K超高清显示技术研发也不断突破,处于全球领先水平。据介绍,8K超高清显示技术达到了人类肉眼分辨的极限,是新一代全球产业竞争的关键技术。

如今,京东方提出未来还将向千亿规模增长。底气何来?王东升说底气就来源于科技创新。京东方进入液晶面板行业时就制定了"进入者——追赶者——挑战者——领先者——领导者"的发展战略,进入者阶段实施"扎根战略",从零开始,并购、消化、吸收、再创新,把技术的根扎在中国;追赶者阶段实施"钢剑"战略;挑战者阶段实施"铁剑"战略;2018年开始实施"木剑"战略,京东方除了进一步加强显示领域的全球领先优势外,还要在智慧系统和智慧健康服务领域,实现质的飞跃;2023年到2027年实施"无剑"战略,在上述三个领域全面实现全球领先,成就受人尊敬的伟大企业。

未来屏:有可能颠覆现有的制造业模式

全球唯一的10K超高清显示屏,挑战人类肉眼分辨极限;防偷窥的电脑显示器,必须带上特制眼镜才能看到屏幕显示内容;透明冰箱门,可直接当作触控面板用来上网……京东方集团一楼展厅里陈列着数十种神奇的液晶显示产品。

2017年5月,京东方宣布中国首条6代柔性AMOLED生产线正式投产,采用了世界上最先进的蒸镀工艺,这种可弯曲的柔性液晶屏具有广泛的用途,将引发更为深远的变革。人类正进入物联网时代,显示屏已将触控输入、指纹识别这些功能集成在一起,成为信息交互的"智慧端口",京东方的定位是要做一个为信息交互和人类健康提供智慧端口产品和专业服务的物联网公司,为时代变革提供"新供给"。

从当初富有前瞻性地进军液晶面板领域,一亏多年仍然痴心不改,到如今崛起为世界领先企业,出版《光变——一个企业及其工业史》一书的北京大学教授路风一语道破背后奥秘:"京东方的领导者在同时期里有始终未变的两个信条:第一,坚持把高技术工业作为主业,而且一定要掌握技术;第二,必须依靠自己的力量从市场竞争中寻求企业的未来。"也许,这就是一块屏引发的供给侧改革背后的"密码"。

点评:供给侧结构性改革是指从供给侧入手,针对结构性问题而推进的改革。供给侧包含两个基本问题:一是用什么来生产,也就是生产要素投入问题,如劳动投入、资本投入、土地等资源投入、企业家投入、政府管理投入;二是怎样生产,也就是全要素生产率如何提高的问题,而全要素生产率提高的关键取决于制度变革、结构优化和要素升级。

第二节 健全人民当家作主制度体系,发展社会主义民主政治

经典语录

中国特色社会主义政治发展道路,是近代以来中国人民长期奋斗历史逻辑、理论逻辑、实践逻辑的必然结果,是坚持党的本质属性、践行党的根本宗旨的必然要求。世界上没有完全相同的政治制度模式,政治制度不能脱离特定社会政治条件和历史文化传统来抽象评判,不能定于一尊,不能生搬硬套外国政治制度模式。

——习近平

我国社会主义民主是维护人民根本利益的最广泛、最真实、最管用的民主,建设发展社会主义民主政治的根本目的在于体现人民意志、保障人民权益、激发人民创造活力;全面阐述建设发展社会主义民主政治的主要措施,要突出阐明坚持党的领导、人民当家作主、依法治国有机统一,健全人民当家作主的制度保障。

一、坚持中国特色社会主义政治发展道路

发展社会主义民主政治,必须走中国特色社会主义政治发展道路。

首先,马克思主义哲学指出,发展是事物向前运动所表现出来的渐进与突变、连续与中断、平稳与跳跃等诸多形态,事物发展是永恒的。中国特色社会主义政治也在不断与时俱进,持续发展。

其次,政治发展具有多样性,政治制度具有多种模式。认为西方发达国家的政治制度和价值观是最优越的观点是错误的,认为发展中国家只有照搬西方国家的政治制度模式才能发展的观点也是错误的。大量的历史和实践已经表明,经济社会较落后的国家要实现现代化,要实现政治发展,生搬硬套西方国家的经验和模式是完全行不通的。中国实行不同于西方多党制的中国共产党领导的多党合作和政治协商制度,避免了西方国家多党为了夺取执政权恶性竞争、互相倾轧、政治混乱、治理失效的情况。实践表明,中国特色的政党制度更能有效维护政治稳定,促进政治社会全面发展。

最后,中国特色社会主义政治发展道路具有鲜明的社会主义性质。中国特色社会主义基本经济制度和政治制度是发展中国社会主义民主政治的基础,中国共产党的领导是发展中国社会主义民主政治的核心力量,发展中国社会主义民主政治的衡量标准包括是否有利于经济发展、社会稳定和人民生活水平的提高,是否有利于人民当家作主。同时,中国特色社会主义政治发展道路给世界各国政治发展提供了可参考借鉴的样本。

走中国特色社会主义政治发展道路,就要从中国的基本国情出发,坚持中国共产党的领导,坚持社会主义基本政治制度,同时借鉴和吸收世界上一切政治发展的成果和经验,创造出适合我国社会主义民主和法治建设不断发展、完善的,使人民群众当家作主的权利不断充实、扩大的政治内容和形式。

二、人民主体地位是发展社会主义民主政治的核心

党的十九大报告指出,中国共产党"进行了二十八年浴血奋战,完成了新民主主义革命,一九四九年建立了中华人民共和国,实现了中国从几千年封建专制政治向人民民主的伟大飞跃"。人民民主的主体是人民。马克思主义

唯物史观是坚持人民群众创造历史。坚持人民主体地位，是中国共产党的根本政治立场，更是发展社会主义民主政治的核心政治理念。

首先，人民群众是中国特色社会主义各项事业的建设主体。十八大以来，人民群众在中国共产党的带领下，充分发挥首创精神，开拓进取，不断创新，在经济、政治、文化、社会和生态文明建设的各个领域，取得了举世瞩目的伟大成就，使中国特色社会主义道路越来越宽广，理论体系越来越丰富，制度建设越来越完善。

其次，人民群众是中国特色社会主义各项事业的发展主体。没有人民群众的参与和主体地位作用的发挥，就不可能有中国特色社会主义各项事业的持续发展。党的十九大报告指出："扩大人民有序政治参与，保证人民依法实行民主选举、民主协商、民主决策、民主管理、民主监督。"发展社会主义民主政治就是要人民群众切实担当起国家主人的责任，人民或亲自、或依法通过民主选举选出自己的代表，积极参与国家事务的管理，充分行使自己的知情权、参与权、表达权、监督权，同时对经济政治文化社会各项活动进行民主协商、民主决策、民主管理、民主监督。

最后，人民群众是中国特色社会主义各项事业的治理主体。中国特色社会主义坚持党的领导、人民当家作主和依法治国的有机统一。人民在依法治国中处于主体地位，起着主体作用。人民代表大会制度是保证人民当家作主的根本政治制度，人民通过法治的方式实现当家作主，人民以法治的方式治理国家。社会主义法治建设以保障人民根本权益为出发点和落脚点，保证人民依法享有广泛的权利和自由、承担应尽的义务，维护社会公平正义，促进共同富裕。

坚持人民主体地位，是中国共产党的初心和使命。人民群众是党的力量之源、胜利之本、执政之基，也是实现中国梦的根本力量。坚持人民主体地位，发展社会主义民主政治，就要充分激发人民群众的创造活力。

三、发展社会主义民主政治必须大力推进协商民主

发挥社会主义协商民主重要作用。有事好商量，众人的事情由众人商量，是人民民主的真谛。协商民主是实现党的领导的重要方式，是我国社会主义民主政治的特有形式和独特优势。要推动协商民主广泛、多层、制度化

发展,统筹推进政党协商、人大协商、政府协商、政协协商、人民团体协商、基层协商以及社会组织协商。加强协商民主制度建设,形成完整的制度程序和参与实践,保证人民在日常政治生活中有广泛持续深入参与的权利。发展社会主义民主政治,通过协商民主的形式,才能够把人民最广泛地、最大限度地涵盖进来、包容起来。

中国特色社会主义民主政治包含着选举民主、协商民主两种主要形式。选举民主是指人民通过选举、投票行使权利,协商民主是指人民内部各方面在重大决策之前进行充分协商,尽可能就共同性问题达成一致意见。这两种民主形式在现阶段是相互补充、相得益彰的。选举民主的投票选举具有时效性和委托性,而协商民主的决策参与更为直接和常态化,是人民民主实践与实际参与治理的重要途径,现阶段积极推进协商民主更为重要。习近平总书记指出:"社会主义民主不仅需要完整的制度程序,而且需要完整的参与实践。人民当家作主必须具体地、现实地体现到中国共产党执政和国家治理上来,具体地、现实地体现到中国共产党和国家机关各个方面、各个层级的工作上来,具体地、现实地体现到人民对自身利益的实现和发展上来。"大力推进协商民主,广泛、多层、制度化发展协商民主,确保各族人民、各个阶层、党内外人民在日常政治生活中有广泛持续深入参与的权利,是社会主义民主政治发展的重要内容。

四、发展社会主义民主政治必须积极稳妥推进政治体制改革

要长期坚持、不断发展我国社会主义民主政治,积极稳妥推进政治体制改革,推进社会主义民主政治制度化、规范化、程序化,保证人民依法通过各种途径和形式管理国家事务、管理经济文化事业、管理社会事务,巩固和发展生动活泼、安定团结的政治局面。政治体制改革是在坚持国家的根本政治制度和基本政治制度的基础上,对存在着很大弊端的具体政治制度的改革,是社会主义政治制度的自我完善。

首先,进一步健全完善人民代表大会制度。十九大报告指出:"发挥人大及其常委会在立法工作中的主导作用,健全人大组织制度和工作制度,支持和保证人大依法行使立法权、监督权、决定权、任免权,更好发挥人大代表作用,使各级人大及其常委会成为全面担负起宪法法律赋予的各项职责的工作

机关，成为同人民群众保持密切联系的代表机关。完善人大专门委员会设置，优化人大常委会和专门委员会组成人员结构。"

其次，深化机构和行政体制改革，转变政府职能。十九大报告指出："统筹考虑各类机构设置，科学配置党政部门及内设机构权力、明确职责。统筹使用各类编制资源，形成科学合理的管理体制，完善国家机构组织法。转变政府职能，深化简政放权，创新监管方式，增强政府公信力和执行力，建设人民满意的服务型政府。赋予省级及以下政府更多自主权。在省市县对职能相近的党政机关探索合并设立或合署办公。深化事业单位改革，强化公益属性，推进政事分开、事企分开、管办分离。"

再次，贯彻依法治国，进行决策体制改革、权力制约和监督体制改革。党的十八届四中全会通过的《依法治国若干重大问题决定》规定了重大决策的法定程序，包括"公众参与、专家论证、风险评估、合法性审查、集体讨论决定"等，对决策严重失误的责任者依法追究责任。实行权力清单制度和责任清单制度，公开权力运行过程和结果，健全不当用权问责机制，把权力关进制度的笼子里，让权力在阳光下运行。

最后，健全基层治理体制。社会主义民主政治建设的一个重要层面是发展基层民主。建立发展城乡基层群众性自治组织，健全民主治理制度，实行群众参与讨论和决定基层公共事务的自治方法，对干部实行民主选举、民主监督。企业职代会、城镇社区自治委员会以及其他群众团体，都要在社会民主政治活动中起到积极作用。

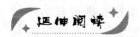

25个"新部门"全部亮相，机构改革向纵深推进

2018年5月的最后一天，整合了人社部、国家发改委和民政部等部门相关职责组建的国家医疗保障局正式揭牌亮相。至此，深化党和国家机构改革方案确定的25个应挂牌的新组建或重新组建部门全部完成挂牌。

紧张筹备，务实高效。从集中办公到设置机构，从首次发文到首场新闻发布会，各部门全面落实中央部署，新一轮机构改革蹄疾而步稳地向纵深推进。

25部门密集挂牌凸显改革决心

月坛北小街2号，崭新的国家医疗保障局牌子映入公众眼帘。

"作为深化党和国家机构改革的重要组成部分，组建国家医疗保障局将对切实加强政府医疗保障职能，统筹推进医疗、医保、医药'三医联动'产生重要影响。"中央党校（国家行政学院）副教授胡颖廉说。

党和国家机构调整，是推进国家治理体系和治理能力现代化的一场深刻变革。此次新部门调整力度之大、组建速度之快，充分彰显改革魄力和决心。

《深化党和国家机构改革方案》全文公布后仅2天，新组建的国家监察委员会就正式揭牌开始运行。

此后，国家卫生健康委员会、国家移民管理局、农业农村部、国家粮食和物资储备局等一批新组建部门，陆续挂牌到位。

中共中央、国务院将10个部门的13项职责进行了整合，应急管理部涉及多个领域、众多人员，被称为此次调整中的"超级大部"。

"在组建过程中要求思想不乱、工作不断、队伍不散、干劲不减。"国务院应急管理专家组组长闪淳昌说，统一各项应急救援职能于一个体系内，将整体上增强化解安全风险的能力。

2018年5月28日凌晨，吉林松原发生5.7级地震。当时成立才一个多月的应急管理部，立即部署开展相关应急处置工作。为当好党和人民"守夜人"，该部门每天由一位部领导带班24小时值守。

新组建的国家市场监督管理总局，实现"一支队伍管市场"，旨在破解"九龙治水、多头管理"。

"机构改革首先是政府职能的转变"，国家市场监督管理总局局长张茅表示，"要通过机构改革促进市场监管各项工作，让人民群众切实享受到改革成果。"

全面落实中央部署，改革积极效应初现

深化党和国家机构改革，不仅是物理上的机构重组拼装，更要通过改革推进人员融合、业务融合和职能优化，发生"化学反应"。

各部门加快落实中央部署，改革效果初步显现。一些职能交叉、工作重合的党政机构顺利整合，党的全面领导有力加强。

"中央农村工作领导小组办公室设在农业农村部,进一步加强了党对'三农'工作集中统一领导,既抓'脖子以上'服务顶层设计,也抓'脖子以下'的实施落实,把决策参谋、贯彻落实、推动实施整合在了一起。"农业农村部相关负责人说。

目前,中央农办和农业农村部已经完全整合,改革基本到位。设在教育部的中央教育工作领导小组秘书组,近期也启动运行。

通过改革,各部门职能更加优化、权责更加协同、运行更加高效。

三批次,170多个新发现问题。这是生态环境部日前通报的第一轮全国饮用水水源地环境保护专项督查的情况。

整合了原本分散在水利部、国家海洋局等部门的水环境治理职能后,生态环境部打赢"碧水保卫战"的步伐更加有力。

直指痛点的改革举措、不断释放的改革潜力,让人民群众获得感不断增强。

2018年4月20日起,海关、检验检疫行政审批事项全面整合实行一个窗口办理,进出境旅客随身行李物品通关实现"一次查验",邮件快件监管由原来的26个环节精简为10个环节。

针对群众反映突出的网络直播违法违规行为等,文化和旅游部组织开展网络表演、网络游戏市场集中执法检查。

国家移民管理局宣布,5月1日起全国实行办理出入境证件"只跑一次"制度。

"深化党和国家机构改革,就是要更好满足人民日益增长的美好生活需要,充分让人民群众享受到改革的红利。"国家移民管理局相关负责人表示。

"蹄疾步稳"确保改革任务落实到位

25个应挂牌的"新部门"全部挂牌,标志着党和国家机构改革第一阶段任务基本完成,但改革还有更多艰巨任务。

此次机构改革涉及的中央和国家机关部门、直属单位就超过80个。改革调整幅度之大、触及利益之深,为改革开放以来之最。只有抓住关键环节,把工作做实做细,才能扎实有序推进改革。

"从环境保护部到生态环境部,变化的不仅仅是名称",生态环境部新闻发言人刘友宾说,"我们将积极配合做好'三定'方案拟订工作,保证新老机构平稳过渡,并确保尽快实现新机构高效运行,切实担负起中央赋予的新使命、新职责和新任务。"

在深化机构改革之年,"破"得不拖泥带水、"立"得才能根深蒂固。

为解决部分党内法规和文件与机构改革不适应、不协调等问题,近期,党中央部署对涉及党和国家机构改革的党内法规和相关文件进行专项清理,将废止3件、修改35件法规和文件。

蹄疾步稳,渐次推进。

改革方案要求,中央和国家机关机构改革要在2018年底前落实到位;省级党政机构改革方案要在2018年9月底前报党中央审批,2018年底前机构调整基本到位。

中国银行保险监督管理委员会主席郭树清表示,下一步将做好相关职能划转交接工作,选好配强干部。同时要毫不放松地抓好监管工作,确保机构组建和监管工作"两不误、两促进"。

国家卫生健康委员会主任马晓伟介绍,接下来将以转变职能为重点优化司局设置,形成分工合理、权责一致、运转高效的管理体制,确保党中央的改革意图充分实现。

(来源:新华社,2018年6月2日)

第三节　坚定文化自信,推动社会主义文化繁荣兴盛

文化是一个国家、一个民族的灵魂。文化兴国运兴,文化强民族强。没有高度的文化自信,没有文化的繁荣兴盛,就没有中华民族伟大复兴。

——习近平

一、推动社会主义文化繁荣兴盛意义重大

首先,实现中华民族伟大复兴中国梦要求推动社会主义文化繁荣兴盛。环顾世界历史,一个国家、一个民族要屹立于世界民族之林,都离不开文化的积极引领;一个国家、一个民族要实现振兴强盛,都需要以文化繁荣发展为支撑。中华民族五千年未中断的文明历史,创造了灿烂的中华文化,不仅为自身提供了丰厚滋养,而且为人类作出了卓越贡献,从而确立了中华民族的伟大地位。只有推动社会主义文化繁荣兴盛,才能更好提振起全党全国人民的信心和斗志,奋力走好新征程,朝着全面建成社会主义现代化强国、实现中华民族伟大复兴的中国梦奋勇前进。

其次,实现人民对美好生活的向往要求推动社会主义文化繁荣兴盛。实现人民对美好生活的向往,是我们党始终不渝的奋斗目标。文化既是凝聚人心的精神纽带,又是增进民生福祉的关键因素。可以说,衡量美好生活,文化是一个重要尺度,是一个显著标志。改革开放以来,我国人民生活显著改善,从温饱到总体小康,不久将实现全面小康。随着生活水平不断迈上新台阶,人民对美好生活的向往越来越强烈,对精神文化生活需求也越来越突出,更加期待好看的电影、电视剧、图书、戏曲,更加追求讲道德、尊道德、守道德的生活,更加盼望社会风气和文明风尚的提升。只有推动社会主义文化繁荣兴盛,才能更好适应人民日益增长的美好生活需要,促进国民素质和社会文明程度达到新的高度,让人民精神文化生活更丰富,基本文化权益保障更充分,文化获得感、幸福感更充实。

最后,提高国家竞争力尤其是文化软实力要求推动社会主义文化繁荣兴盛。当今世界主流是和平与发展,国家核心竞争力中的文化因素越来越突出,文化软实力为在激烈的国际竞争中赢得主动更显举足轻重,关系到一个国家的国际影响力、感召力、塑造力。只有推动社会主义文化繁荣兴盛,才能更好展现中华文化独特魅力,中华文化的影响才能更加广泛深远,才能更好提升中国在世界的影响力。

二、坚持正确文化导向,保证中国特色社会主义文化发展的正确方向

中国特色社会主义文化,来源于中华民族五千多年文明历史所孕育的中华优秀传统文化,熔铸于党领导人民在革命、建设、改革中创造的革命文化和社会主义先进文化,植根于中国特色社会主义伟大实践。中国特色社会主义文化包括中华优秀传统文化、革命文化和社会主义先进文化,这是文化发展的现实基础。发展中国特色社会主义文化,具体有以下四个指导方针。

首先,坚持以马克思主义为指导。马克思主义是指导党和人民事业的理论基础,是指引文化建设正确方向的根本指针。坚持以马克思主义为指导,最重要的是坚持马克思主义立场、观点、方法,运用马克思主义中国化最新成果指导文化建设。坚持以马克思主义为指导,不是抽象的而是具体的,决不能把它当作口号,而是要坚守中华文化立场,立足当代中国现实,结合当今时代条件,具体地贯穿到对中华优秀传统文化的传承弘扬中,贯穿到对革命文化和社会主义先进文化的继承发展中,贯穿到对世界优秀文化成果的借鉴吸收中,更好发展面向现代化、面向世界、面向未来的,民族的科学的大众的社会主义文化。

其次,坚持为人民服务、为社会主义服务。文化建设脱离人民,就会丧失根基,成了无源之水、无本之木;文化建设偏离社会主义,就会迷失方向,给党和人民事业带来损害。必须牢固树立宗旨意识,不断强化大局观、全局观,把为人民服务、为社会主义服务统一于文化建设实践之中。要更加自觉地坚持以人民为中心的发展思想,始终把人民利益摆在至高无上的地位,把实现好、维护好、发展好人民最关心最直接最现实的利益作为出发点和落脚点,让文化改革发展成果更多更公平惠及全体人民,不断满足人民精神文化需求,更好推动人的全面发展。

再次,坚持百花齐放、百家争鸣。激发全民族文化创新创造活力,是推动文化大发展大繁荣的关键所在。只有形成导向正确、积极健康的文化环境,才能成就文化理想、实现文化价值;只有营造生动活泼、宽松和谐的文化氛围,才能焕发文化生命力、创造力。要提倡理论创新、文化创新、知识创新,提倡不同观点、不同风格、不同流派相互切磋、平等讨论,鼓励解放思想、大胆探

索,尊重差异、包容多样,让文化创新活力竞相迸发、文化创新源泉持续涌流。

最后,坚持创造性转化、创新性发展。任何一个国家和民族文化的发展,都离不开继承传统和借鉴外来,更离不开创造性转化和创新性发展。新时代,推动文化繁荣发展,必须正确处理"守"和"变""中"和"外"的关系,做到不忘本来、吸收外来、面向未来,更好构筑中国精神、中国价值、中国力量。对待中华优秀传统文化,要结合新的时代条件和实践要求对其内涵和表现形式加以补充、拓展、完善,赋予其新的时代内涵和现代表达形式,充分展现中华文化独特魅力和时代价值。要坚持开放包容,以更加自信的心态、更加宽广的胸怀,广泛参与世界文明对话,借鉴吸收人类文明成果,增强中华文化的影响力和吸引力。

三、全面推进中国特色社会主义繁荣兴盛的举措

第一,牢牢掌握意识形态工作领导权,推进马克思主义中国化、时代化、大众化。马克思主义是我们立党立国的根本指导思想,是社会主义意识形态的旗帜和灵魂。牢牢掌握意识形态工作领导权,推动党和国家事业顺利发展,最根本的是把坚持和发展马克思主义有机统一起来,推进马克思主义中国化、时代化、大众化,用习近平新时代中国特色社会主义思想武装人民。

第二,培育和践行社会主义核心价值观,着力培养担当民族复兴大任的时代新人。社会主义核心价值观是当代中国精神的集中体现,凝结着全体人民共同的价值追求。以培养担当民族复兴大任的时代新人为着眼点,强化教育引导、实践养成、制度保障,把核心价值观融入社会发展各方面,转化为人们的情感认同和行为习惯。要充分发挥核心价值观的引领作用,使之贯穿国民教育全过程,融入精神文明创建各方面,渗透精神文化产品创作生产传播各环节。法律是底线的道德,也是道德的保障,要善于运用法律弘扬核心价值观,把核心价值观的要求充分落实到法治实践中,用法治的力量引领正确价值判断、树立正义道德天平。要坚持全民行动、干部带头,从家庭做起,从娃娃抓起,推动形成人人参与、人人践行的生动局面。中华优秀传统文化是滋养核心价值观的重要源泉,要深入挖掘中华优秀传统文化蕴含的思想观念、人文精神、道德规范,结合时代要求继承创新,让中华文化展现出永久魅力和时代风采。

第三,加强思想道德建设,着力提高全社会文明程度。把思想道德建设摆在突出位置,加大教育引导和规范治理力度,提高人民思想觉悟、道德水准、文明素养,提高全社会文明程度。首先,要抓好理想信念教育这个根本。全体人民要同心同德迈向前进,必须有共同的理想信念作支撑。要广泛开展理想信念教育,深化中国特色社会主义和中国梦宣传教育,弘扬民族精神和时代精神,加强爱国主义、集体主义、社会主义教育。其次,要抓好道德建设这个基础。国无德不兴,人无德不立。要深入实施公民道德建设工程,推进社会公德、职业道德、家庭美德、个人品德建设,激励人们向上向善、孝老爱亲,忠于祖国、忠于人民。最后,要抓好风气养成这个关键。衡量社会文明程度,文明风尚、精神风貌、人文氛围很重要。要加强和改进思想政治工作,深化群众性精神文明创建活动。要弘扬科学精神,普及科学知识,开展移风易俗、弘扬时代新风行动,抵制腐朽落后文化侵蚀。要推进诚信建设和志愿服务制度化,强化社会责任意识、规则意识、奉献意识。

第四,繁荣发展社会主义文艺,着力推出更多无愧于时代的优秀作品。要坚持以人民为中心的创作导向。社会主义文艺是人民的文艺,人民需要文艺、文艺更需要人民。要引导文艺工作者解决好"为了谁、依靠谁、我是谁"这个根本问题,把以人民为中心作为文艺创作的最高准则,自觉在深入生活、扎根人民中进行无愧于时代的文艺创造。要繁荣文艺创作,坚持思想精深、艺术精湛、制作精良相统一,加强现实题材创作。创新是文艺的生命,要发扬学术民主、艺术民主,提升文艺原创力,推动文艺创新。要加强文艺队伍建设,造就一大批德艺双馨名家大师,培育一大批高水平创作人才。需要强调的是,文艺是铸造灵魂的工程,必须倡导讲品位、讲格调、讲责任,抵制低俗、庸俗、媚俗,自觉在追求真善美中成就艺术理想、实现艺术价值。

第五,推动文化事业和文化产业发展,着力为人民提供丰富的精神食粮。发展文化事业和文化产业,是满足人民过上美好生活新期待的必然要求,也是激发全民族文化创新创造活力的必然要求。必须坚持以改革促发展、促繁荣,坚定不移深化文化体制改革。深化改革思路和举措,完善文化管理体制,增强文化引导力、创造力、竞争力。要着眼于推动文化事业全面繁荣,重点完善公共文化服务体系,深入实施文化惠民工程,丰富群众性文化活动,提高标准化均等化水平,推动文化小康顺利实现并不断巩固。要着眼于推动文化产业快速发展,重点健全现代文化产业体系和市场体系,创新生产经营机制,完善文化经济政策,培育新型文化业态。要着眼于扩大中华文化影响,重点加强中外人文交流,以我为主、兼收并蓄;推进国际传播能力建设,讲好中国故事,展现真实、立体、全面的中国,提高国家文化软实力。

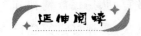

传唱民族经典　坚定文化自信
——访歌唱家雷佳

"我们只有对自身文化、传统深入了解,才能坚定文化自信,实现创造性转化和创新性发展。"中央军委政治工作部歌舞团歌唱家雷佳说。党的十九大报告提出的坚定文化自信,推动社会主义文化繁荣兴盛,给文艺工作指明了方向,令文艺工作者备受鼓舞、倍感振奋。

党的十九大以来,文化自信成为文艺界热议的关键词。雷佳认为,文化自信,源于对中国特色社会主义文化的深入了解,需要深入挖掘中华优秀传统文化蕴含的思想观念、人文精神、道德规范,并结合时代要求继承创新。"文艺工作者如果对传统不了解,就会出现'捧着金饭碗要饭'的情况",雷佳说。以歌剧《白毛女》为例,歌剧这种艺术体裁20世纪初传到中国,当时延安鲁艺的前辈们主动拥抱这种新的艺术形式,而且把它与中国的音乐元素相结合、与当时的社会生活相结合,不仅创作出了一部歌剧经典,也创造了民族歌剧这种带有中国特色的体裁,这是中国人对世界歌剧艺术的贡献。这也给后来人诸多启示,前辈们的自信来自他们对民间音乐、尤其是北方音乐的了解。

"党的十九大报告指出,在深入生活、扎根人民中进行无愧于时代的文艺创造。我们是文艺工作者,也是老百姓,要不断从生活、从人民中获得源头活水。"雷佳是这么说的,也是这么做的。近年来,雷佳的博士生导师带领她和创作团队,深入祖国大地采风,挖掘中国民间音乐。采风中,很多事给雷佳留下了深刻的印象。而最让她感动的是,很多人用自己的一生守护一首歌。比如山东民歌《包楞调》,是由山东省成武县文化馆魏传经发掘并改写填词的,如今,当雷佳又唱起经过重新编配的《包楞调》,那种扑面而来的民间气息,依旧充满生命力。

雷佳将这些理解和感悟都落实到实践中、唱进了歌里。在博士毕业音乐会中,她是为时代放声的歌者;在民族歌剧《白毛女》中,她是爱憎分明的喜儿;在中国歌剧《木兰诗篇》中,她是英姿飒爽的木兰。雷佳四场博士毕业音乐会的最后一场,是"源远流长　寻根之旅"民族民间歌曲专场。

党的十九大报告还提出,提升文艺原创力,推动文艺创新。这也激励着我不断创造创新,探索民族民间音乐与当下观众接受方式结合、与现实的社会生活结合。为此,雷佳和团队对民族民间音乐进行打磨、再现,探索民族民间歌曲"新国风"的音乐表达。就像《诗经》的"国风"记录当时民间生活状态,"新国风"希望呈现当下各地民众的生活状态,在忠于中国艺术传统的前提下,用新形式进行民歌的新表达。"新国风,就是希望在保持民间歌曲风味的同时,融入新的精神、实现新的表达",雷佳说。

"总书记近日在给乌兰牧骑队员们的回信中也指出,扎根生活沃土,服务牧民群众,推动文艺创新,努力创作更多接地气、传得开、留得下的优秀作品。军队文艺有着'扎根生活沃土'的传统,军队文艺工作者在给军民带去歌声的同时,也在一线汲取养分、获得灵感;与此同时,需要在原有基础上精益求精,主动跳出舒适区,使用新的艺术手段和技术手段,满足人们日益提高的欣赏要求。"让当下观众了解并认同我们的经典民族文化,也是坚定文化自信的重要一部分。

《摇篮曲》《绣荷包》《洱源情歌》《洗菜心》《看秧歌》《丢丢铜》……小时候,雷佳在母亲怀里听这些歌,现在她抱着孩子唱这些歌,她想,这些歌正是这样一代代传下来的。"这些歌曲有情感的生离死别、有生活的酸甜苦辣、有中国人的悲欢离合。每一句歌词、每一句旋律,都是祖先想要告诉我们的,都是祖先想让我们记住的。这一切,构筑了我们的基因图谱。"雷佳说,每个人、每个民族,都面临着"我们是谁,我们从哪里来,要往何处去"的问题。她用歌声在一次次探究、尝试回答。"十九大激励着我们文艺工作者继承优秀文化传统,努力创作更多更好的作品,让新时代的优秀作品流传下去。"雷佳说。

(来源:《人民日报》,2018年1月11日)

第四节　提高保障和改善民生水平,加强和创新社会治理

我们的人民热爱生活,期盼有更好的教育、更稳定的工作、更满意的收入、更可靠的社会保障、更高水平的医疗卫生服务、更舒适的居住条件、更优美的环境,期盼孩子们能成长得更好、工作得更好、生活得更好。人民对美好生活的向往,就是我们的奋斗目标。

——习近平

一、增进民生福祉是发展的根本目的

增进民生福祉是保障和改善民生的根本目的。不忘初心,牢记使命。中国共产党人的初心和使命,就是为中国人民谋幸福、为中华民族谋复兴。而为人民谋幸福,最终就是增进人民福祉。保障和改善民生要坚持八个基本原则:第一,人人尽责、人人享有。建设社会主义现代化国家、实现中华民族伟大复兴,是全体中国人民的共同责任,需要每一个人尽其所能地努力奋斗,作出贡献。同时,还要让发展成果惠及全体人民。第二,坚守底线、突出重点、完善制度、引导预期。坚守底线。2015年中央经济工作会议强调,社会政策要托底,就是要守住民生底线。坚持社会政策兜底,就是通过社会保障、社会福利、社会救助,使全体社会成员特别是弱势群体(处境不利群体、边缘群体)都能享受发展成果,这样才能保证全面建成小康社会。突出重点,主要是应对突发事件、精准扶贫、环境治理。完善制度,通过深化改革不断完善医疗保

险、养老保险等社会保障制度、社会治理制度等。引导预期。在发展中保障和改善民生,就是根据当前社会发展的水平和阶段性特征以及我国国力、各级政府财政能力,逐步解决民生问题。而舆论宣传也要在此基础上引导社会预期,这样才能切合实际地解决发展中的问题。第三,完善公共服务体系。我国基本公共服务体系包括公共教育、劳动就业创业、社会保险、医疗卫生、社会服务、住房保障、公共文化体育、残疾人服务八大类内容。完善基本公共服务体系,既要完善其标准以及公共财政体系,也要推进公共服务均等化。第四,不断满足人民日益增长的美好生活需要。我国社会主要矛盾已经转化为人民日益增长的美好生活需要和不平衡不充分的发展之间的矛盾。过去,我国社会主要矛盾是人民群众日益增长的物质文化需求同落后的社会生产之间的矛盾。现在,我国社会主要矛盾发生了转化。人民群众的需求由物质文化需要转化为美好生活需要。物质文化讲的是衣食住行,而美好生活既包括这些还包括精神上、价值上的追求——获得感、幸福感和安全感。第五,不断促进人的全面发展。第六,在发展中补齐民生短板、促进社会公平正义。增进民生福祉是发展的根本目的,要在发展中解决民生问题,不断提高保障和改善民生的水平。第七,深入开展脱贫攻坚,保证全体人民在共建共享发展中有更多获得感。第八,实现全体人民共同富裕。共同富裕始终是我们党的一个基本思想和奋斗目标。报告指出,带领人民创造美好生活,是我们党始终不渝的奋斗目标。必须始终把人民利益摆在至高无上的地位,让改革发展成果更多更公平惠及全体人民,朝着实现全体人民共同富裕不断迈进。

二、坚持在发展中保障和改善民生

坚持以人民为中心的发展思想,着力解决人民群众最直接、最现实、最迫切的问题。在发展中保障和改善民生就是要解决这些问题。要把发展放在重要的位置,在发展中提高解决民生问题的能力。

(一)办好人民满意的教育,提高教育质量

把教育放到保障和改善民生的首位,并指出,建设教育强国是中华民族伟大复兴的基础工程,必须把教育事业放在优先位置,深化教育改革,加快教育现代化建设,办好人民满意的教育。这与人民日益增长的美好生活需要相一致。

第一,推动教育现代化。第二,教育要立德树人。第三,推动城乡义务教育一体化发展,高度重视农村义务教育。第四,完善职业教育和培训体系。第五,加强师德师风建设,培养高素质教师队伍。

(二)提高就业质量

第一,大规模开展职业技能培训。第二,注重解决结构性就业矛盾。第三,鼓励创业带动就业。第四,提供全方位公共就业服务,促进高校毕业生等青年群体、农民工多渠道就业创业。第五,破除妨碍劳动力、人才社会性流动的体制机制弊端。第六,完善政府、工会、企业共同参与的协商协调机制。

(三)提高人民收入水平

坚持按劳分配原则,完善按要素分配的体制机制,促进收入分配更合理、更有序。扩大中等收入群体,增加低收入者收入,调节过高收入,取缔非法收入。坚持在促进经济增长的同时实现居民收入同步增长、在提高劳动生产率的同时实现劳动报酬同步提高。加快推进基本公共服务均等化。缩小收入分配差距。缩小高收入群体和低收入群体的差距,通过深化社会体制改革来跨越"中等收入陷阱"。2016年全国居民人均可支配收入为23821元,相比2012年的16510元,增长了44.3%,扣除价格因素,实际增长33.3%,年均实际增长7.4%。党的十八大以来,我国居民收入增速持续跑赢GDP,说明收入分配体制改革不断深化,并取得明显进展。

(四)加强社会保障体系建设

社会保障一直是人民群众非常关心的问题,关系每个人最现实、最直接、最迫切的利益,由此十九大报告对加强社会保障体系建设提出了更加明确的要求。第一,兜底线、织密网、建机制。兜底线,就是通过社会政策、社会救助使全体人民生活有保障。生活保障的一个重要内容就是社会救助。织密网,就是解决人民群众面临的各种生活问题。建机制,就是建立健全社会保障体系的种种机制,比如现在正逐步建立健全养老保险省际转移接续机制。第二,建立全国统一的社会保险公共服务平台。把社会保险的缴纳、支出以及各种服务有机结合起来,有效解决人口资源分布、社会保障便利性等问题。第三,统筹城乡社会救助体系,完善最低生活保障制度。统筹城乡社会救助体系,主要是将现在的社会救助与户籍制度相关联。完善最低生活保障制度,一方面要提升水平,另一方面要范围适度。

(五)坚决打赢脱贫攻坚战

让贫困人口和贫困地区同全国一道进入全面小康社会是我们党的庄严承诺。也就是说,到2020年全体人民要在现行贫困标准不变的情况下都进入小康社会。这是非常不容易的。改革开放以来,我国不断加大扶贫政策、社会救助政策力度,促使贫困人口规模大幅度减小、贫困发生率大幅下降。在现行标准下,农村贫困人口由1978年的7.7亿人减少至2016年的4335万人,农村贫困发生率从97.5%下降到4.5%。另外,新型农村合作医疗制度从2003年开始试点、2008年实现全面覆盖,多年来人均补助标准已由最初的十几元、几十元提高到现在的420元。2013—2016年,贫困地区农村居民人均可支配收入年均实际增长10.7%,比全国农村居民收入高了2.7%,贫困地区农民收入增长快于全国。这体现出城乡居民收入差距正在逐步缩小。到2020年我国要实现全面建成小康社会的目标,难点就在集中连片特困地区,这些地区多是革命老区、民族地区、边疆地区,要重点抓好这些地区的精准扶贫工作。

(六)实施健康中国战略

深化医药卫生体制改革,重点要抓好五项制度建设。一是建设分级诊疗制度,要形成"小病不出村,常见病不出乡,大病不出县,康复在基层"的就医格局。也就是说,通过提高基层医疗卫生服务能力,缓解大医院"看病难,看病贵"的问题。二是建立现代医院管理制度,主要是实行理事会领导下的院长负责制。三是构建全民医疗保障制度,就是要把包括公务员在内的所有人都纳入医保制度。四是建设药品供应保障制度。五是加强综合监管制度。

三、打造共建共治共享的社会治理格局

第一,共建、共治、共享。这就是党的十八大报告提出的"两个体制、一个体系、一个机制"。"两个体制",一个是党委领导、政府负责、社会协同、公众参与、法治保障的社会管理体制,十七大报告的提法是社会管理格局,十九大报告明确为社会治理体制;另一个是政社分开、权责明确、依法自治的现代社会组织体制。过去十八大报告两次提到社会组织,这次十九大报告五次提到

社会组织,并提出了五个要求:一是要发挥社会组织在协商民主中的作用;二是要发挥社会组织在环境治理中的作用;三是要发挥社会组织在社区建设中的作用;四是要加强基层社会组织的党的建设;五是要在社会组织中发展党员。"一个体系",即政府主导、覆盖城乡、可持续的基本公共服务体系。"一个机制",即源头治理、动态管理、应急处置相结合的社会管理机制。这就构成了共建、共治、共享,也就是政府、社会组织、企业共同解决社会矛盾、社会问题、社会事务。

第二,认识社会活动的主体——社会组织。我国的社会组织,一方面是协会、社团、民办非企业单位(社会服务组织)、协进会等;另一方面是在境内活动的众多境外社会组织,如美国福特基金会等。无论是境内还是境外的社会组织,都不允许带有任何政治企图。在推动社会组织发展过程中,要给予一些社会组织的慈善活动、支援服务等高度的关注和支持。

第三,提高社会治理社会化、法治化、智能化、专业化水平。社会化,就是政府调动社会组织和企业共同解决社会问题、处理社会事务、化解社会矛盾,同时让人民群众参与社会治理,引导他们通过自身努力解决日常生活中遇到的矛盾和问题。法治化,就是依法处理社会矛盾和社会问题。智能化,就是要推进社会治理体系和治理能力现代化。首先是社会治理要适应现代化发展要求。移动互联网在人与人之间形成一种扁平化网络,这是社会发展的新变化,而社会治理特别是基层社会治理要适应这一变化发展的要求。其次是社会治理要关注新技术的发展与影响。互联网的发展深刻影响着我们的社会和生活,在社会创新、经济创新、技术创新上不断形成新的变化、新的问题。最后是社会治理要关注年轻一代的思想变化。随着工作、生活方式的改变,我们的社会治理方式也要做出相应改进,在这一过程中,特别要注意年轻一代的思想变化。另外,平台化使人民群众的获得感得到量化,而这一量化就对政府、社会组织、基层工作提出了更高的要求。

第四,建立代际协同机制。

第五,提高对社会媒体的分析能力。

第六,加强社会心理服务体系建设,培育自尊自信、理性平和、积极向上的社会心态。

第七,加强社区治理体系建设。十九大报告指出,加强社区治理体系建设,推动社会治理重心向基层下移,发挥社会组织作用,实现政府治理和社会调节、居民自治良性互动。加强和创新社会治理,重点在基层,核心是人。也就是说,要调动人民群众参与社会治理的积极性和创造性,有效化解基层社会矛盾和问题。习近平总书记强调,要提高人民群众依法管理国家事务、经济社会文化事务、自身事务的能力。另外,还要建立基层工作机制。

第八,有效维护国家安全。国家安全是安邦定国的重要基石,维护国家安全是全国各族人民根本利益所在。严密防范和坚决打击各种渗透颠覆破坏活动、暴力恐怖活动、民族分裂活动、宗教极端活动。加强国家安全教育,增强全党全国人民国家安全意识,推动全社会形成维护国家安全的强大合力。国家利益至上,维护国家安全是每一个公民的责任。我国在发展过程中面临诸多挑战和问题,国内外的局势又极其复杂,所以十九大报告将有效维护国家安全作为社会治理的一项重要内容。

坚决打赢脱贫攻坚战

2018年3月30日,习近平主持召开今年两会后首次中共中央政治局会议,聚焦脱贫攻坚战。打好脱贫攻坚战是党的十九大提出的"三大攻坚战"之一,对如期全面建成小康社会、实现我们党第一个百年奋斗目标具有十分重要的意义。

2018年是脱贫攻坚作风建设年。如何面临当前的任务和挑战,又该如何开展工作?

着力解决突出问题

脱贫攻坚已经进入攻坚拔寨的冲刺阶段。在看到我国减贫史上最好成绩的同时,也要看到脱贫攻坚面临的任务和挑战还十分艰巨,存在的突出问题仍然不少。

党的十九大之后,国务院扶贫开发领导小组就决定将2018年作为脱贫攻坚作风建设年,并在全国范围开展扶贫领域作风问题专项治理。

中共中央政治局会议指出,一些地方贫困程度深、基础条件薄弱、公共服务不足,特殊困难群体脱贫难度大。一些地方精准基础不扎实,政策措施不落实不到位不精准,资金使用管理不规范,形式主义、官僚主义、弄虚作假现象时有发生。因此,打好脱贫攻坚战仍需付出艰辛努力。

为让脱贫攻坚工作更加阳光透明,国务院扶贫办在官网设立"扶贫领域违纪违规曝光平台",定期公布各类违纪违规典型案件。不仅如此,国家审计署针对扶贫的审计已经成为常态,仅在2017年第三季度审计中,就组织抽查了1343个单位1914个项目,涉及资金4421.59亿元,其中中央财政资金278.04亿元。

除此之外,2018年继续实行最严格的考核评估制度,重点开展4项考核。实行最严格的考核评估制度是打赢脱贫攻坚战的重要保障,对好的给予表扬奖励,对差的约谈整改,对违纪违规的严肃查处。离脱贫攻坚目标实现期限越近,任务越艰巨,越要实行严格的考核评估。

确保脱贫工作"三实"落地

打攻坚战,实打才有胜算;啃硬骨头,实干方能破局。这既是源于实践的经验,也是进一步做好脱贫攻坚工作的要求。

促进真抓实干,此次中央政治局会议最后强调"三实",确保脱贫工作务实,脱贫过程扎实,脱贫结果真实,让脱贫成效真正获得群众认可、经得起实践和历史检验。

2018年的全国两会上,习近平总书记在参加内蒙古代表团审议时,细致关怀"小乡村"里的"大民生"。来自内蒙古赤峰市小庙子村的全国人大代表向总书记汇报了村里依靠中草药种植发展产业脱贫的做法,得到了总书记的认可。

明确了产业发展的方向,两会刚结束,一条长度为90公里的农村公路提升改造项目启动,2019年10月通车后,包括小庙子村等沿线30多个村的农副产品可以高速发往全国。而发展中草药产业也被作为今年赤峰市的工作重点之一。未来赤峰市还准备建设46个扶贫产业园。

眼下,我国仍有3046万农村贫困人口。产业扶贫、易地扶贫搬迁、交通扶贫、水利扶贫、教育扶贫、健康扶贫、金融扶贫等,种种脱贫攻坚方案源源不断推出,很多"老大难"问题有了针对性解决方案。

亲自挂帅、亲自出征、亲自督战。在以习近平同志为核心的党中央坚强指挥下,全党全社会广泛动员的扶贫攻坚战已进入冲刺阶段。

(来源:央视网,2018 年 3 月 31 日)

第五节　加快生态文明体制改革步伐,建设美丽中国

人与自然是生命共同体,人类必须尊重自然、顺应自然、保护自然。人类只有遵循自然规律才能有效防止在开发利用自然上走弯路,人类对大自然的伤害最终会伤及人类自身,这是无法抗拒的规律。我们要建设的现代化是人与自然和谐共生的现代化,既要创造更多物质财富和精神财富以满足人民日益增长的美好生活需要,也要提供更多优质生态产品以满足人民日益增长的优美生态环境需要。

——习近平

生态文明是人类文明发展的一个新的阶段,即工业文明之后的文明形态;生态文明是人类遵循人、自然、社会和谐发展这一客观规律而取得的物质与精神成果的总和。生态文明是以人与自然、人与人、人与社会和谐共生、良性循环、全面发展、持续繁荣为基本宗旨的社会形态。人类为保护和建设美好生态环境而取得的物质成果、精神成果和制度成果的总和,是贯穿于经济建设、政治建设、文化建设、社会建设全过程和各方面的系统工程,反映了一个社会的文明进步状态。

一、树立社会主义生态文明观,推动形成人与自然和谐发展现代化建设新格局

首先,树立人与自然和谐共生的思想。历史唯物主义认为人是自然界的

组成部分,是存在于自然界之中而不是自然界之外的。如果我们把人和自然的关系对立起来,凌驾于自然界之上去统治自然、主宰自然,对地球上生态资源贪婪索取和无情掠夺,那么结果将会是既破坏自然界,又破坏人类自己的生存环境。自然为人类提供了生命活动的外部环境,因此人类离不开自然界,应该像对待自己的身体一样去对待自然界,树立应有的生态保护意识。

其次,树立发展和保护内在统一、相互促进的思想。唯物史观告诉我们,一方面,人类作为受动的自然存在物,受到自然界的制约和限制;另一方面,人类作为能动的自然存在物,能够正确认识世界和通过实践改造世界。能动性决定了人不是为了其他自然存在物的存在而存在着,而是为了自身的存在而存在着;受动性决定了人类不能脱离自然规律肆意妄为,必须服从自然界的发展规律,按客观规律办事。必须坚持绿色发展、循环发展、低碳发展,平衡好发展和保护的关系,控制开发强度,调整空间结构,给子孙后代留下天蓝、地绿、水净的美好家园,实现发展与保护的内在统一、相互促进。习近平总书记关于保护长江流域生态环境的指示鲜明地体现了这一点。他指出,长江拥有独特的生态系统,是我国重要的生态宝库。当前和今后相当长一个时期,要把修复长江生态环境摆在压倒性位置,共抓大保护,不搞大开发。

再次,树立自然价值和自然资本的价值的思想。习近平总书记指出,"绿水青山就是金山银山"。在经济发展中必须保护森林、草原、河流、湖泊、湿地、海洋等自然生态。自然价值是有价值的,保护自然就是增值自然价值和自然资本的过程,就是保护和发展生产力,就应得到合理回报和相应的经济补偿。

最后,树立资源承载和环境容量的空间均衡的思想。习近平总书记指出,推进生态文明建设,解决资源约束趋紧、环境污染严重、生态系统退化的问题,必须采取一些硬措施,真抓实干才能见效。20世纪70年代以后,伴随着新科技革命和经济全球化的加快推进,世界各国普遍感觉到,在经济高速增长的背后,隐藏着日益严重的人口、资源、环境等问题,威胁着人类的生存和发展。在人口增加和经济增长的双重压力下,人类所居住的环境越来越不堪重负,生态平衡遭到破坏。要实现可持续发展,就必须把握人口、经济、资源、环境平衡点,在发展进程中确保人口规模、产业结构、增长速度都不超出当地水土资源承载能力和环境容量。

二、加快生态文明体制改革,建设美丽中国

一是积极贯彻落实新发展理念。生态建设的特点就是遵循自然规律,顺应自然规律。在生态文明建设中践行新发展理念,就是要尊重生态规律,下决心促进经济转型升级。必须抓住机遇,乘势而上,将绿色工业革命视为新的经济发展引擎,努力实现产业结构升级,抢占未来世界市场竞争的制高点。在生态文明建设上,关键是要抓住三个重点问题。首先,坚持节约利用资源,实现永续发展。其次,切实保护珍惜环境,提高人类的生活质量。最后,创新生态建设的体制机制,完善生态补偿的制度保障。

二是积极推进供给侧结构性改革。生态文明建设与供给侧结构性改革有着密切关系。习近平总书记指出要结合推进供给侧结构性改革,加快推动绿色、循环、低碳发展,形成节约资源、保护环境的生产生活方式。供给侧结构性改革的重要目的是通过制度改革提高全要素生产率,以实现经济可持续发展。建设生态文明的重点是从源头控制和减少能源资源消耗和污染排放。做到这一点必须提高全要素生产率,这正是供给侧结构性改革的要义所在。通过推进科技、教育、金融、土地、环境制度改革,促进绿色低碳技术进步和绿色低碳产业发展,降低能源资源消耗率,遏制环境污染恶化趋势。

三是积极推动形成绿色发展方式和生活方式。生活方式是一种理念的体现,理念也会塑造一种生活方式。习近平总书记指出,推动形成绿色发展方式和生活方式是发展观的一场深刻革命,并就推动绿色发展方式和生活方式提出了以下重点任务:加快转变经济发展方式,加大环境污染综合治理,加快推进生态保护修复,全面促进资源节约集约利用,倡导推广绿色消费,完善生态文明制度体系。

践行"两山"理论十二载　安吉余村绿色发展路越走越宽广

2005年的8月15日,时任浙江省省委书记习近平同志来到了安吉余村进行调研,当听到村里下决心关掉了石矿,停掉了水泥厂,习总书记给予了高度的肯定,称他们这是高明之举。习近平说:"一定不要再去想走老路,还是要迷恋过去那种发展模式。所以刚才你

们讲到下决心停掉一些矿山,这个都是高明之举,绿水青山就是金山银山。我们过去讲既要绿水青山,也要金山银山,实际上绿水青山就是金山银山,本身,它有含金量。"

余村村委会主任潘文革回忆习近平到余村的一幕:10点多,他从我们老村委会下车,他一路给我的感觉是非常平易近人、和蔼可亲。他对我们余村也非常关切,提出余村发展生态旅游经济的这条路子是可持续发展的路子,要坚定不移地走下去,特别指出余村关停矿山是高明之举,发展经济要学会选择,当鱼与熊掌不可兼得的时候,要坚定不移地走生态旅游经济这条路子。

十多年来,余村的百姓牢记习近平的嘱托,把停矿山、关水泥厂重新换来的蓝天白云、绿水青山作为良好的资源,招引项目,发展旅游业。

余村村民潘春林说:我们这儿以前空气质量不是很好。现在的空气比较清新,水已清了,山也已经绿了,我们游客订单已经排到8月份了。

余村人民的收入也从十年前的6000多元提高到近3万元,村集体资产更是达到了4500多万元,所以可以说日子一天天好起来,环境也一天天好起来,生活也一天天富起来。当然像余村这样的村可以说比比皆是,余村其实是这些年生态文明建设的一个缩影。

点评: "两山"理论运用通俗语言和形象比喻深刻揭示了经济发展和生态环境保护的辩证统一关系。从根本上解决了人在从事物质生活中对物质利益的追逐与人赖以生存的环境生态之间的关系、保护环境生态与发展生产力之间的关系、环境生态与财富的辩证统一关系等问题,对我国经济社会转型、推进生态文明建设、建设美丽乡村等重大实践均有不可估量的指导价值。

第六节 坚持走中国特色强军之路,全面推进国防和军队现代化

人民军队是保卫中国特色社会主义建设的钢铁长城,是捍卫国家民族利

益、维护国家安全的利剑。党的十八大以来，以习近平为核心的中央军委全面实施改革强军战略，成果显著，国防和军队建设正站在新的历史起点上。新时代，面对国家安全环境的深刻变化，国防军队建设依然任重道远。

一、习近平强军思想是全面推进国防军队现代化指导思想

习近平强军思想作为习近平新时代中国特色社会主义思想的组成部分，明确了党在新时代的强军目标是建设一支听党指挥、能打胜仗、作风优良的人民军队，把人民军队建设成为世界一流军队。这也是实现"两个一百年"奋斗目标、实现中华民族伟大复兴的战略支撑。

习近平强军思想是一个清晰完整的体系。首先，必须全面贯彻党领导人民军队的一系列根本原则和制度，确立新时代党的强军思想在国防和军队建设中的指导地位。这是总体要求。其次，强调"四个坚持"建军战略。要求坚持政治建军、改革强军、科技兴军、依法治军。最后，强调"五个注重"，包括更加注重聚焦实战、更加注重创新驱动、更加注重体系建设、更加注重集约高效、更加注重军民融合。这是新时代国防军队现代化建设的指导思想。

二、确立新时代国防和军队现代化"三步走"战略，明确新时代强军任务

党的十九大报告指出："适应世界新军事革命发展趋势和国家安全需求，提高建设质量和效益，确保到2020年基本实现机械化，信息化建设取得重大进展，战略能力有大的提升。同国家现代化进程相一致，全面推进军事理论现代化、军队组织形态现代化、军事人员现代化、武器装备现代化，力争到2035年基本实现国防和军队现代化，到本世纪中叶把人民军队全面建成世界一流军队。"

这明确了国防军队现代化和中国特色社会主义现代化步骤相一致，分阶段分步骤实现人民军队成为世界一流军队目标。

新时代强军总体任务目标包括以下五个方面：第一是全面贯彻新时代党的强军思想；第二是贯彻新形势下军事战略方针；第三是建设强大的现代化

陆军、海军、空军、火箭军和战略支援部队；第四是打造坚强高效的战区联合作战指挥机构；第五是构建中国特色现代作战体系。

三、中国特色强军之路建设的具体举措

第一，加强军队党的建设。开展"传承红色基因、担当强军重任"主题教育。这体现了政治建军。

第二，推进军人荣誉体系建设。培养有灵魂、有本事、有血性、有品德的新时代革命军人，永葆人民军队性质、宗旨、本色。

第三，继续深化国防和军队改革。深化军官职业化制度、文职人员制度等重大政策制度改革，推进军事管理革命，完善和发展中国特色社会主义军事制度。这体现了改革强军。

第四，树立科技是核心战斗力的思想。推进重大技术创新、自主创新，加强军事人才培养体系建设，建设创新型人民军队。这体现了科技兴军。

第五，全面从严治军。推动治军方式根本性转变，提高国防和军队建设法治化水平。这体现了依法治军。

第六，坚持战斗力标准，向能打仗、打胜仗聚焦。扎实做好各战略方向军事斗争准备，统筹推进传统安全领域和新型安全领域军事斗争准备，发展新型作战力量和保障力量，开展实战化军事训练，加强军事力量运用，加快军事智能化发展，提高基于网络信息体系的联合作战能力、全域作战能力，有效塑造态势、管控危机、遏制战争、打赢战争。

第七，坚持富国和强军相统一，更加注重军民融合。强化统一领导、顶层设计、改革创新和重大项目落实，深化国防科技工业改革，形成军民融合深度发展格局，构建一体化的国家战略体系和能力。

第八，完善国防动员体系。更加注重体系建设。建设强大稳固的现代边海空防。

第九，组建退役军人管理保障机构。维护军人军属合法权益，让军人成为全社会尊崇的职业。

第十，深化武警部队改革，更加注重集约高效。建设现代化武装警察部队。

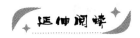

全面重塑　浴火重生
——人民军队改革强军两周年回顾(节选)

2017年11月10日,新华社受权发布:"国务院、中央军委日前公布实施新修订的《中国人民解放军文职人员条例》,自公布之日起施行。"

"修订颁布新《条例》是对我军文职人员制度的体系性重塑,是推动军事人力资源制度创新发展的重大成果。"中央军委政治工作部有关负责人说。

以2015年11月24日中央军委改革工作会议召开为标志,改革强军战略实施两年来,人民军队全面重塑、浴火重生。

从领导指挥体制的科学高效,到规模结构和力量编成的优化精干;从政策制度的不断完善,到武器装备现代化水平的全面跃升……在习近平强军思想指引下,取得历史性成就、发生历史性变革的人民军队,正在把改革强军战略全面推向深入,奋力建设世界一流军队,为实现中华民族伟大复兴的中国梦提供战略支撑。

改棋盘,强大脑
——再造领导指挥体制

塞北草原,夏日灼灼,黄沙漫卷。

2017年7月30日,1.2万名官兵、600多台(套)战车集结列阵于内蒙古朱日和联合训练基地,以征尘未洗的野战阵容、战斗姿态迎接人民军队90岁生日。

这是人民军队整体性、革命性改革重塑后的第一次全新亮相;这是在战区主战新格局下,全军组织的一次大规模联合军事行动。

细心的人们发现,与两年前在天安门广场举行的阅兵相比,受阅官兵的臂章换了、胸标变了,受阅方(梯)队的构成也不一样了。

"深化国防和军队改革,是根据国家发展需要和打赢现代战争要求,对军队编制体制的重塑,是提高军队战斗力的重大举措。"阅兵总指挥韩卫国说,这次阅兵,战略支援部队以及一些其他新组建单位首次亮相,就是要完善我军联合作战的体系,运用新质作战力量,强化我军体系作战能力。

百舸争流,奋楫者先;中流击水,勇进者胜。深化国防和军队改革,是实现中国梦强军梦的时代要求,是强军兴军的必由之路,也是决定军队未来的关键一招。

中央军委改革工作会议后不到一周,陆军领导机构、火箭军、战略支援部队正式成立。诞生半个世纪的战略导弹部队,成为继陆、海、空军之后的又一个独立军种。战略支援部队作为新型作战力量的代表,加入人民军队序列。

打破四总部体制,改为军委机关多部门制;撤销七大军区,调整划设东部、南部、西部、北部、中部五大战区……运筹帷幄,方能决胜千里。一支军队能不能打胜仗,领导指挥体制最为关键。

军事科学院研究员陈舟说,"军委管总、战区主战、军种主建",这是理解把握新的领导指挥体制的3个关键词。在这个新格局下,实现了中央军委领导掌握部队和高效指挥部队的有机统一,翻开了中国特色社会主义军事制度的崭新篇章。

"军委——战区——部队"的作战指挥体系和"军委——军种——部队"的领导管理体系,立起人民军队新体制的"四梁八柱"。

首战即定局,"脖子以上"改革为后续改革奠定了坚实的基础。

一声令下,雷厉风行,运行了几十年的总部制一夜之间走入历史,15个军委机关部门全新登场。其中,正师级以上机构减少200多个,人员精简三分之一。从领导机构到办事机构,层级减了,等级降了,人员少了。

中国人民解放军,这支世界上规模最大、不断寻求自我超越的军队,又一次踏上凤凰涅槃之路。

(来源:新华社,2017年12月18日)

第七节　坚持"一国两制",推进祖国统一

新时代,实现中华民族伟大复兴的中国梦是中华儿女的共同追求。保持香港、澳门长期繁荣稳定,实现祖国完全统一,是实现中华民族伟大复兴的必然要求。

一、贯彻"一国两制",保持香港、澳门长期繁荣稳定,积极推进香港、澳门与祖国共同发展

首先,"一国两制"开创了国家和平统一战略和治国理政模式的新路径,成为改革开放以来的一项基本国策。

习近平总书记指出:"'一国两制'是中国的一个伟大创举,是中国为国际社会解决类似问题提供的一个新思路新方案,是中华民族为世界和平与发展作出的新贡献,凝结了海纳百川、有容乃大的中国智慧。"香港、澳门回归祖国后,香港持续繁荣、澳门蓬勃发展的事实充分证明,"'一国两制'是解决历史遗留的香港、澳门问题的最佳方案,也是香港、澳门回归后保持长期繁荣稳定的最佳制度"。

其次,要保持香港、澳门长期繁荣稳定,必须确保"一国两制"方针不会变、不动摇,确保"一国两制"实践不变形、不走样。

具有开创性的"一国两制"在实践中必然会遇到一些新情况新问题。回顾历史,伟大祖国永远是香港、澳门的坚强后盾,中央领导集体高度重视"一国两制"在港澳的实施,成功处理许多新问题,推进"一国两制"的完善。党的十九大报告指出,"保持香港、澳门长期繁荣稳定,必须全面准确贯彻'一国两制''港人治港''澳人治澳'以及高度自治的方针,严格依照宪法和基本法办事,完善与基本法实施相关的制度和机制"。党中央"支持特别行政区政府和行政长官依法施政、积极作为,团结带领香港、澳门各界人士齐心协力谋发展、促和谐,保障和改善民生,有序推进民主,维护社会稳定,履行维护国家主权、安全、发展利益的宪制责任"。

再次,新时代党中央将"一国两制"纳入国家"两个一百年"奋斗目标和实

现中华民族伟大复兴的中国梦,将香港、澳门融入中华民族命运共同体,为深入实施"一国两制"指明了方向。香港、澳门发展同内地发展紧密相连。要支持香港、澳门融入国家发展大局,以粤港澳大湾区建设、粤港澳合作、泛珠三角区域合作等为重点,全面推进内地同香港、澳门互利合作,制定完善便利香港、澳门居民在内地发展的政策措施。

最后,增强香港、澳门同胞的国家意识和爱国精神是"一国两制"的有力保证。坚持爱国者为主体的"港人治港""澳人治澳",发展壮大爱国爱港爱澳力量,增强香港、澳门同胞的国家意识和爱国精神,让香港、澳门同胞同祖国人民共担民族复兴的历史责任、共享祖国繁荣富强的伟大荣光。

"一国两制"的前提是一国,特区政府高度自治是在国家主权范畴内。港澳同胞主体是爱国者,在各种原因作用下出现的少数分裂势力值得港澳同胞警惕,因而增强国家意识和爱国精神、融入祖国发展是保证"一国两制"健康发展的需要。

二、坚持"和平统一、一国两制"方针,推动两岸关系和平发展,推进祖国和平统一进程

首先,解决台湾问题、实现祖国完全统一,是全体中华儿女共同愿望,是中华民族根本利益所在。无论是从历史还是从现实来看,两岸人民同文同种,有着共同的血脉和文化传统,实现统一是全体中华儿女共同心愿。新时代,中国的发展使得中华民族伟大复兴成为可能,而在全球治理中,安理会五大常任理事国里只有中国没有实现国家完全统一,加速统一是中华民族根本利益所在。

其次,坚持一个中国原则和承认"九二共识"是两岸和平发展的政治基础。"一国两制"的基础是一个中国,脱离一个中国原则,就极大降低了和平统一的可能性。党的十九大报告指出:"一个中国原则是两岸关系的政治基础。体现一个中国原则的'九二共识'明确界定了两岸关系的根本性质,是确保两岸关系和平发展的关键。承认'九二共识'的历史事实,认同两岸同属一个中国,两岸双方就能开展对话,协商解决两岸同胞关心的问题,台湾任何政党和团体同大陆交往也不会存在障碍。"

再次,扩大两岸经济文化交流合作,促进两岸人民心灵契合。广大台湾

同胞都是我们的骨肉天亲。在经济全球化深入发展、两岸联系日益密切的今天,两岸更是割舍不断的命运共同体,我们所追求的国家统一不仅是形式上的统一,更重要的是两岸同胞的心灵契合。为此,党的十九大报告指出:"我们秉持'两岸一家亲'理念,尊重台湾现有的社会制度和台湾同胞生活方式,愿意率先同台湾同胞分享大陆发展的机遇。我们将扩大两岸经济文化交流合作,实现互利互惠,逐步为台湾同胞在大陆学习、创业、就业、生活提供与大陆同胞同等的待遇,增进台湾同胞福祉。我们将推动两岸同胞共同弘扬中华文化,促进心灵契合。"

最后,反对"台独"分裂图谋,坚决维护国家主权和领土完整。不可否认,台湾存在着分裂祖国的"台独"政治势力,他们违背历史趋势,用尽心机,企图分裂祖国,党的十九大报告庄严宣告:"我们坚决维护国家主权和领土完整,绝不容忍国家分裂的历史悲剧重演。一切分裂祖国的活动都必将遭到全体中国人坚决反对。我们有坚定的意志、充分的信心、足够的能力挫败任何形式的'台独'分裂图谋。我们绝不允许任何人、任何组织、任何政党、在任何时候、以任何形式、把任何一块中国领土从中国分裂出去!"

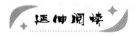

台湾青年郑博宇:就算在天桥上贴膜,我也要留在大陆

"最苦的时候,我甚至想过就算在天桥上贴膜,也要留在大陆发展。"在日前举行的"海论十年 精彩无限"海峡论坛十年故事汇上,讲述者郑博宇的一番话让现场观众感触良多。作为一名台湾青年,他为何对大陆如此依恋?大陆有什么吸引着他?

用郑博宇的话说,他是一个再平凡不过的台湾青年。他曾因登陆交流活动对北京一见钟情,此后直到2015年才有机会与大陆"亲密接触"。那年,他因缘参加了第七届海峡论坛,正是这次经历,让他对大陆的发展更具信心,并决定来大陆寻找机会。"大陆很多城市都可以让人感受到它的发展,每一次来都感觉到这里在变化,这是一个让你感受到在往前走的地方。"也是在那一年,郑博宇迈出了在大陆发展的第一步。

每个人在寻求事业发展的路上都会遇到大大小小的困难,郑博宇也没有得到厚爱,初到大陆发展的他并不顺遂。台企外派的工作没有"五险一金"、正常休假,加上离家远,没有父母朋友在身边,生病了也只能自己硬撑,但这一切并没有让他对大陆失去信心。回首那段经历,郑博宇感触很深。他回忆,最苦的时候,甚至跟朋友说过就算在天桥上卖贴膜,他都想留下来。

一名台湾青年为何非要在大陆"死磕"?郑博宇表示,那是因为他相信大陆对他未来肯定是有发展性的,咬牙切齿也希望撑过去。"你可以看到,在这里卖贴膜都是可以维生的,另外我对我自己贴膜还蛮有信心。"他笑着说道。不过他转念又说,话虽讲得轻松,但事实上,"在天桥上卖贴膜"还真的想过,"那时候想,如果没有工作了,找不到工作我该怎么办?"郑博宇最后强调,他希望这个故事可以呈现励志的一面。

后来,受到首钢集团创业公社的邀请,郑博宇成为首钢集团首位台湾人,负责为台湾青年来大陆工作打造平台。如今,作为北京创业公社港澳台事业部总经理的他,生活开启了预期以外的变化:从前多在幕后的他,完成了多场千人规模的演讲、常年穿梭于两岸分享经验、认识了来自大江南北的朋友。

现在郑博宇的生活与工作状态跟以前截然不同,但他时常会回想初来大陆的那段日子。如果当时就回去了会怎么样?会不会跟一般年轻人一样等待机会?或者找到一份薪资不高的工作就满足了?"每次想到那个时候,再反过来想现在,我就有着一种特别感恩的心情。"郑博宇深情说道。

2018年2月,国台办、国家发改委等29个部门发布了《关于促进两岸经济文化交流合作的若干措施》(简称"31条措施"),为台湾民众来大陆发展提供空前利好。对于政策的出台,郑博宇认为,31条措施给予台湾人在大陆公平起步的机会,服务很多台湾创业者。很多同等待遇的落实,让本来就在大陆发展的年轻人可以做自己更想做的事情;对于还在观望想要来大陆的人,则可以加强他们发展的信心。

谈到目前两岸间的差距,郑博宇认为,两岸经济环境已经非常悬殊。如果年轻人想要在有限的时间里有更好的发展。一定要选择更适合的落点,大陆正是一个进可攻退可守的好落点。"大部分台湾年轻人很有想法,只是缺乏一个平台",郑博宇说。

中共中央政治局常委、全国政协主席汪洋日前在海峡论坛开幕会致辞中表示,两岸经济联系密切、互补性强,扩大深化经济合作、促进经济融合是两岸关系和平发展的强大动力。我们愿意优先同台湾企业分享大陆发展的机遇,将认真落实《关于促进两岸经济文化交流合作的若干措施》,在相关政策方面对台企实行与大陆企业一视同仁的待遇。我们欢迎更多台湾同胞参与到两岸大交流中来,将认真落实惠及两岸同胞的各项政策措施,扩大两岸民众的受益面和获得感,尤其要为两岸基层民众、青年创业就业提供更多机会。

(来源:环球网,2018年6月13日)

第八节 坚持和平发展道路,推动构建人类命运共同体

世界命运握在各国人民手中,人类前途系于各国人民的抉择。中国人民愿同各国人民一道,推动人类命运共同体建设,共同创造人类的美好未来。

——习近平

推动构建人类命运共同体的思想,标志着中国共产党不仅为中国人民谋幸福,也为人类进步事业和人类社会发展作出新的重大贡献,更开辟了中国特色大国外交理论与实践的新境界,是新时代中国特色社会主义思想与方略的重要内容,也是统筹国际国内两个大局、实现中国梦和世界梦的重要指针。

一、高举和平发展大旗，以新型国际关系作为推动人类命运共同体建设的基础

世界正处于大发展大变革大调整时期，和平与发展仍然是主题。在这一大背景下，超越零和博弈、你输我赢的思维，推动构建相互尊重、公平正义、合作共赢的新型国际关系，是我国外交理论的重大创新，也是对解决"人类命运共同体怎么建"这个问题提出的具体方案。

新型国际关系理论以"人类只有一个地球"和"各国需要长久相处"作为逻辑前提。在此前提下，合作共赢而不是冲突对抗，符合各国长远利益，是各国在世界上的长久立足之道。特别是在当今时代，人类共同面临的非传统安全挑战明显增加，对国际合作的需求超过历史上任何一个时期，权力冲突很多时候不再是你输我赢，而是各方共输。因此，构建新型国际关系符合时代特征和各国长远利益，是建设人类命运共同体的主要方法。

二、将打造周边命运共同体作为优先方向，实施更加积极主动的周边外交战略

要按照亲诚惠容理念和与邻为善、以邻为伴周边外交方针，深化同周边国家关系。让命运共同体意识在周边国家落地生根，减少摩擦和冲突，增加合作和交流，有利于减少对我国战略资源的牵扯和消耗，使我国能够聚精会神搞建设、一心一意谋发展，是拓展延伸我国发展的重要战略机遇期，维护国家主权、安全和发展利益的首要前提。

三、重点打造"一带一路"命运共同体，加强"一带一路"的机制建设和规则构建功能

坚持对外开放的基本国策，坚持打开国门搞建设，积极促进"一带一路"国际合作，努力实现政策沟通、设施联通、贸易畅通、资金融通、民心相通，打造国际合作新平台，增添共同发展新动力。

作为我国扩大对外开放的重大举措和顶层设计，"一带一路"建设要坚持"引进来"和"走出去"并重，深化双向投资合作；要促进基础设施互联互通，突破沿线发展瓶颈；要加强创新能力开放合作，增强发展新动力；要推动开放合

作,完善全球经济治理体系。

基于现有多双边合作协议,打造"一带一路"建设规划协同机制。短期,应立足我国与沿线国家以及国际组织之间签署的既有双边合作战略协议,与合作方分别成立若干常设性工作组,具体负责双方发展规划衔接,共同推动实施一批重大工程项目。中长期,可在"一带一路"国际组织下建立战略对接合作委员会、战略规划高级官员非正式会议等常设机制,专门负责各成员国发展战略以及宏观经济政策协调沟通。

整合融资平台,健全"一带一路"融资机制。由亚投行牵头,联合多边开发性金融机构、各国对外援助机构及国内开发性金融机构,就利率、项目担保等与"一带一路"相关国家融资的相关规则进行深入探讨,逐步形成符合命运共同体理念、契合沿线国家利益诉求的开发性融资规则体系。可在"一带一路"国际组织框架下建立"一带一路"融资联盟。

四、构建公正合理的国际规则体系,推动完善全球经济治理

中国将继续发挥负责任大国作用,积极参与全球治理体系改革和建设,不断贡献中国智慧和力量。打造人类命运共同体,需要有效运转的全球经济治理体系作为制度基础。着眼于推动建设人类命运共同体的目标,应按照构建包容联动的世界发展治理格局、开放合作的全球贸易投资治理格局、安全高效的国际金融和市场治理格局的要求,促进全球经济治理体系改革与完善,为构建人类命运共同体提供坚实的制度和规则保障。

坚持共享治理,不断提升新兴经济体在全球经济治理中的地位和影响力。要加强二十国集团机制建设,巩固和提升二十国集团作为国际经济合作的主渠道地位,鼓励和支持新兴经济体和发展中国家借助二十国集团平台更多参与全球经济治理。倡议设立常设秘书处,推动二十国集团实现从短期政策向中长期政策转型,从危机应对向长效治理机制转型,进一步巩固其作为全球经济治理重要平台的地位。

坚持开放治理,进一步巩固全球多边贸易体制。推进多哈回合及诸边协定谈判与落实,积极推动农业谈判的三大支柱(市场准入、国内支持、出口竞争)、非农市场准入、服务、发展、与贸易有关的知识产权、规则等的谈判,反对

单边主义和贸易保护主义。

坚持安全治理,着力构建全球金融安全网络。在全球层面,应在继续推动国际货币基金组织改革的同时,扩大特别提款权规模,提升危机救助能力,完善危机救助模式。加强二十国集团与国际货币基金组织之间的合作。推动二十国集团成员建立本币互换网络,提高新兴经济体外汇市场干预能力,避免货币大幅贬值。推动二十国集团完善全球金融基础设施,加强宏观审慎监管,以巴塞尔协定为基础强化金融监管合作。

津巴布韦总统访华　为啥特意去安徽省

2018年4月2日—4月6日,津巴布韦总统姆南加古瓦应邀对中国进行国事访问。4日晚,姆南加古瓦一行从北京乘专机抵达合肥。据津巴布韦媒体报道,在为期两天的安徽之行中,姆南加古瓦说来自安徽的投资者为津巴布韦的社会经济发展作出了卓越贡献,他们被视为中津关系的特使、中津友谊的见证人。姆南加古瓦还呼吁,希望有更多的安徽企业投资津巴布韦,津巴布韦也欢迎安徽的投资者。

那么,问题来了,为什么是安徽?

商务部资料显示,2014年,安徽企业赴津巴布韦合作开发最新推出农业种植和加工项目20个,制造业项目10个,矿业项目10个,旅游业项目10个,基础设施及新能源项目10个。近年来,安徽对外投资年均增长66%,对津巴布韦的实际投资已超过4亿美元(约合人民币25亿元),占安徽全省对非洲投资的98.3%,占全国对非洲投资的11%。津巴布韦媒体在报道中点名了两家安徽企业,一家是安徽省外经建设集团,另一家则是安徽省农垦集团。要谈津巴布韦和安徽的关系,自然避不开这两家企业。

安徽农垦集团的津巴布韦项目是在安徽省政府的要求下才完成的。2010年年底,安徽农垦集团与津巴布韦联合成立皖津农业发展有限公司,签订了农业开发的合作协议。其官网和商务部资料显示,该项目首期从2010年12月至2012年9月,开垦土地5000

公顷,试种三个农场的小麦、玉米、大豆、烟叶平均产量分别达到 6 吨/公顷、6.75 吨/公顷、2.25 吨/公顷、2.25 吨/公顷,远远超过当地平均水平。

到目前为止,安徽农垦在津巴布韦的项目深受政府和当地民众的广泛赞誉。曾被称为"非洲面包篮"的津巴布韦在土地改革后农业一度被荒废,如今,这些项目增加了当地就业,缓解了粮食短缺,培训了职业化的农民。依托农场农业技术优势,安徽农垦还帮助培训了当地的技术官员和农场主。其中一个农场已经成为津巴布韦奇诺依大学的教学和实习基地。

"现在津巴布韦抛荒的农场逐渐减少,农业种植呈现出一片欣欣向荣的景象",安徽农垦非洲项目总经理何宏顺何宏顺说,"我们收获的粮食将全部在当地市场销售,以满足当地的需求,我们要通过这个项目来帮助津巴布韦实现粮食自给自足"。

安徽省外经建设集团是在津巴布韦当地经营较好的中资企业,其官网资料显示,它在非洲最早的投资便是津巴布韦钻石矿。2010年,安徽外经建与津巴布韦马特铜矿企业投资公司成立安津投资有限公司,共同开发位于津巴布韦马朗吉地区的金刚石矿。

据安徽外经津巴布韦指挥部副总指挥王斌介绍,安津钻石矿自2010年动土建设,仅两年时间里就实现了从勘探、开采、选矿到销售的整个环节,在世界钻石开采业乃至矿山建设史上都堪称奇迹,打破了西方国家在钻石资源方面的垄断地位。

矿区开发,当地居民的安置往往是个大问题,安徽企业在这一点上做得让津巴布韦民众拍手叫好。而矿区成绩的取得,与当地政府和百姓形成的良好关系也是分不开的。

资料显示,安徽外经建在建设矿区时先行建设的安置区,是津巴布韦档次最高、功能最齐全、规模最大的小区,耗资 8000 万美元,均为一栋栋的独立别墅,共 474 栋,每套住房使用面积约 100 平方米,配备有小学、中学、医院、商业网点、50 多公里的沥青路、方便出行的公交车,建设了可满足 2000 户居民生活用水需求的自来水厂和供水管网。

安置区还为每户都修建分配了可灌溉的农田,为学校捐赠了电脑,为百姓捐助现金、米、面、油、种子等,平均每户捐助金额已达4000美元,当地居民生活条件大大提高。津巴布韦总统等当地政府高官和老百姓赞不绝口,包括反对党和反对党的民间组织都高度赞扬。

目前,中津两国元首已一致决定,将中津关系定位提升为全面战略合作伙伴关系,推动双方关系好上加好。津巴布韦地理环境优越,自然资源丰富,气候条件良好,在基础设施建设、矿业、农业、旅游业等领域发展潜力巨大。自2017年11月以来,津巴布韦政府出台了一系列政策法规,使营商环境、投资便利性得到大幅改善。热忱欢迎更多安徽企业赴津巴布韦考察投资,努力推动双方合作再上新台阶。

(来源:观察者网,2018年4月10日)

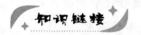

人类命运共同体

人类命运共同体旨在追求本国利益时兼顾他国合理关切,在谋求本国发展中促进各国共同发展。人类只有一个地球,各国共处一个世界,要倡导"人类命运共同体"意识。人类命运共同体这一全球价值观包含相互依存的国际权力观、共同利益观、可持续发展观和全球治理观。

"一带一路"

"一带一路"(The Belt and Road,缩写B&R)是"丝绸之路经济带"和"21世纪海上丝绸之路"的简称。它将充分依靠中国与有关国家既有的双多边机制,借助于既有的、行之有效的区域合作平台,旨在借用古代"丝绸之路"的历史符号,高举和平发展的旗帜,积极发展与沿线国家的经济合作伙伴关系,共同打造政治互信、经济融合、文化包容的利益共同体、命运共同体和责任共同体。

第五章　青年兴则国家兴，青年强则国家强

青年兴则国家兴，青年强则国家强。青年一代有理想、有本领、有担当，国家就有前途，民族就有希望。中国梦是历史的、现实的，也是未来的；是我们这一代的，更是青年一代的。中华民族伟大复兴的中国梦终将在一代代青年的接力奋斗中变为现实。全党要关心和爱护青年，为他们实现人生出彩搭建舞台。广大青年要坚定理想信念，志存高远，脚踏实地，勇做时代的弄潮儿，在实现中国梦的生动实践中放飞青春梦想，在为人民利益的不懈奋斗中书写人生华章！

——习近平

第一节　当代青年是新征程的主力军

伟大新时代召唤堪当大任的新青年，神圣新使命赋予继往开来的强国一代。青年是推动国家经济社会发展的生力军和突击队。党和国家事业要发展，青年首先要发展，伟大新时代的根本历史任务，就是要强起来。"强"是一种比较实力，对一个国家而言，就是相较于其他国家，具有领先的综合国力，既有坚实雄厚的经济、科技和国防实力，又有影响广泛的软实力。贫弱被人欺，富而不强也被人欺，只有又富又强，成为富强民主文明和谐美丽的现代化强国，才能以昂扬的姿态屹立于世界民族之林。

当代青年的使命注定神圣，青春注定不凡。当代青年要自觉把个人奋斗

融入党和人民的共同奋斗中。在科技攻关最前沿,在创新创业第一线,在脱贫攻坚主战场,在社会服务各领域,在国际交往大舞台,到处都活跃着青年人的奋斗身影,到处都展现出当代青年爱党爱国的坚定信念、勇于创造的生机活力、甘于奉献的优良品格、自信开放的国际形象。当代青年将全程参与实现中华民族伟大复兴的新征程,不仅是这一伟大事业的生力军,还将是主要建设者。展望前路,我们在推进改革开放和社会主义现代化建设中所肩负任务的艰巨性和繁重性世所罕见,我们在改革发展稳定中所面临矛盾和问题的规模和复杂性世所罕见,我们在前进中所面对的困难和风险也世所罕见。强国之路有很多艰难险阻,这都需要当代青年担起责任,扛起大梁。

在新时代,青年建功立业的舞台空前广阔。青年是最有活力、最具创新精神、最富责任感和使命感的群体,他们始终以社会推手的姿态站在时代前沿。青年是国家的未来、民族的希望。1957 年,毛泽东同志在莫斯科接见留学生时说:"世界是你们的,也是我们的,但是归根结底是你们的。"习近平总书记多次强调:"青年兴则国家兴,青年强则国家强。"美好的未来不是等来的,而要靠奋斗来实现。新时代是奋斗者的时代。广大青年是新时代的建设者和生力军。实现"两个一百年"的奋斗目标和中华民族伟大复兴的中国梦,需要一代又一代青年的不懈努力。习近平总书记指出:"中国梦是我们的,更是你们青年一代的。中华民族伟大复兴终将在广大青年的接力奋斗中变为现实。"由此可见,完成新时代的使命任务,广大青年必须奋发有为。

"三农"博士关志洁回乡记:新技术新理念畅通农业富民之路

山东省菏泽市东明县武胜桥镇玉皇新村的乡间小道上,几乎每天都有一个女"村官"骑着自行车穿梭在田埂里。

她深入田间地头,查看作物生长情况,考察地貌河流状况。走村串户中,她摔伤过胳膊,晒伤过皮肤,陷进过淤泥,被毒蛇咬伤过。但面对这些,她从来没有退缩,一心想着把家乡的农业引领向新时代。

她就是关志洁,曾经是中科院昆明植物所植物学博士。后来,她选择回到家乡,成为一名奉献在新农村路上的"村官"。

回到梦开始的地方

关志洁从小在农村长大,父母都是农民,家中兄妹五人,生活非常不易。关志洁记得,在她还小的时候,有次和父亲在田里拔了一天的草,听见父亲说:"拔这一天的草最后连两毛钱都不值。"父亲无心的一句话,却深深震撼了关志洁的内心。

关志洁的父母为了让兄妹五人能够上大学,历尽了沧桑,吃尽了苦头。从父母的影子中,关志洁深知农民向土地讨生活的艰辛和不易,也对土地、农村、农民有着特殊的感情。正因如此,她一直在努力地学习,就是希望有朝一日能够回报这片土地。

在选择专业时,关志洁毫不犹豫地报考了农学,她想用自己所学的知识服务身边的百姓,让农业科技在大地上开花结果,让我国农业越来越强,农村越来越美,农民越来越富。

2013年7月,关志洁听说了一位老支书个人出资为老百姓建新村的事迹,深受感动,毅然放弃留在北京知名高校的机会,回村担任党支部书记,决心用自己所学的知识带领村民过上好日子,在乡村振兴中绽放青春风采。

但是来自外界的阻碍很多。身边的亲戚朋友不理解,强烈反对她回到村子里当农民,有的还当面说她傻。博士期间的导师和博士后期间的导师都曾专门到玉皇新村来看望她,不理解自己的得意门生为什么会放弃留在北京知名高校和出国深造的机会,甘愿到村子里当一个农民。

当他们来到村里后,迅速被关志洁建设社会主义新农村的激情所感染,被她决心用自己的学识造福一方百姓的干劲所打动。他们纷纷为她出谋划策,成了她坚强的技术后盾。

关志洁多次说道:"我们青年人,要有为民的情怀,我们学农的人,要解民生之多艰,不但能坐得实验室,站得讲台,更能走向田间地头,把农业科技的种子播撒在肥沃的中国大地上,开出绚烂的花,结出甘甜的果,要引领中国农业迈向新时代。"

她是这么说的也是这么做的。关志洁深入田间地头开展调研,走家串户与群众推心置腹谈前景,努力打消群众的顾虑、解决百姓思想不统一的困难。发展绿色高效农业并非一日之功,但她坚信只要敢勇敢迈出第一步,家乡的建设就会更好。

倾心尽力惠及百姓

在关志洁的印象中,小时候自己的家人一年四季都在为一亩三分地忙碌。农村整体机械化程度低,每到农忙时节整个村子都处在忙碌之中,即便是这样,一遇到天灾也还是会颗粒无收。

回村后,关志洁便开始了调研,她发现玉皇新村依然存在以传统农业为主的耕作方式,"要想真正地让村民富起来,必须得从传统农业过渡到现代、高效农业"。

她在掌握了大量第一手材料的基础上,广泛听取村"两委"和党员干部群众的意见,利用自身优势,通过亲自拜访、电话联系等方式,积极与中科院、中国农业大学、上海农科院等数十家科研单位联络合作,进一步理清发展思路,尊重群众意愿,响应国家土地流转的政策,成立了山东玉皇农业科技有限公司,整合全村土地,建设了玉皇农业科技生态园。

关志洁介绍,2016年,村集体收入达到960万元。目前,全村40%的劳动力在玉皇集团工作,20%的劳动力在农业公司工作,30%的劳动力以两大产业为依托,从事运输、餐饮、土建、商贸等服务业,村民人均纯收入达到18000元,全村冰箱、电脑、空调等高档家用电器普及率超过50%,40%的家庭拥有了私家车。玉皇新村正在关志洁的带领下快速发展着。

村民本来对这个博士女"村官"将信将疑。关志洁带来了新型的农业生产技术,向外招商引资解决资金问题。村民难免心中犯嘀咕,"这是不是瞎折腾"?不理解的声音总是充斥在耳旁,关志洁能做的,只有一遍遍地向村民作解释,和老百姓更多地打交道。

时间久了,她从一个在科研室的研究者变成一个能耐心做村民心理工作的"村官"。这一转变对于关志洁来说是可喜的,这使得她真正地融入了基层中,把让百姓过上美好生活作为了自己奋斗的终极目标。

"小康路上不让一个村民掉队,找准贫困原因,'对症下药',不但要'富口袋'、更要'富脑袋'。"现如今,关志洁在现有科技生态园的基础上,加快实现农业新旧动能转换,打造水韵玉皇现代乡村田园综合体,通过玉皇水脉连接农业科技示范园、森林文化园、新欣文化园、新型创客文化园四大部分,千方百计拓宽就业渠道,带领农民朋友增收致富。

"脱真贫、真脱贫。"关志洁真正地把国家脱贫的号召印在了心里,她带动村民一起形成了艰苦奋斗、心向集体、无私奉献为核心村魂——"玉皇精神"。

一个党员就是一面旗帜、一个支部就是一座堡垒。多年来,玉皇新村有一个传统,那就是"有事找支部、有难找支书"。关志洁说:"我们支部要带领群众过上好日子,村民对美好生活的向往就是我们奋斗的最大动力。"

点评:关志洁作为一名中科院昆明植物所植物学博士,扎根农村,以自己的才华与知识为农村脱贫作贡献,体现了当代青年人将个人奋斗融入党和人民的共同奋斗中,在不同的领域为党与人民的事业无私奉献。

(来源:中国青年网,2018年6月21日)

第二节　新时代青年的历史使命

使命呼唤担当,担当引领未来。肩负神圣使命的青年们,要不负人民重托,无愧历史选择,攻坚克难,砥砺奋进。青年兴则国家兴,青年强则国家强。青年一代有理想、有本领、有担当,国家就有前途,民族就有希望。时代的性格就是青年的性格,时代的精神就是青年的精神,青年怎样,国家就会怎样。青年有思想,头脑有武装。理论指导实践,思想引领航向。习近平新时代中国特色社会主义思想是马克思主义中国化的最新成果,是全党全国人民为实现中华民族伟大复兴而奋斗的行动指南,也是当代青年成长奋斗的行动指南。大河奔流,淘沙漉金,当代青年唯有矢志不渝地自觉磨砺,才能跟上时代,勇立潮头。

要坚定理想信念。理想信念是"精神食粮",是行为的"总开关",是一个人世界观、人生观、价值观的集中体现。理想是指引人生的灯塔，信念是驱动前进的动力。如果没有坚定的理想信念，就会导致精神上"缺钙"。历史的实践证明，广大青年要始终坚持共产主义信仰，才能真正实现自己的人生价值。习近平总书记指出，"理想信念动摇是最危险的动摇，理想信念滑坡是最危险的滑坡"。中国共产党人正是在共产主义理想信念的指引下，带领中国人民谱写了从革命战争到社会主义建设，再到改革开放的壮丽史诗，使一个贫穷落后的东方大国焕发出强大的生机活力，在短短的几十年时间里创造出发展奇迹。可见，只有心中有坚定的理想信念，脚下才会有更强劲的力量。广大青年一定要坚定理想信念，争做志存高远的新青年。而坚定理想信念，首先就是要坚定对马克思主义的信仰和对社会主义、共产主义的信念，自觉做共产主义远大理想和中国特色社会主义共同理想的坚定信仰者、忠实践行者，创造无愧于时代的人生。习近平总书记强调，理想指引人生方向，信念决定事业成败。在我国革命、建设、改革的伟大历史进程中，理想之光、信念之火激励着一代代有志青年听党召唤、跟党走。创造新时代新的荣光，广大青年更要汲取真理力量。

要坚持正确方向。当代青年要有所作为，就必须投身于人民的伟大奋斗，使个人规划与国家战略同频，让个人选择与复兴大业共振，把个人努力汇入时代洪流，与伟大时代相互塑造、相互成就。如此，青春才能亮丽，青春才能昂扬，青春才能无悔！青年作为国家未来和民族希望，必须坚持正确的政治方向和工作取向。要毫不动摇坚持党的领导。历史反复证明，中国共产党的领导地位，是中国社会发展的必然，是中国人民选择的必然。在新时代，广大青年坚持正确方向，就要自觉坚持以习近平新时代中国特色社会主义思想为指导，坚定不移听党话、跟党走，坚决贯彻党的路线、方针、政策。只有具备这种坚定的政治立场，才能在任何时候、任何情况下都不迷失政治方向。必须把个人前途融入到中华民族的伟大复兴中。当代青年只有把个人梦想与中华民族的复兴梦紧密融合，才能更加明确自己的历史使命和时代责任，在实现中国梦的生动实践中放飞青春梦想，在为人民利益的不懈奋斗中创造精彩人生，最大限度地实现人生价值。我国广大青年要牢记习近平总书记关于"扣好人生第一粒扣子"的教导，着力锤炼高尚品格。习近平总书记强调，青年的价值取向决定了整个社会的价值取向。青年正处于世界观、人生观、价值观形成的关键时期,应该积极走在培育和践行社会主义核心价值观的前列,加强品格涵养,不断从中华优秀传统文化、革命文化、社会主义先进文化中汲取养分,从各行各业先进人物身上接受教育,积极养成社会公德、职业道德、家庭美德、个人品德。要注重身体力行,从自身做起、从小事做起,学会感恩、学会助人、学会自省、学会自律,争当向上向善好青年,为提高全社会文明程度作出积极贡献。

要练就过硬本领。青年的素质和能力直接影响国家前途和民族命运。青年有本领,成功有保障。梦想从学习开始,事业靠本领成就。天降大任,责任千钧,伟大新时代召唤堪担大任的新青年,复兴大业需要高素质的强国一代。习近平总书记强调,我们党既要政治过硬,也要本领高强。这同样适用于新时代青年的成长发展。"打铁必须自身硬。"作为新时代发展的主力军,青年人既当志存高远,也要脚踏实地,既要有梦想、有追求,也要有本领、有水平,这样才能将理想变为现实。否则,再远大的理想,也只会沦为空想。人们常说,成功的背后,永远是艰辛的努力。青年时期是学习的黄金时期。当代青年要成就事业,担负起民族复兴的伟大历史使命,就必须树立"建功必须有我"的志向,沉下身、静下心,勤学苦练,学以致用,不断增强本领。同时,也要深入基层、融入群众,多读无字之书,虚心向人民群众学习,不断汲取智慧和力量。唯有练就过硬本领,方能不负时代所望,更好地适应和推动我国经济社会发展需要。我国广大青年要牢记习近平总书记关于"事业靠本领成就"的教导,不断增长能力才干。习近平总书记强调,广大青年要求真学问,练真本领。全面建设社会主义现代化强国,迫切要求青年一代本领强、素质高。我国广大青年要加强学习,如饥似渴学、时时处处学、持之以恒学,打牢扎实的知识根基。要积极融入岗位大舞台、社会大课堂、群众大熔炉,在实践锻炼中积累智慧、施展才华,在搏击风浪中增长才干、成为栋梁。要主动拓宽全球视野,积极参与国际交流合作,展现大国青年的风范、气派、形象。

要投身伟大实践。党的十八大以来,习近平总书记多次指出"空谈误国、实干兴邦""社会主义是干出来的",李克强总理也提出"改革贵在行动,喊破嗓子不如甩开膀子"。这些重要言论的精神实质是崇尚实干。崇尚实干是我国改革开放之所以取得巨大成就的一条基本经验,也是以习近平同志为核心的党中央领导集体的鲜明作风。梦想在远方,逐梦在当下。实现中华民族伟大复兴的中国梦,需要一代代青年投身于实践不懈奋斗、接力拼搏。作为新时代的青年,我们不能把奋斗拼搏停留在喊口号上,而应该强化实践意识和实践导向,迈稳步子、脚踏实地,多参与实践,多关心国家大事,把目光对准眼前的事、手中的活,"撸起袖子加油干",在自己的岗位上务实、苦干,扎实做好本职工作,努力把每一件事认真做好,用勤劳的双手、一流的业绩书写自己的精彩人生,如此才能赢得未来。

  要勇于主动担当。一代人有一代人的长征路,一代人有一代人的使命担当。不同时代造就不同个性的青年群体,但不变的是青年群体的责任和担当。有理想、有本领、有担当,这是新时代青年应该持有的基本成才目标。青年是国家的未来、民族的希望,其担当与否不只关系到个人的成长成才,在一定程度上也影响着国家和民族的前途命运。青年有担当,国家发展就有力量,民族未来就有希望。有幸成长在新时代的新青年,是未来中国发展的建设者和生力军,因而没有理由置身事外,必须"出场""在场",自觉担当起实现中华民族伟大复兴的历史使命,主动把国家的未来、民族的希望扛在肩上。伟大的时代呼唤青年担当。为此,当代青年要敢于担当、勇于担当、善于担当,让担当成为一种行为习惯,多一些主人翁意识、多一些参与性建设性,少一点抱怨情绪、少一点偏执刻薄,从而以更多的热情投入工作,不做过客、不当看客,积极投身于新时代中国特色社会主义伟大事业。

  习近平总书记说:"现在,青春是用来奋斗的;将来,青春是用来回忆的。"奋斗是青春不朽的命题。党的十九大提出,广大青年必须坚定理想信念,志存高远,脚踏实地,勇做时代的弄潮儿,在实现中国梦的实践中放飞青春梦想,在为人民利益的不懈奋斗中书写人生华章。这是党对青年成长成才的殷切期盼,也为新时代青年的个人发展指明了奋斗方向。我国广大青年要牢记习近平总书记关于"青春是用来奋斗的"的教导,永远保持奋斗精神。习近平总书记指出,人的一生只有一次青春,要立鸿鹄志,做奋斗者。顽强奋斗、艰苦奋斗、不懈奋斗,是中华民族生生不息的动力源泉。幸福是奋斗出来的,奋斗的青春最美丽。我国广大青年要把人生志向转化为奋斗动力,不怕苦、肯吃苦,耐得住寂寞,经得住风雨,勇敢战胜前进道路上的一切困难。

19年4次转岗　幼师变身城市劳模

现年38岁的杨晶晶是湖北省武汉市一家幼教公司市场部的副经理。19年来,她见证着这家公司从20人的小规模发展为拥有1200人的新三板挂牌企业。而她自己也从优秀的幼师成长为雷厉风行的管理者,用半数青春投入了幼教事业。

1999年,杨晶晶从湖北省幼儿师范学校毕业后,本可以回老家宜昌当一名幼师,但是满怀职业理想的她觉得,充满挑战的亲子教育更有吸引力。

"我出身教育世家,奶奶是教师、爸爸也是教师,他们在教育系统打拼多年,希望我能走出不一样的路。"杨晶晶说。

在20世纪末,亲子教育在湖北市场还是一片空白。"我希望能够教父母如何陪伴孩子,如何去做亲子游戏。"抱着这样的理想,杨晶晶选择了武汉当地一家只有20多个员工的幼教公司。当时跟杨晶晶一起入职的还有她的6个同学,大家也算是共同创业了。

在亲子教师的一线岗位上,杨晶晶一干就是5年。积累了教学经验后,她开始做培训师,踏上对全国各地园长、教师的培训之路。3年时间里,杨晶晶走遍了全国20多个省的50多座城市。

随着公司业务的扩大,入职8年后,杨晶晶进入了人力资源部,负责新员工培训和企业文化建设,包括企业内刊、文化读本、广播站、运动会等。"企业文化是隐形的指挥棒,如果挥舞得好,就会增强团队的凝聚力,降低人才流失率。"杨晶晶说。

33岁那年,杨晶晶的职业生涯再次迎来转变,她开始负责公共关系的工作,包括公司内部党建、公益活动推广、重要客户接待等。公众形象建设的工作非常具有挑战性,因为品牌形象工作牵一发则动全身。杨晶晶花了半年时间适应,每年接待的客户达4000多人次,包括斯里兰卡等国内外的考察团。

在每年6月份的党日活动中,杨晶晶会跟同事们一起走进当地的儿童福利院,赠送优质儿童教育产品,帮扶有文化需求的孩子,如今这项活动已经持续了4年。杨晶晶还策划组织了268站公益活动,累计向社会捐赠价值3900多万元的物品。

凭借这份不断钻研学前教育、积极传播科学先进的幼教理念、广泛参与公益事业的"初心",2018年,杨晶晶收获了一项殊荣——她被评选为武汉市劳动模范。"我做的事情微不足道。"面对荣誉,杨晶晶这样说道。

点评:青年有担当,国家发展就有力量,民族未来就有希望。我们的时代拥有无比广阔的舞台,更需要青年的担当。杨晶晶顺应时代潮流,积极投身于实践,不断学习,努力拼搏,实现了人生的价值。

第三节 积极投身实践,放飞青春梦想

青春,是人生最美的时光。青年,是国家的未来和民族的希望。今天,我们比历史上任何时候都更加接近实现中华民族伟大复兴中国梦的光辉前景。广大青年和青年学生成长成才、建功立业拥有更加广阔的舞台,也更加需要积聚起搏击青春的时代伟力。前进要奋力,做事要努力。只有这样,才能切实担当起光荣使命,在实现中国梦的伟大进程中放飞青春梦想。

在实现中国梦的伟大进程中放飞青春梦想,当代青年须志存高远。青年追求什么样的理想,不仅决定着人生能走多远、走多宽,更关系到国家的前途、民族的命运。我们应当树立的远大理想,也就是坚定跟党走中国特色社会主义道路,为实现中国梦而努力奋斗。一滴水只有融入大海,才会永不干涸。我们只有将个人的建功立业梦想融入中国梦的生动实践,才能经得起千锤百炼,成就最出彩的人生,留下充实、温暖、持久、无悔的青春回忆。因为有一代又一代青年的接力,国家富强、民族振兴、人民幸福的梦想才能获得源源不断的生机活力,在人们手中一步一步变为现实。

在实现中国梦的伟大进程中放飞青春梦想,当代青年应德才并重。德才兼备、以德为先,历来是个人成才、社会用才、国家取才的基本标准。一个人只有明大德、守公德、严私德,其才方能用得其所。在当代中国,最大的德就是社会主义核心价值观。我们有引领风气之先的光荣传统,理应带头践行社

会主义核心价值观，在勤学、修德、明辨、笃实方面下功夫，在社会生活中、在网络空间里继承发扬中华民族传统美德，自觉抵制庸俗、低俗、媚俗之风，勇于发出青年好声音，积极传播青春正能量，带动全社会向上向善。我们要树立成就事业靠真才实学的观念，练就投身于实现中国梦的过硬本领，把学习作为首要任务，作为一种责任、一种精神追求、一种生活方式，勤于在知识的海洋中遨游，向时代学习、向实践学习、向群众学习，努力成为可堪大用、能担重任的栋梁之材。

在实现中国梦的伟大进程中放飞青春梦想，当代青年要情理兼修。富有朝气、热情、爱心、责任感，是青年身上的宝贵特质，也是构成一个有"温度"的社会不可或缺的要素。我们在追求个人亲情、爱情、友情的同时，还应始终保持一份责任担当的家国情怀，把满腔报国热情化作奋进前行的动力；应始终怀有对人民群众的真挚感情，在熟悉世情、国情、民情的过程中提高实际工作的情商，增强服务人民群众的本领。面对信息时代相互激荡的各种思潮，面对纷繁多变、鱼龙混杂的社会现象，我们要把握好"情"与"理"的关系，学会理性思考，明辨是非，正确抉择，合乎法度，做到懂情理，明事理，讲法理。"任尔东南西北风"，历练宠辱不惊的人生境界，坚定百折不挠的进取意志，保持乐观向上的精神状态，做到从容自信、坚定自励。

在实现中国梦的伟大进程中放飞青春梦想，我们当代青年当勇于开拓。民族复兴的进程，是全民奋起、锐意创新的进程，是全体社会成员创造活力竞相迸发、创造潜能充分发挥的进程。青春是用来奋斗的。我们要奔跑，要拿出超越前人的志气、敢为人先的锐气，站在时代的潮头，勇于开拓，善作善成。我们要躬行，脚踏实地，艰苦创业，行到国家建设的一线、项目攻关的前沿、条件艰苦的基层，在广阔天地里经历风雨，增长才干，有所作为。

后 记

当前,我国正处在实现"两个一百年"奋斗目标的历史交汇期,我们既要全面建成小康社会、实现第一个百年奋斗目标,又要乘势而上开启全面建设社会主义现代化国家新征程,向第二个百年奋斗目标进军。习近平总书记强调,要"闻鸡起舞,登高望远,撸起袖子加油干,继续向着全面建成小康社会的奋斗目标进发,继续向着中华民族伟大复兴的中国梦进发"。

"青年兴则国家兴,青年强则国家强。"用习近平新时代中国特色社会主义思想武装高校大学生,是一项基础性工作。高校的思想政治教育要把坚定理想信念作为党的思想建设的首要任务,引导学生树立正确的世界观、人生观、价值观,自觉做共产主义远大理想和中国特色社会主义共同理想的坚定信仰者和忠实实践者。因此,根据当代大学生的现实需要,针对大学生面临的实际问题,安徽大学党委宣传部副部长潘金刚等组织编写,贺正皖等参与编写了这本有助于当代大学生理解习近平新时代中国特色社会主义的读本。本书在编写过程中参考和吸收了一些相关著作、报刊、网站等资料,并引用了一些材料和观点,在此向资料的作者们深致谢忱。

一代人有一代人的使命,一代人有一代人的担当。当代青年要以新担当承载新时代,以新作为开启新征程,青年人正处于学习的黄金时期,应该把学习作为首要任务,作为一种责任、一种精神追求、一种生活方式,树立梦想从学习开始、成就事业靠本领的观念,让勤奋学习成为青春远航的动力,让增长本领成为青春搏击的能量。

当代青年要牢记习近平总书记的谆谆嘱托,脚踏实地、刻苦学习,努力使自己成为全面建设社会主义现代化强国的有用之才、栋梁之材。要有敢为人先的锐气,有逢山开路、遇河架桥的意志,有探索真知、求真务实的态度,勇于创新、敢拼敢干,不拘泥于陈规旧制,努力在改革开放中闯新路、创新业,不断

后记

开辟事业发展新天地，始终走在创新创造的前沿。

"宝剑锋从磨砺出，梅花香自苦寒来。"人类的美好理想不可能唾手可得，永远离不开筚路蓝缕、胼手胝足的艰苦奋斗。青年是一个国家的希望，是一个民族不断繁荣兴盛的有生力量。当代青年一定要艰苦奋斗，立足本职、埋头苦干，从自身做起，从点滴做起，用勤劳的双手、一流的业绩，谱写不断创新创造的精彩篇章。要不怕困难、攻坚克难，勇于到条件艰苦的基层、国家建设的一线、项目攻关的前沿，经受锻炼、增长才干，为国家富强、民族振兴、人民幸福作出应有贡献。

编　者

2019 年 4 月